胎教，你准备好了吗？

预定一个聪明宝宝

马艳霞
杨　芳　编著

哈尔滨出版社
HARBIN PUBLISHING HOUSE

图书在版编目（CIP）数据

胎教，你准备好了吗？：预定一个聪明宝宝 / 马艳霞，杨芳编著 .—哈尔滨：哈尔滨出版社，2011.3

（中国家教力丛书）

ISBN 978-7-5484-0248-0

Ⅰ.①胎…　Ⅱ.①马…　②杨…　Ⅲ.①胎教—基本知识　Ⅳ.① G61

中国版本图书馆 CIP 数据核字（2010）第 133631 号

书　　名：胎教，你准备好了吗？预定一个聪明宝宝

作　　者：马艳霞　杨　芳　编著

责任编辑：李毅男　韩伟锋

责任审校：陈大霞

全案策划：品众文化

全案设计：蒋宏工作室

出版发行：哈尔滨出版社（Harbin Publishing House）

社　　址：哈尔滨市香坊区泰山路 82-9 号　　邮编：150090

经　　销：全国新华书店

印　　刷：北京佳顺印务有限公司

网　　址：www.hrbcbs.com　　www.mifengniao.com

E-mail：hrbcbs@yeah.net

编辑版权热线：（0451）87900272　87900273

邮购热线：（0451）87900345　87900299　87900220（传真）

或登录蜜蜂鸟网站购买

销售热线：（0451）87900201　87900202　87900203

开　　本：787×1092　1/16　印张：17.75　字数：250 千字

版　　次：2011 年 3 月第 1 版

印　　次：2011 年 3 月第 1 次印刷

书　　号：ISBN 978-7-5484-0248-0

定　　价：29.80 元

前 言

做母亲对于每个女人来说都是非常幸福的事情，没有经历过十月怀胎的女人很难理解为人母的心情。对于每个妈妈来说，未来的宝宝健康与否、聪明与否都是她们最为关心的，但凡能力所及，她们都会倾其所有来为宝宝付出。那么，是不是只要付出了就会有回报呢？当然不是。做任何事情都是一样，方法不对，结果一定不会令人满意。同样，准妈妈孕育宝宝也一样，有的宝宝生下来就健康、聪明，而有的宝宝则会略逊一筹，就说明了这一点。

可以说，预定一个聪明宝宝是每个准妈妈的心愿，也是所有家庭的心愿。那么，如何才能真正实现这一夙愿呢？

在回答这个问题之前，我们先给大家讲一个真实的故事。

故事发生在大洋彼岸的美国，故事的主人公是四个“天才儿童”和一个幸运的妈妈。之所以说这个妈妈是幸运的，是因为一般家庭都希望自己的孩子聪明、健康，而这个妈妈竟然同时拥有四个聪明、健康的孩子，并且她们个个都可以被称之为“天才”，她们都被列入仅占全美 5% 的高智商行列。这位妈妈的大女儿苏姗 1 岁便能朗读，5 岁时从幼儿园跃升高中。六年后，11 岁的苏姗成为马斯念格大学的医学预科生。同时，9 岁的二女儿斯蒂茜已在读高中一年级，7 岁的三女儿斯蒂芬妮是初中二年级的学生，4 岁的小女儿吉尔娜开始在家自学小学高年级的课程。

听到这里大家一定会想，这位妈妈肯定是一位高智商、高学历的天才妈妈。其实不然，她和丈夫都是十分普通的人，受的是一般的教育，祖辈中也没有伟人。既然如此，为何四个天才会出自一个家庭？成功的奥秘何在？

结果令人大吃一惊，原因就在于，这位妈妈坚信胎教的作用，并坚持不懈地实施胎教。因此我们说，进行胎教不仅是可行的，而且无论对个人、家庭或社会而言都具有重要的意义。

这也正是为什么胎教愈来愈引起人们关注的原因所在，也就是我们创作此书的初衷。我们坚信，通过合理的、科学的胎教，每个准妈妈都有可能成为上面故事中的幸运妈妈。

为此，我们关注了准妈妈从计划怀孕前，到整个孕期以及产后的全部过程，旨在为准妈妈在漫长的孕期做好胎教工作予以指引。可以说，孕产期是女性一生中最具独特意义的时期，整个过程中的每个点滴细节都影响着孕产妇自身和宝宝的健康。所以本书汇集了孕妈妈和新妈妈关注的 240 个胎教细节，全程呵护特殊时期的女性健康及宝宝成长，让孕妈妈安然度过妊娠期，帮助新妈妈在产后迅速恢复、科学护理宝宝，为宝宝的聪明和健康加油！

本书共分为五个部分，分别是孕前准备、孕早期、孕中期、孕晚期以及产后新生儿早教，在每个部分中，列出了相应的健康、胎教细节。其中，在每个孕月里分别指出了当月的胎教重点、孕妈妈的营养方案等关键内容，同时也穿插了一些孕妈妈常见的问题和解决办法。通过全面、细致的介绍，希望能带给孕妈妈一个全面的胎教解决方案，给每一位孕妈妈更贴心、更细致的指导，让宝宝从孕育起始就得到科学、周到的呵护，从而实现准妈妈预定一个聪明宝宝的美好心愿！

目录

Part Ⅰ

孕前：未准妈妈、爸爸胎教总动员

Part Ⅱ

孕早期：当妈妈的惊喜和不易（孕1月~3月）

第一章 孕1月胎教的18个细节（1周~4周）

第二章　孕2月胎教的14个细节（5周～8周）

第三章　孕3月胎教的14个细节（9周～12周）

Part Ⅲ

孕中期：把握胎教的最佳时期（孕4月～7月）

第四章　孕4月胎教的14个细节（13周～16周）

第五章　孕5月胎教的17个细节（17周～20周）

第六章　孕6月胎教的20个细节（21周~24周）

第七章 孕7月胎教的16个细节（25周～28周）

Part Ⅳ

孕晚期：迎接聪明宝宝的降临（孕8月～10月）

第八章　孕8月胎教的15个细节（29周～32周）

第九章　孕9月胎教的18个细节（33周～36周）

Part V

胎教、早教完美衔接：成就聪明宝宝的阶梯

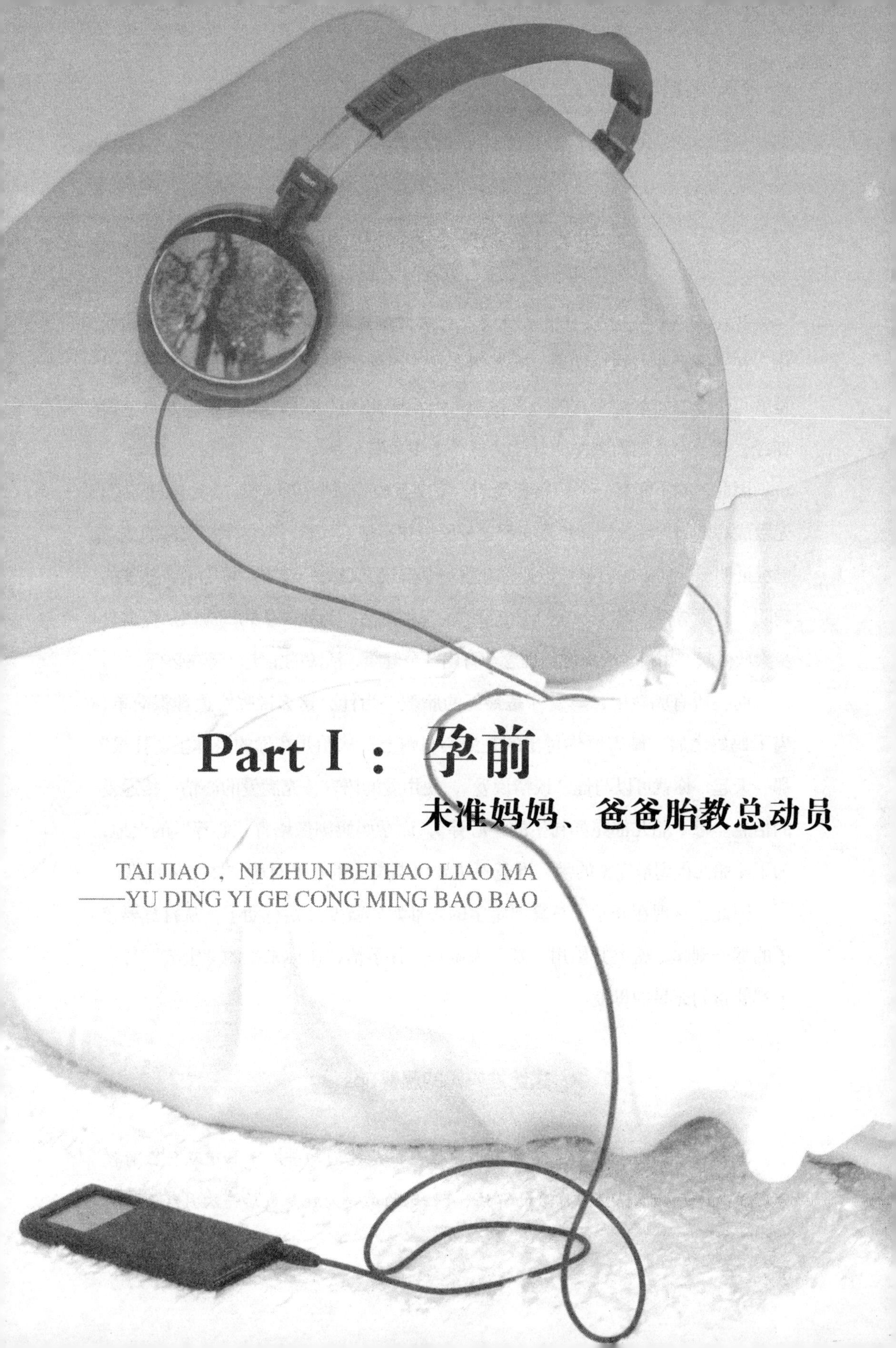

Part Ⅰ：孕前

未准妈妈、爸爸胎教总动员

TAI JIAO，NI ZHUN BEI HAO LIAO MA
——YU DING YI GE CONG MING BAO BAO

细节 1：母爱是胎教的基础

我们知道，随着腹中胎儿一天天长大，孕妈妈的身体会发生一系列的变化，在 280 天左右的孕期里，准妈妈要忍受因此而带来的种种不便和辛苦。但是，每个孕妈妈都是幸福的，喜悦的，因为胎儿的成长牵动着孕妈妈的每一根神经，孩子就是她们生命的延续，更是她生命的全部。

因此，能不能有一个健康和聪明的宝宝就成为每个孕妈妈最最关心的问题。无数成功事例告诉我们，想要实现这一愿望并不是不可能，很多幸福家庭的成功已经证明，合理的胎教就可以让你获得一个健康、聪明的宝宝。可以说，孩子的聪明、健康与否将直接影响到一个家庭的幸福生活。为此，孕妈妈应该从提高自身素质做起，用科学的保健新理念孕育出一个健康、活泼的宝宝已势在必行。

而在所有胎教中，母爱才是最好的胎教。为什么这么说呢？道理很简单，当了妈妈之后，最需要你付出的是爱心与耐心。从胎儿在你的身体里“扎根”那一天起，你就可以与他“谈情说爱”，使用爱的语言，充满爱的心情，传递爱的信息。每个胎儿都宛如初生的“心芽”，而孕妈妈则像培育“心芽”的大地，为了让胎儿得到最完整的爱，准爸爸也要以温柔的爱心来对待与体贴孕妈妈。

因此，从现在开始，打算要宝宝的未准妈妈就要开始行动了，从打算要孩子的那一刻起，就要开始用“爱”来做每一件事情，让你未来的“宝宝”每一天都能得到充足的母爱。

送给准妈妈的温馨Tips

很多未准妈妈也都知道胎教的重要性，但是她们却普遍不知道从什么时候开始胎教才好。根据妊娠周数的算法，“妊娠的第一天就是最后一次月经开始的第一天”，就应该是开始胎教的“第一天”。从“第一天”起，未准妈妈与爸爸都要注意身体的健康状况，尤其是妈妈的身体状况，保持生活规律，以喜悦的心情迎接一个新生命的来临。其中，必须做的事项包括：双方要做相关的身体健康检查，制订未来生活计划，每天测量基础体温等，胎儿最怕的是酒与烟，为了得到一个健康的胎儿，爸爸最好戒烟。从“第一天”起，就可以开始记日记，记录每一天的心情与准备，这将是一份十分珍贵的家庭档案。

细节 2：未准妈妈如何做好胎教的主角

在现实生活中，经常把妈妈称为是孩子成长过程中的第一任老师。之所以这样说，是因为从胎儿时期开始，母体为胎儿的生长发育提供了一切必要的条件，母亲的身体素质和营养状况直接关系到胎儿的体质健康；另一方面，母亲的文化修养、心理卫生情况又不可避免地在胎儿幼小的心灵中打下深深的烙印，对孩子的精神世界产生不可低估的影响。

为此，孕妈妈理所当然要扮演胎教的主角。如何才能更好地扮演这一角色，就成为每个孕妈妈的共同疑问。

其实，要想成功地开展胎教，准妈妈最应该做到的就是，无论在生活中遇到了什么困难，都需要学会坚强、学会忍耐，要知道，不管命运多么不公平，这时都不是自己在孤单地生活，因为有着世间无法比拟的希望。这个希望就是腹中的小宝宝！别看他这时那么娇弱，以后他也会坚强地撑起生命的风帆。也许有的孕妈妈会因为自己的文化水平低、经济条件有限等因素而感到气馁，对胎教缺乏信心。

这其实大可不必，因为只要你把培养孩子作为生活的重心，付出一切可能的精力和时间，倾注全部的爱心，那么未来的孩子就一定会令人满意。例如，文化水平低的孕妈妈，不妨多花点时间看看好的书籍、文艺节目等；经济条件一般的孕妈妈也不要担心腹中小宝宝会营养不良，很多研究都发现，人体所需的营养并不是非要吃高级补品才行，孕妈妈只要保证孕前身体健康、孕期营养全面就完全可以满足小宝宝的营养了。

细节 3：胎教与胎儿的性格有什么关系

在成人的世界里，非常流行一句话：性格决定命运。而性格这个东西又是很难改变的，所谓“江山易改本性难移”正是这个道理。为此，让宝宝从小就养成一个良好的、健康的性格，就是每个妈妈应该操心的大事。为什么说妈妈在这其中的责任重大呢？这是因为，很多研究发现：人的性格不一，其个体差异早在胎儿时期就已表露出来，有的安详文静，有的活泼好动，有的“淘气”调皮。这既和先天神经类型有关，也和怀孕时胎儿所处的内外环境有关。

这样一来，胎儿在子宫内，即“人之初”的心理体验就会成为日后其性格形成的基础，因为母亲的子宫是胎儿所接触的第一个环境，小生命在这个环境里的感受将直接影响到胎儿性格的形成和发展。如果孕妈妈怀孕期间生活充满和谐、温暖，那么胎儿幼小的心灵将受到同化，意识到等待自己的那个世界是美好的，进而可逐步形成热爱生活、果断自信、活泼外向等优良性格的基础。反之，倘若夫妻生活不和谐，不美满，经常吵架，打骂，甚至充满了敌意的怨恨，闹到要离婚的程度；抑或孕妈妈和准爸爸不欢迎这个孩子，比如觉得这个孩子的到来是严重扰乱了自己的生活秩序，从心理上排斥、厌恶他，那么胎儿就会痛苦地体验到周围这种冷漠、仇视的氛围，随之形成孤寂、自卑，多疑、怯懦、内向等性格。因此，为了未来宝宝有个好性格，未准妈妈、爸爸从现在就要开始努力，为孩子营造一个良好的外部（家庭）和内部（子宫）环境，让胎宝宝时刻感受到温暖、慈爱、宽松、积极等美好情绪，尽量避免各种有害刺激，使胎儿拥有一个健康美好的精神世界，为其形成良好的性格奠定基础。

细节 4：未准妈妈的孕育要有计划

生命是伟大的，生命是严肃的，生命本身就是上帝赐给人类的一个奇迹，所以，每个打算成为妈妈的女性朋友一定要有一个完善的孕育计划，尽管很多时候一个生命来与不来完全不取决于我们的意愿，但是既然选择了婚姻，选择了家庭，就应该时刻有这方面的打算，千万不要认为：从怀上的那一刻起，足够重视，足够奉献，把握好关键的十个月，就算是对宝宝负责任。事实上，生命的开始，宝宝的先天素质，早在你发觉自己怀上之前，就已经注定了。生命的形成，绝对不止十个月。

下面我们就将拟订好的一份孕前孕育计划呈现给每个未准妈妈，希望对大家有所启发，因为每个人的情况不同，因此在做计划时也可以根据自己的情况加以调整。

未准妈妈的孕育计划表（孕前1年期）

时间安排	准备项目及作用
提前12个月	记录基础体温变化，根据体温的变化周期，可以更好地掌握自己的生理周期
提前12个月	作一次全面的身体检查，包括妇科检查、血常规、尿常规、肝功、血压、口腔等；如果家里有宠物的，还要进行特殊病原体的检测，包括弓形体、风疹、单纯疱疹病毒等。另外，还有艾滋病毒的检测。如果发现患有某些妇科疾病，尤其是性传播疾病应该及时治疗
提前11个月	注射乙肝疫苗，乙肝疫苗是按照0、1、6的程序注射的。即从第一针算起，在此后1个月时注射第二针，在6个月时注射第三针。因此，至少应该在孕前9～10个月进行注射，才能保证怀孕期间产生抗体
提前10个月	改变不良的生活习惯，戒掉烟、酒、咖啡和软饮料等对身体有刺激的东西，多吃新鲜水果和蔬菜，增加维生素、钙等微量元素的吸收。尤其是丈夫更要戒烟、戒酒，因为“二手烟”对妻子及下一代的危害更大。比如，长期吸烟、喝酒的人，与不吸烟、不喝酒的人相比较，精子数量低17%左右，精子的活力低，畸形率明显增多

续表1

时间安排	准备项目及作用
提前8个月	注射风疹疫苗，如果在孕期感染了风疹病毒，很可能会导致胎儿畸形。风疹疫苗至少应该在孕前3个月注射，这样才能保证怀孕期间体内风疹疫苗病毒完全消失，不会对胎儿造成影响。为了保险起见，要给自己留出充足的时间，提前8个月注射风疹疫苗，并在2个月后确认体内是否有抗体产生
提前6个月	停服某些有致畸作用的药物，使身体有充足的时间代谢掉这些有害物质。如果你患有慢性疾病，长期服用某种药物，停药前需要征得医生的同意
提前6个月	看牙，牙病不仅影响准妈妈的健康，严重的还会导致胎儿发育畸形，甚至流产或早产
提前5个月	抗体检测，检查一下注射乙肝和风疹疫苗后，是否有抗体产生，如果没有应该补种
提前3个月	补充维生素，尤其是叶酸，提前补充叶酸，可以预防神经管畸形儿的发生
提前3个月	停服避孕药，改变一下避孕方式，让自己的内分泌环境恢复一下，会对受孕有帮助
提前1个月	洗牙。怀孕头3个月不可看牙和洗牙，所以孕前清洁一下，整个孕期都不会有牙病发生
提前1个月	放松心情，尽量不再出差、加班或者熬夜，注意饮食和营养
备　　注	以上为一般建议，每个未准妈妈可根据自己的情况，酌情修改

细节5：未准妈妈、爸爸心理调适少不了

医学研究表明，优生已延伸到孕前3个月到1年。在此期间，未准妈妈、爸爸应该做好心理上的各种准备。所谓心理准备就是指，未准妈妈、爸爸应在心理状态良好的情况下受孕。凡是双方或一方受到较强的劣性精神刺激，都会影响精子或卵子的质量，即使受孕后也会因情绪的刺激而影响母体的激素分泌，使胎儿不安、躁动，影响其生长发育，甚至流产。因此，当心绪不佳、忧

郁、苦闷时，或夫妻之间关系紧张、闹矛盾时，都不宜受孕，应该等到双方心情愉快时再受孕。

具体来说，未准妈妈、爸爸应该这样做：

未准妈妈心理调适的方法

做妈妈百分百是件幸福的事情，但是因此而带来的变化和麻烦，有时候可能远远大于这种幸福的感觉。因此，在决定生孩子那一刻起，就要有这样的心理准备。事实也证明，有心理准备的孕妇与没有心理准备的孕妇相比，前者的孕期生活要顺利从容得多，妊娠反应也轻得多。那么，未准妈妈应该如何进行心理调适呢？

学习一些孕育知识，包括早期的怀孕反应，中期的胎动，晚期的妊娠水肿、腰腿痛等。只要提前知道了这些，当遇到这些生理现象时，就能够正确对待，泰然处之，避免不必要的紧张和恐慌。

避免性别歧视。虽然现在提倡独生子女，但是“重男轻女”的传统观念在一些家庭中仍然存在，这在很大程度上会给未准妈妈造成心理压力。因此，要树立生男生女都一样的新观念，特别是老一辈人要从旧的思想桎梏中解脱出来，才能真正为未准妈妈解除后顾之忧。

乐观、积极向上。在怀孕的过程中，未准妈妈要尽量放松自己的心态，及时调整和转移不良情绪，如夫妻经常谈心，必要时还可找心理医生咨询，进行心理治疗。

适当参加体育锻炼和户外活动，放松身心。

做好面对妊娠反应的心理准备。几乎每个未准妈妈在孕后都会出现各种不适，包括头晕、乏力，嗜睡、恶心、呕吐等，有的甚至会影响正常工作，不能进食。因此，在孕前一定要做好充分的心理准备，以免到时候因这些情况影响到情绪。

剔除不必要的担忧。有些未准妈妈还没怀孕，就开始担心未来的宝宝能否健康成长，发育会不会畸形？尤其是怀孕期间遇到伤病，会不会影响到宝宝？将来出生的宝宝是否漂亮，是否聪明，是否健康……其实，大可不必如此悲观，只要坚持定期产前检查，听医生的话就可以避免。

未准爸爸心理调适的方法

与未准妈妈一样，未准爸爸们心理也会出现一些波动，比如未来要承担更多的责任，以及有了孩子后，花前月下的散步等“二人世界”就会急剧减少……这些变化和困难，也许会让未准爸爸们生出些许“产前忧郁症”来。那么，未准爸爸应该如何进行心理调适呢？

接受妻子在怀孕期的特殊变化，包括妻子形体变化、饮食变化、情绪变化、生活习惯变化以及对丈夫的依赖性的增加。

接受未来生活空间的变化，小生命的诞生会使夫妻双方感觉生活空间和自由度较以前变小，往往会因此感到一时难以适应。

接受未来情感的变化，很多妈妈在孩子到来后，明显会把大量情感转移到孩子身上，这时，丈夫会觉得备受冷落，因此，在妻子怀孕前，丈夫就应该做好这方面的心理准备，以便将来能够正确地处理夫妻感情。

接受家庭责任与应尽义务的增加，怀孕的妻子需要丈夫的理解与体贴，尤其平时妻子可以做的体力劳动，在孕期大部分都会转移到丈夫身上。因此，作为丈夫一定要从心理上心甘情愿地接受这些责任，并尽最大努力为妻子分担。

细节 6：未准妈妈孕前补血要谨慎

据某权威机构统计，亚洲女性罹患贫血的比例相当高，平均每 4 ~ 5 个女性中，就有一个是贫血患者；若以年龄分布来看，20 ~ 24 岁之间，罹患的比例约有 20%，25 ~ 29 岁之间约占 30%。

因此，育龄女性在孕前多数需要补血，当然，缺不缺要以医院及医生的鉴定为准。此外，血少在中医称为“血虚”，血虚者肾虚，如果女性先天肾虚将来有可能影响胎儿发育，进而影响孩子将来的身高。所以，孕前补血补肾很重要。一般情况下，中医建议要以食补为主，下面就推荐两个比较实用的补血良方：

未准妈妈孕前补血的两个良方

<table>
<tr><th>良方</th><th>原料</th><th>制作方法</th><th>服用方法</th></tr>
<tr><td rowspan="2">饮食调养良方一</td><td>阿胶30克、糯米100克、红糖适量</td><td>先将糯米煮粥，待粥将熟时，放入捣碎的阿胶，边煮边搅匀，稍煮2～3沸加入红糖即可</td><td>每日分2次服，3日为1疗程。间断服用</td></tr>
<tr><td colspan="3">备注：该方有养血止血，滋阴补虚，安胎，益肺的功效。适用于血虚，虚劳咳嗽、久咳，吐血、衄血、大便出血及妇女月经过少，崩漏等症。不过，连续服用可有胸满气闷之感觉，因此，应间断服用，且脾胃虚弱者不宜多用</td></tr>
<tr><td rowspan="2">饮食调养良方二</td><td>乌贼骨30克、当归30克、鸡肉100克、精盐与味精适量</td><td>把鸡肉切丁，当归切片，乌贼骨打碎用纱布包好，装入陶罐内加清水500毫升，精盐适量，上蒸笼蒸熟</td><td>每日1次，一般3～5次可见效</td></tr>
<tr><td colspan="3">备注：乌贼骨有收敛止血的作用，当归和鸡肉都是补血佳品，所以对血虚型月经过多颇具疗效</td></tr>
</table>

细节 7：未准爸爸如何养精、固精

男性的责任心不仅要表现在养家、顾家方面，更要体现在对下一代负责方面。因此，男性要懂得“养精”蓄锐，学会如何保卫自己未来的后代——精子。那么，未准爸爸们应该如何养精、固精呢？

这就需要从以下几方面着手。

远离烟、酒等不良习惯

据现代医学研究发现：烟酒不断、生活不规律、饮食嗜辣、久坐等不良生活习惯会严重影响精子质量，因为精子是十分娇嫩和脆弱的，它的生长环境对温度的要求一般要比体温低1～2℃。所以，应该保持充沛的精力，给精子提供适宜生长和生活的环境。为此，男性们应不嗜烟、酒、辣，不穿或少穿牛仔裤，不洗或少洗桑拿浴等。因为香烟中的尼古丁和酒中的乙醇可损害精细胞，经常吸烟、饮酒的男性，最好在妻子受孕前一个月戒掉烟、酒。不仅如此，烟、酒还会对胎儿脑神经造成伤害。因此，在妊娠期间，烟、酒不沾是必须的（即使是葡萄酒、补酒等也不应饮用）；习惯抽烟、喝酒在怀孕时都应及早戒烟、戒酒。

合理补充必要的营养物质

医学专家指出，男性应多吃些可以强壮精子和清除毒素的食品，见下表：

男性应摄入的养精、固精食物及营养元素一览表

食物／营养元素	有效成分及作用
海产品	含多种不饱和酸，能阻断人体对香烟的反应，增强身体的免疫力
畜禽血	猪、鸭、鸡、鹅等动物血液中的血蛋白被胃液分解后，可与侵入人体的烟尘发生反应，以促进巨噬淋巴细胞的吞噬功能
韭菜	富含挥发油、硫化物、蛋白质、纤维素等营养素，温中益脾，壮阳固精，其粗纤维可助吸烟、饮酒者排泄体内的毒物
豆芽	贵在“发芽”。无论黄豆、绿豆，发芽时产生的多种维生素都能够消除体内的致畸物质，并且促进性激素生成
赖氨酸	赖氨酸是精子形成的必要成分。含赖氨酸较高的食物有：鳝鱼、泥鳅、鱿鱼、山药、豆腐皮等
锌	微量元素锌被誉为“夫妻和谐素”，男人缺锌，会使性欲及性功能减退，精子数量下降30%～40%，甚至使人丧失生育能力，锌元素主要存在于海产品和动物内脏中
核酸	核酸是支配生命活动的核心物质，既是蛋白质合成的基础，又提供遗传信息，对人体生长、发育、繁殖、遗传等重大生命活动起关键作用。含核酸丰富的食品有牛肉、动物肝肾、虾、牡蛎、蘑菇、坚果等

续表1

食物／营养元素	有效成分及作用
维生素E	维生素E有利精子的生成和提高精子的活动力。它主要存在于蛋黄、豆类、花生和植物油中

多参加各种户外运动

最好能改变“以车代步、出门坐电梯”的习惯，多增加些运动。需要特别注意的是，阳光也会激发男性的精子活力，因为维生素 D 可能在精液产生过程中起决定作用，而缺少它则可能导致不育。因此，多在日光条件下运动，更利于男性养精、固精。

避免接触对精子有害的物质

医学研究发现，导致胎儿死产、早产及婴儿出生缺陷、肿瘤等的因素不仅存在于妈妈身上，而且也存在于爸爸身上。因此，有责任心的未准爸爸们应该远离这些因素。具体做法为：在妻子准备怀孕前 5 个月左右，就要严格规范自己的行为，避免接触那些对精子有害的物质。

目前，已知的对精子有毒害作用的物质包括：

放射性物质；

某些金属，如铅；

某些麻醉药品、化疗药品；

成瘾性毒品，包括大麻、高浓度烟草、烈酒等。这些有毒物质可作用于雄性生殖系统，直接侵犯生殖细胞；

某些化学制剂，如苯、甲苯、甲醛、油漆稀料、二硫化碳、一氧化碳、二溴氯丙烷、杀虫剂、除草剂等。

有效提高精子的质量

从精细胞产生到精子成熟需要长时间的发育过程，高质量精子的生成绝非一朝一夕的功夫。对精子的呵护应该从头开始，以保证最后完成受孕的精子健康完美，为孩子的健康、聪明打下一个良好的基础。那么，如何才能更好地提高精子质量呢？

适当控制体重。研究表明，男性身体过度肥胖，会导致腹股沟处的温度升高，损害精子的成长，从而导致不育。因此，体重控制在标准范围内可以提高精子的质量。

少去桑拿房、蒸汽浴室。高温蒸浴直接伤害精子，抑制精子生成。

放松心态。精神压力过大也对精子的成长有负面影响。所以男性应做些能让自己放松的事情，如散步、洗澡等，然后再享受性生活。

少用麻醉剂。麻醉剂、毒品等对精子也有极大危害，而且还会持续很长时间。

把手机放在上衣兜里。手机放在裤兜里、笔记本电脑放在膝盖上、穿紧身裤都会提高阴囊温度，伤害精子。

细节 8：优生的关键在于肾

中医认为，肾具有藏精、主生殖的机能。意思是说，优秀的卵子和精子来源于肾，拥有充足的肾精才能转化成优质的“种子”。所以怀孕前第一步要做的就是保持自己的肾精运转在一个较高的水平，只有这样才会筛选出来优质的种子，使宝宝获得充足的“先天之精”。

不过，并不是每个人都需要补肾，要因人而异，谨遵医生嘱咐。在日常生活中，也许会出现一些症状，以此来帮助大家识别要不要补充肾精。如：

出现腰酸、腰冷的感觉；

脱发、白发的情形较严重；

牙齿过早脱落；

越来越健忘；

月经初潮比较晚。

此外，经过医学专家的长期临床实践也证实，造成胎动不安、滑胎等病的主要原因是肾虚，目前这也是国内中医界大多数学者的共识。因此，孕前“补肾填精”就成为了防治滑胎的根本大法。

送给准妈妈的温馨Tips

为未准妈妈、爸爸推荐几种有效的补肾食物：

山药：补肾效果十分明显，不仅孕前有用，孕后更可以用来养胎。

核桃：可以延缓肾精的消耗，坚持吃核桃的人，头发、牙齿、眼睛都会比较好。

蛋清：偏于补阳，蛋黄偏于滋阴。用蛋黄滋阴、补肾的时候，溏心蛋效果更好。

大米、小米：大米补胃阴，小米偏于补脾气，二米混合有脾气、胃阴双补的效果。

百合：可以补益肺和肾的阴气，具有两重养阴的功效。

豆类：它和卵子有着某些相似的物质，会增加产生肾精和卵子的物质储备。

细节 9：怀孕前，未准妈妈、爸爸的饮食安排

千万不要以为，只有未准妈妈需要补充营养，其实未准爸爸在饮食安排方面更应该注意。具体来说，在饮食安排和营养方面，未准妈妈、爸爸应该这样做：

未准妈妈安排饮食的原则

只有妈妈健康，宝宝才能聪明。因此，未准妈妈在孕前吃什么和吃多少不仅会影响受孕能力，而且还直接关系着宝宝的健康、聪明与否。那么，未准妈

妈在怀孕前如何安排自己的饮食呢？具体而言，为了能够同时提高未准妈妈的受孕能力和增加孕育健康宝宝的机会，就必须遵循以下三个原则：

原则一：在怀孕前3个月～1年时间里改善饮食

食物与男女的生殖能力都有关系。如果妻子和丈夫都坚持膳食平衡，就能提高受孕和孕育健康宝宝的机会。

原则二：适当地减轻体重

如果未准妈妈体重超标，在怀孕前就要开始减重计划。因为过胖的女性在怀孕后极易出现孕期糖尿病，它不仅对孕妇的身体造成危害，而且会造成胎儿在母体内发育或代谢障碍，出现胎儿高胰岛素血症及巨大儿。

【小案例】

苗苗是一位准妈妈，怀孕前体重一直就超标，结果怀孕6个多月后发现，原本就胖的自己，为了给宝宝补充营养变得更胖了。随着胎儿越来越大，她的行动越来越不便，有一次在卫生间摔了一跤，把全家人都吓得够戗。不仅如此，由于过胖，在怀孕后她还出现了孕期糖尿病，这不仅对苗苗的身体造成危害，而且还有可能导致胎儿在母体内出现发育或代谢障碍。

因此，像苗苗这样的“胖未准妈妈”，最好在计划怀孕前3个月就要开始减少脂肪、淀粉和糖类食物的摄入，并加强体育锻炼或运动，待体重恢复到正常标准再怀孕比较妥当。为此，制订一个周密的减肥计划，并严格执行便势在必行。在此过程中，未准爸爸们也应参与进来，积极帮助自己的妻子合理安排饮食，与妻子共同锻炼身体或运动，以便让妻子达到孕前的身体素质要求。

原则三：制订一份健康的饮食计划

健康饮食的核心就是膳食均衡，避免高脂肪和高糖食物，如蛋糕和饼干等。

送给准妈妈的温馨Tips

英国食品标准局建议，准备怀孕前的膳食要多样化，包括：

水果和蔬菜，可以是新鲜的、冷冻的、罐装的、干的，或一杯果汁等。

碳水化合物食品，如面包、面条、大米、土豆等。

蛋白质，如瘦肉、鸡肉、鱼、蛋、豆类（扁豆和豌豆）等。

鱼，每周至少吃两次，包括一些高脂鱼，但每周吃高脂鱼的次数不能超过两次。新鲜金枪鱼（罐装金枪鱼不算油性鱼）、鲭鱼、沙丁鱼、鳟鱼等都是高脂鱼。

奶制品，如牛奶、奶酪、酸奶等，这些食物中都含钙。

富含铁的食物，如牛羊肉、豆类、干果、面包、绿色蔬菜、强化早餐麦片等，在你准备怀孕时，此类食物都能为你增加铁资源。

未准爸爸在孕前需要补充的营养

为了生一个健康的宝宝，专家建议未准爸爸们应该特别注意补充营养，尤其下面这几种营养是男性在妻子孕前一定要补充的。

优质蛋白质。蛋白质是细胞的重要组成部分，也是生成精子的重要原材料，合理补充富含优质蛋白质的食物，有益于协调男性内分泌机能以及提高精子的数量和质量。

矿物质和微量元素。人体内的矿物质和微量元素对男性生育力具有同样重要的影响。最常见的就是锌、硒等元素，它们参与了男性睾丸酮的合成和运载活动，同时帮助提高精子活动的能力以及受精等生殖生理活动。锌在体内可以调整免疫系统的功能，改善精子的活动能力。人体内锌缺乏，会引起精子数量减少，畸形精子数量增加，以及性功能和生殖功能减退，甚至不育；缺硒会减少精子活动所需的能量来源，使精子的活动能力下降。

水果和蔬菜。男士往往对水果、蔬菜不屑一顾，认为那是女孩子的减肥食物。却不了解水果、蔬菜中含有的大量维生素是男性生殖生理活动所必需的。一些含有较高维生素的食物，对提高精子的成活质量有很大的帮助。如维生素A和维生素E都有延缓衰老、减缓性功能衰退的作用，还对精子的生成、提高精子的活性具有良好效果。缺乏这些维生素，常可造成精子生成的障碍。男性如果长期缺乏蔬果当中的各类维生素，就可能有碍于性腺正常发育和精子生成，从而使精子减少或影响精子的正常活动能力，甚至导致不孕。

适量的脂肪。性激素主要是由脂肪中的胆固醇转化而来，胆固醇是合成性激素的重要原料，脂肪中还含有精子生成所需的必需脂肪酸，如果缺乏，不仅影响精子的生成，而且还可能引起性欲下降。

细节10：未准妈妈、爸爸在孕前需要作什么检查

在孕前，未准妈妈、爸爸应该对自己的健康水平有个全面的认识和了解。为此，孕前检查必不可少。其实，所谓孕前检查，就是指夫妻准备生育之前先到医院进行身体检查，以保证生育出健康的婴儿，从而实现优生。

需要特别指出的是，男士孕前检查和女士一样重要。不少人把孕前检查看做是未准妈妈的专利，认为爸爸只要在准备怀孕期间戒烟戒酒即可，没有必要检查，尤其是做过婚检的未准爸爸更是不用担心。事实并非如此，专家建议，准备怀孕前未准爸爸也应该进行有效的健康检查。

具体而言，在孕前未准妈妈、爸爸需要做的检查包括以下这些内容。

未准妈妈孕前需要做的检查

常规血液检查。这项检查可以知道血红素的高低，如有贫血可以先治疗；也可以得到血小板的数值。血小板与凝血机能有关，过多过少都会出血，所以有血小板问题的人要先治疗然后再怀孕；另外，这项检查还可测得红血球的大

小（MCV），有助于发现地中海贫血携带者。

梅毒血清检查及艾滋病病毒检验。这是两种性传染病的检查。梅毒会影响胎儿，但幸好梅毒可以治疗，只要完全治愈便可安心怀孕；艾滋病则麻烦了，但起码我们不要影响到下一代，不要让无辜的艾滋病宝宝来到这个世界。

麻疹抗体检查。怀孕时得麻疹会造成胎儿异常，所以没有抗体的未准妈妈，最好先去接受麻疹疫苗注射，但须注意的是疫苗接种后3个月内不能怀孕，因此要做好避孕措施。

乙型肝炎检查。乙型肝炎本身不会影响胎儿，即使妈妈是高传染性或是乙型肝炎抗原携带者，新生儿也可在出生后立刻注射乙肝免疫球蛋白加以保护。但是在孕前知道一下自己是否为乙型肝炎抗原携带者总是比较安心，如果既不是携带者也没有抗体，可以先接受乙型肝炎疫苗预防注射，预防胜于治疗。

子宫颈刮片检查：怀孕时才发现有子宫颈癌的故事时有耳闻，所以一个简单的子宫颈刮片检查就可以让未准妈妈在怀孕时更安心，毕竟一个好的子宫才能孕育出健康的胎儿来。

未准爸爸孕前应该做的检查

生殖器检查

内容包括：阴茎。注意有无严重的包茎、炎症、肿瘤或发育异常；尿道。有无瘘孔、下裂、硬结；前列腺。经肛诊可检查其大小，有无硬结、肿物，还可按摩取前列腺液检查；睾丸。测量其大小、触诊硬度，有无硬结、压痛、是否为隐睾；精索。触摸输精管的硬度，有无压痛，有无精索静脉曲张。

常规身体检查

内容包括：肝、肾功能；血常规、尿常规、心电图等；免疫系统、遗传病史等。

医生例行询问

未准爸爸还要接受医生详细的询问，比如自己的直系、旁系亲属中，有没有人出现过习惯性流产的现象，或是生过畸形儿，这些状况对于医生判断染色体出现平衡异位有很大帮助，以减少生出不正常宝宝的可能性。所以回答医生提问的时候一定要有耐心，诚实，并认真配合。

细节 11：为什么需要从怀孕前开始锻炼身体

我们常说，“生命在于运动”，不过现代人生活节奏快，工作生活压力大，很多时候就把锻炼身体这件事从生活中挤掉了。其实，锻炼身体不仅是每个人健康的保证，更是即将怀孕的女性应该补上的一课。

那么，为什么怀孕前要锻炼身体呢？这对以后孕育宝宝有什么好处吗？答案是肯定的。因为怀孕对于女性来说几乎是人人都要经历的一个重要而特殊的阶段，在这期间，女性应以一种平和、愉悦的心境迎接各种变化，这就要求女性从怀孕前在体力和精神上做好充分的准备。比如，孕前应加强锻炼，增强体质，因为怀孕和分娩过程会消耗大量体力，并可能感染各种疾病。女性若能拥有健壮的身体，对怀孕、生育是很有好处的。同时，这对未来宝宝的健康出生也是很有益处的，所以一定要坚持哦！

送给准妈妈的温馨Tips

未准妈妈在孕前适宜做的减肥运动包括：

慢跑、散步

运动装备：运动装和跑步鞋。

运动花费：无。如果你不是很挑剔的话，柏油路就可以是你的运动场地。

运动效果：对心脏和血液循环系统都有很大的好处，每天保持一定时间的锻炼(30分钟以上)，会有利于减肥，最好的方式是跑走结合。

脂肪燃烧值：慢跑：420卡/小时；散步：240卡/小时。

运动评价：低投入，高收益，但贵在坚持。

水中健身

水中健身操是一种新型的有氧健身运动，一般在1～1.4米的水深里进行，即使不会游泳也没关系，这样的深度根本就不用害怕。

运动装备：泳衣。

运动花费：需要一定投入，最好去专业健身场馆进行。

运动效果：塑形美体、按摩护肤、缓解压力，水中健身操还可以全面带动身体各部位肌肉群，减肥效果明显。

脂肪燃烧值：因人而异，1周练习3次，可以消耗的热量比较多，减肥效果明显。

运动评价：安全、舒适，去热效果明显，不足之处是需要一定的金钱投入。

细节12：如何补叶酸更科学

很多未准妈妈都知道要在孕前3个月开始补充叶酸，但是对于如何补叶酸更科学却知之不多。叶酸其实就是一种维生素，它具有水溶性，补充叶酸不仅可以预防新生儿神经管畸形及其他的先天性畸形和早产，还可以预防母亲巨红细胞性贫血。

既然叶酸的好处如此之多，是不是补得越多越好呢？这是一个大大的误区。医学研究发现，过量摄入叶酸会导致某些进行性的、未知的神经损害的危险性增加。大量的临床研究显示，每天摄入800微克的叶酸对预防神经管畸形和其他出生缺陷非常有效。孕妇对叶酸的日摄入量上限为1000微克。具体而言，为了胎儿发育，孕前女性每天需要补充0.4毫克叶酸增补剂，一天一片，但漏服不补。为保证足够的叶酸摄入量，从孕前3个月持续到怀孕后3个月即可。

需要指出的是，叶酸也可以通过食物来摄取，如动物肝脏、肾脏、蛋类、鱼类；植物性食物中的绿叶蔬菜，如菠菜、芹菜、菜花等，此外土豆、莴苣、蚕豆、梨、柑橘、香蕉、柠檬、坚果类及大豆类等，都属于叶酸含量较高的食物，准备怀孕的女性平时要注意多加摄取。

细节 13：远离各种小宠物

在生活中，女性朋友们总是对各种小宠物十分有爱心，尤其是小狗、小猫等可爱的小动物。常常将它们抱在怀中，有的还与其亲热，甚至与其吃住不分。对于未怀孕的女性或者不打算怀孕的女性来说，只要稍加注意就行，但是如果打算孕育下一代，就一定要远离这些可爱的小宠物。

因为宠物身上潜藏的疾病很可能会影响你和未来宝宝的健康，其中尤为常见的就是弓形虫病，它是由弓形虫原虫侵入引起的一种全身性传染病，是一种人、畜共患的疾病，其传染源主要是猫类动物，但其他如猪、羊、狗等很多动物也可以成为弓形虫病的传染源。它们排出的粪便中含有大量的滋养体，人们若不注意环境卫生与它们接触，或饭前、便后未洗手，或吃了未经煮熟的含有滋养体的肉和水，就很容易被感染。

人一旦受到感染，其后果取决于其免疫功能状态。女性在怀孕后，免疫功能下降，易发生感染。孕妇急性感染后，弓形虫会迅速通过胎盘进入胎儿体内，约有三分之一的胎儿受到传染。而且越是妊娠早期患病，对胎儿影响越大。

胎儿受传染后，就会导致流产、早产或死胎等情况，即使未发生这些情况，胎儿出生后也可能表现为各种畸形，如小头、脑积水、斜视，出现抽搐、发热、黄疸、皮疹、精神发育障碍等症状。

除此之外，猫、狗还可以传播狂犬病、出血热、肝吸虫病等疾病。

因此，已经计划要宝宝的家庭，在生育之前就要禁止养猫及其他小动物，并避免与其接触，有与动物密切接触史者怀孕后应到医院做相关检查。

细节 14：有计划地消费，为即将到来的宝宝打好经济基础

养育一个健康的宝宝，不仅需要夫妻双方的爱心和耐心，更需要良好的物质基础，因此，未准妈妈、爸爸在准备要孩子的那一刻，就要学会有计划地消费，为怀孕及宝宝的出世积攒一定的积蓄。

【小案例】

鸣欧今年 29 岁，在一家公司做行政工作，收入稳定，但比较低，丈夫在另外一家公司做财务工作，夫妻二人的收入加起来也就 6000 元左右。两年前，相恋几年的他们携手走进婚姻的殿堂，这也花去了他们几年的积蓄。如今，二人打算要一个宝宝，但是面对收入较低、开销较大的局面，夫妻双方心里都没了底。

如今继“房奴”、“卡奴”之后，又生出了一个“孩奴”，可见养育一个孩子对于年轻的夫妻来说，真的是一个不小的负担，这也使得很多年轻家庭不敢轻言“宝贝计划”。事实上，大家大可不必如此担忧，只要合理规划，认真理财，还是可以积累起一定的物质财富的。例如：

方法一：记账绝对是个好习惯

俗话说，“人有两只脚，钱有四只脚”。

年轻夫妇因为没有理财方面的经验，消费上容易失控。因此，养成记账的习惯尤为重要，对每一笔消费支出进行记账和统计，逐项仔细分析，看看哪些

消费是必须的，哪些是次要的，在此基础上认真总结，就能确保每月都能省下一部分钱。

方法二：小家也要有开支预算方案

记账实际上是为了做预算打基础。通常支出预算可分为可控制预算和不可控制预算，诸如房租、公用事业费用、房贷利息等都是不可控制预算，每月的家用、交际、交通等费用则是可控的，要对这些支出好好筹划，合理地花钱，使每月可用于投资的节余稳定在一定的水平上，这样才能更快捷高效地实现理财目标。

方法三：勤俭节约

老话说得好，“理财千条计，勤俭数第一”。在许多生活细节上都可以找到能够节约的地方，如使用节能环保的家用电器，废物利用，在家就餐……这样一来，从一些细节着手节省，每月节省一部分钱并非难事。

方法四：兼职增加收入

所谓开源节流，节流做到位了，就要想想是否可以通过开源来增加收入。

比如，上面案例中鸣欧的丈夫就可以利用业余时间，为一些小型公司做兼职会计来增加收入。

方法五：坚持储蓄

存钱需要毅力和决心，更需要一个完善的计划。将每个月的必需费用扣除后，应该将工资的剩余部分存入银行，月底把节省下来的钱也存进去，积少成多。再定期投入一些像基金这样“零存整取”的项目，就会让钱袋逐渐“丰满”起来。因此，不要因为赚的少就不理财，只要平日多注重生活中理财的小细节，开源节流，持之以恒，不仅可以培养自己的理财习惯，同时也能积累一笔“小财富”，为小宝宝的到来打好基础。

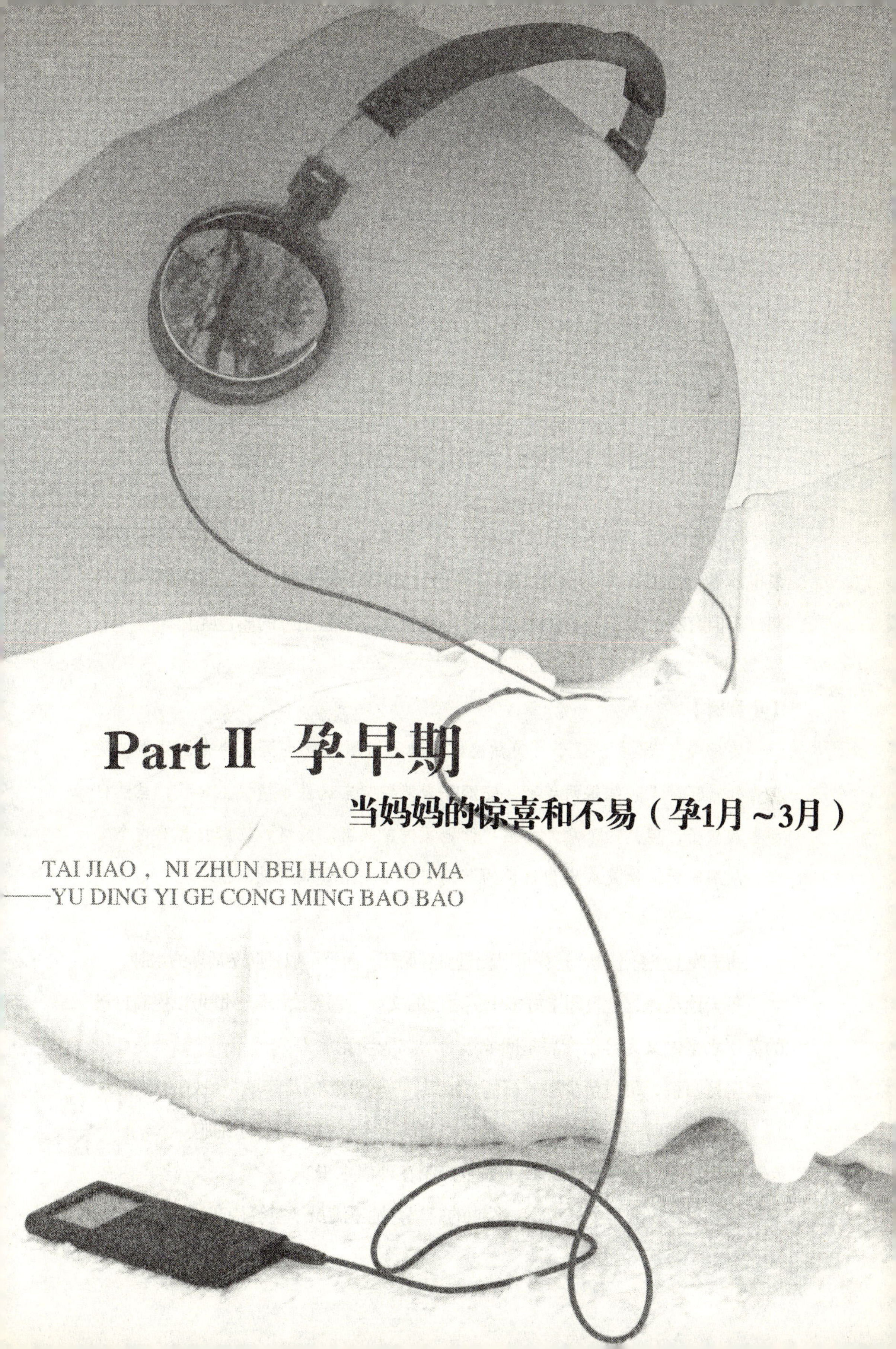

Part Ⅱ 孕早期

当妈妈的惊喜和不易（孕1月～3月）

TAI JIAO，NI ZHUN BEI HAO LIAO MA

——YU DING YI GE CONG MING BAO BAO

孕1月

第一章 胎教的18个细节（1周~4周）

细节1：拟订一份详细的妊娠计划表

怀孕很快乐，但怀孕期又很漫长，一分详细的计划能让人做事有条理，遇事也能做到处乱不惊。因此，拟订一份详细的妊娠计划，好好地规划一下孕期，不但有利于母子身心健康，还能为你的人生增添光鲜的彩色呢！

【小案例】

安娜今年27岁，这个月突然感觉身体不舒服，就去医院检查，结果被医生告知她怀孕了。结婚两年来，安娜并未把要宝宝这件事情提上日程，虽然自己喜欢孩子，但是这个意外的消息让她又惊，又喜。最终，安娜打算要这个宝宝，从那时起，她就决定为自己的孕期安排作一个大概的计划：

每天晚上坚持泡脚，这样可以促进血液循环，而且可以预防孕后期的水肿。

每天读英语，她打印了好多中英对照的文章，每天读一读。既可以提高自己的英语水平，又为自己产后重回职场时增加职场竞争力。

坚持写稿，每月至少写一篇稿。她想，一个积极的母亲就是最好的胎教。

选择性地听一些胎教音乐，希望将来的宝宝能有一些音乐细胞。

每天散步，希望整个孕期的体重控制在理想水平。

可以说，安娜是个乐观的、聪明的妈妈，她不满足于空等待产的日子，那样整个孕期就会变得暗淡无趣。因此，所有的准妈妈不妨行动起来，给自己彩色的孕期，拟订一份计划表，好好规划一下自己的280天。有了计划表，怀孕就不再是漫无目的的打发时间，而是享受没有工作束缚，开心放大假的快感！

细节2：如何计算排卵期

为什么要计算排卵期呢？是因为排卵期和生育有着莫大的关系。一般情况下，育龄女性每月只有1次排卵，并且排卵的时间是有规律的。在性激素的作用下，每月只有一个原始卵泡能够发育成熟并排出，卵泡从发育成熟到卵子的排出过程即是排卵期。而后卵子再从卵巢经过输卵管移动到腹腔子宫内。

卵子一般可以存活1～2天，而男性产生的精子则是连续的。精子通常在女性生殖道内保持活性2～3天，而其致孕能力在48小时之间。如女性在排卵前后一定时间内有性生活，就有怀孕的可能。这段时间称为“排卵期”，又叫“易受孕期”或“危险期”。

也就是说，在排卵日进行夫妻生活，最容易受孕。那么，如何才能准确的推算出排卵日呢？在生活中，为了方便监测，往往只是根据排卵期的外在表现（征状）来推算排卵期。

方法一：日历法

按月经周期来推算排卵期，具体做法是：从下次月经来潮的第1天算起，倒数14天或减去14天就是排卵日，排卵日及其前5天和后4天加在一起称为排卵期。例如，某位女性朋友的月经周期为28天，本次月经来潮的第1天在12月2日，那么下次月经来潮是在12月30日（12月2日加28天），再从12月30日减去14天，则12月16日就是排卵日。排卵日及其前5天和后4天，也就是12月11～20日为排卵期。

方法二：基础体温测量法

根据与排卵有关的体温变化推算排卵期，如体温曲线呈双相，则在体温上升前的那一天即为排卵日。

方法三：宫颈黏液观察法

女性的月经周期分为干燥期——湿润期——干燥期，在月经期中间，当白带出现较多且异常稀薄，为湿润期，观察分泌物呈蛋清样、清澈、透明、高弹性、拉丝度长的这一天，很可能是排卵期。

细节 3：月经与生育的秘密

月经是指有规律的、周期性的子宫出血，伴随着这种出血，卵巢内应有卵泡成熟、卵子排出和黄体形成，子宫内膜从增生到分泌的变化。这些变化是受大脑皮层，下丘脑、脑垂体和卵巢分泌的女性激素所调控的。

有正常的月经周期，说明这些系统没有问题。反之，当月经出现不正常状况时，则可能是内部系统出现了问题，就有可能影响到了女性的生育能力。那么，月经与生育之间存在着怎样的关系呢？

女性月经的多少其正常范围较大，约在 80~100 毫升之间。有的女性月经量偏少，属于正常范围内的偏少，而其卵巢的排卵功能和分泌女性激素功能，均在正常范围内，因此，这些女性仍具有生育能力。而有的女性月经量过少，是由于全身消耗性疾病如结核、营养不良、贫血等，或精神因素如紧张、忧郁、恐惧等以及劳累、环境改变等因素引起，这些因素引起的月经量过少，其中有一定比例的女性，也是可以生育的。当然，如果是由于内分泌功能低下、肿瘤、子宫发育不全等疾病，导致月经量过少，甚至闭经，其不育率则会大大增加。

细节 4：每天测定基础体温

【小案例】

吕莉结婚3年了，今年她和丈夫商量后，计划要个孩子，可是他们解除一切避孕措施4个月了，仍旧没有怀孕。为此，吕莉心里有点担心，她去看医生，医生的经验很丰富，对她说："你先回去测基础体温吧！"测基础体温听起来容易，可每天坚持还真有点儿难度。她连续测了3个月的基础体温后，真的怀孕了。

那么，什么是基础体温呢？为什么它和怀孕会有关系？所谓基础体温，是指女性在经过一夜充足睡眠（6～8小时）醒来后，未进行任何活动时所测得的晨间体温（简称BBT）。在月经周期中，由于雌孕激素分泌量的不同，可影响每个妇女的基础体温，使基础体温出现周期性变化，当排卵期孕激素分泌量增加可刺激体温中枢而使体温上升。故排卵后的基础体温可较排卵前上升0.3～0.5℃，这种生理改变可作为测定有无排卵的依据。

测定方法为，每天清晨醒后，在未说话和起床活动前自测口腔体温，并将之记录于基础体温单上。如此连续不断地测3个月，并将每日的基础体温绘成曲线即可进行观察。在体温单上对月经期、性生活及可能影响体温度的诸多因素，如迟睡、感冒等应以记号标明。

当基础体温上升20天不下降，就表明已经怀孕。当知道自己怀孕后，就要小心用药，避开各种有害因素。

细节 5：优生优育行动

如果你想拥有一个健康的宝宝，那么必要的优生优育检查就不可或缺。多数准妈妈可能不清楚什么是优生优育五项检查，为什么要检查，当然更加不清楚这检查对自己怀孕和宝宝有多重要！那么，现在就行动起来吧。

所谓优生优育五项检查，又称致畸五项。因为孕妇及胎儿可能受多种病毒或原虫感染，如风疹病毒、单纯疱疹病毒、巨细胞病毒、B19 微小病毒及弓形体，它们可能通过胎盘传给胎儿，从而导致胎儿发育异常。这就是常规检查的优生优育五项检查。

为了孕育一个完美宝贝，最好在怀孕前半年进行优生优育五项检查，这样可以避免一些不必要的悲剧发生。如果感染了这些病毒，也没有关系，只要在医生指导下治疗，大部分人都可以安全孕育下一代的，不用担心。

细节 6：如何计算最佳受孕时间

在最佳受孕时间受孕，是生个既聪明又健壮的宝宝的重要因素，不过很多人对此并不在意。那么，如何才能计算出最佳受孕时间呢？

这其实并不难，根据科学研究发现，育龄女性每天、每个季节都有最佳受孕期，如：

女性每天最佳受孕时间为下午 5 ~ 7 时。科学研究证明发现，这是每天的最佳受孕时间，因为无论是精子的数量还是质量一天中变化都很大，而在下午稍后的这段时间达到高峰，这个时候恰好女性最容易受孕。

女性最佳受孕月份为一年中的 7 ~ 8 月份，在这段时间内怀孕，到次年

4～5月份生产为最好。需要注意的是，受孕前一个月内，同房次数不宜过频，最好按女方排卵期一次成功。女性最佳受孕年龄为25～28岁左右。研究成果表明，年龄在30～35岁的男人所生育的后代是最优秀的，随着年龄增长，人的生育能力不断下降，此外，过晚怀孕，卵子质量下降，胚胎畸形的概率增高。同时，也不利于及时发现问题，从而增加治疗难度。

除此之外，在选择女性最佳受孕时间时，还应当考虑其他一些影响因素，如情绪压抑、体力超负荷消耗、旅行途中、患病期间，停用避孕药后不久，刚接触放射性物质和剧毒性物质不久，早产、流产和清除葡萄胎后不久等。这些都会影响受孕，破坏胎儿生长的宫内、外环境，因此都需要避免。

细节7：如何把好遗传基因这道关

【小案例】

小玮是一个漂亮的女孩子，大学毕业后顺利进入一家大型企业工作，不仅如此，她的婚姻也十分美满，去年刚和相恋4年的男友结婚。婚后不久，小玮便发现自己怀孕了，正当一家人沉浸在幸福、快乐中时，小玮却被医生建议终止妊娠，因为小玮是个“脆骨病”患者，该病有50%的遗传概率。

当然，现实中的遗传病并不只“脆骨病”一种，目前已知的遗传病大约有4000多种，包括染色体病、单基因病和多基因病三大类。那么，夫妻双方如何才能把好遗传基因这道关呢？

第一关：婚前健康检查。已确定恋爱关系的男女，在办理结婚登记手续之前应做一次全面系统的健康检查，尤其应注意的是，避免近亲结婚。

第二关：孕前遗传咨询。有的夫妻感到很不解，因为双方健康状况良好，而且周围的亲属也没有愚钝之人，但是自己却生下了一个先天愚型患儿。其实，这也不难避免。专家指出，只要在下次怀孕之前提高防止遗传病的意识，做个遗传咨询，就应该可以避免悲剧重演。

第三关：产前筛查避免患儿出生。产前筛查一般在怀孕 16 ~ 20 周的时候进行，主要是针对一些目前没有很好的治疗方法的疾病，其目的是防止有缺陷患儿的出生。例如，大家比较熟悉的“唐氏筛查”。

送给准妈妈的温馨Tips

在现实中，人们常常把遗传病和先天性疾病混为一谈。其实，先天性疾病一般是指婴儿出生时就表现出症状的疾病。先天性疾病中有些是遗传因素引起的，属遗传病，如先天愚型（唐氏综合征）。而有些，却是孕期受外界不良因素影响而引起胎儿发育异常，不属遗传病范畴，如先天性心脏病。由此可知，先天性疾病并不都是遗传病。

另外，遗传病虽然可怕，但是其并不是不治之症。随着人类对遗传病的研究逐步深入，对某些遗传病，人们已经破译其“遗传密码”，采取科学方法进行干预，就可以生育健康聪明的宝宝。

细节 8：怀孕后有炎症怎么办

平时，妇科炎症说大不大说小不小，其症状轻时用药就可以治愈。但当女性怀孕后，就变得非常棘手了，因为一旦怀孕了，大部分治疗妇科病的药都不能用。

因此，如何在怀孕后应对妇科炎症就显得尤为重要。

女性怀孕后，由于激素的作用，阴道的分泌物增多、外阴潮湿，很容易滋生细菌。

同时，孕妇抵抗力也下降了，比常人更易外感细菌，于是各种妇科炎症便容易缠上准妈妈。怀孕期间最常见的妇科炎症包括霉菌性阴道炎、滴虫性阴道炎、细菌性阴道病，以及子宫颈炎和盆腔炎等。

医生指出，怀孕后治疗这些炎症应注意的是，在怀孕早期和中、晚期用药应有所不同，有些药物对胎儿的发育有影响，因此要在医生的指导下用药，切不可自己随意使用药物。此外，外洗的洗涤剂目前在市场上品种很多，对孕妇而言，可以进行外阴部的冲洗，但不能进行阴道内的冲洗，因为这很容易影响到胎儿。

此外，一些霉菌会在产道感染胎儿，使新生儿患上一种叫"鹅口疮"的疾病。所以，孕妇治疗阴道炎要彻底，以防分娩时产道内的真菌侵袭胎儿。

送给准妈妈的温馨Tips

需要特别指出的是：女性朋友在怀孕后一定要注意好各方面的卫生，这样才能有效预防炎症的发生。如果出现炎症，一定要到医院进行检查，在医生的指导下进行用药，切不可私自买药进行治疗，以免引起不必要的麻烦。

细节9：快去验孕吧

很多年轻的女性朋友，由于缺乏经验，对于是否怀孕往往无法确定，有的甚至缺乏怀孕的意识，比如，明明自己已经怀孕了，月经过期了，还认为是月经不调，并且擅自服用调经活血药，结果导致十分危险的后果，危及宝宝的健康。

因此，了解一些怀孕初期的信息，对于年轻的准妈妈十分重要。怀孕早期的第一个信息就是停经，生育年龄，平时月经周期规则，一旦月经过期10天或以上，应疑为妊娠；另外，约半数女性在妊娠早期（停经 6 周左右）出现头晕、乏力、嗜睡、食欲不振、喜食酸物或厌恶油腻、恶心、晨起呕吐等，称为早孕反应，这与体内 HCG（绒毛膜促性腺激素）增多、胃酸分泌减少以及胃排空时间延长有关，多在妊娠 12 周左右自行消失；此外，还有些人在怀孕初期，甚至停经之前，口味会突然改变。有些人表现对某种食物特别爱好，如酸味食物；最后，乳房也会有一些变化，自妊娠 8 周起，受增多的雌孕激素影响乳腺发育时乳房逐渐增大，孕妇会自觉乳房轻度胀痛及乳头疼痛，初孕妇较明显。

女性朋友在发现自己有上述症状时，最好赶紧采取一些办法验验孕，如：

方法一：早孕试纸。通常，除了受孕时间非常早的情况，在停经 4 周左右阳性率最高，检测结果也最准确。

方法二：医院检验。一般费用比较高，但结果准确可靠。

方法三：超声检查。超声检查如果发现孕囊，那就证实你怀孕了。妊娠 4 周左右，就可以清晰地看见孕囊，孕囊直径约 1 厘米。

细节 10：如何准确计算预产期

发现自己怀孕后，千万不要光顾着高兴，有一件事情是你必须赶紧解决的。那就是，准确地计算预产期，这将告诉你什么时候才能和亲爱的宝贝见面。

因此，很重要哦！不过，很多年轻的准妈妈对于如何计算预产期不了解，往往都会依赖医生来完成。

实际上，计算预产期并不复杂，准妈妈可以自行尝试推算预产期作为参考的数据，以便及早做好准备措施，迎接新生儿的降临。不过准妈妈要注意的是，预产期并不一定就是宝宝出生的准确时间。

方法一：月经逆算法

这也是最常见的一种计算方法，其以280天（40周）为依据来逆算，算法为：用最后一次月经来临当天的月份数加9（或减3），再用日期数加7，即可算出。但这种逆算法是以28天的月经周期为计算基础，因此必须根据个人月经周期长短加以修正。

方法二：妊娠历算法

圆筒或圆盘状的妊娠历都可以在商店或者药店买到，只要对照最后一次月经开始的日子，就可轻松算出怀孕周数和预产期。不过这种方法和月经逆算法可能会有两三天的误差。

方法三：基础体温曲线法

按照基础体温曲线计算预产期，由排卵日到分娩大约为266～270天。基础体温的曲线中，低温期的最后一天即为排卵日，再加上38周（266天），或用此日的月份加9、日数减7就是预产期。

方法四：由胎动开始计算

感觉胎儿在体内（子宫）活动，称为“自觉胎动”。初次感觉胎动，一般是在怀孕19周到20周之间，在妊娠历上则为第5个月（20周），因此加22周（即5个月又4天）才是预产期。自觉胎动时期往往因人而异，所以这种算法并不精确。

方法五：以孕吐计算

大部分孕妇从第4、5周开始会有孕吐现象。在孕吐开始时，加上250即为预产期。但是孕吐开始时期也会因人而异，因此这种方法计算出的结果也并不准确。

细节11：第一次产检的内容包括什么

在现实中，第一次产检通常是在确认怀孕后第12周时进行，并领取母子手册。产前检查可以了解软产道及骨盆腔内的生殖器官有无异常，这样医生可以对你分娩的情况提早做估计。具体而言，第一次产检的内容包括如下内容。

准妈妈第一次产检的内容

项目	内容
病史询问	年龄：年龄过小（小于20岁）容易发生难产；35岁以上的初孕妇容易有妊娠合并症
	职业：如果你的工作需要接触有毒物质，医生会帮你做一些特殊检查
	月经史及既往妊娠史：了解月经史可以帮助推算预产期；如果你已经有过怀孕分娩史，你要把详细情况告诉医生
	既往病史、手术史及家族史：这些历史对你的这次怀孕有重要的影响，医生会仔细询问
身体检查	身体检查：医生会检查你的发育、营养及精神状态，并记录你的体重、血压的数据，供日后参考
	产科检查：会检查你的骨盆腔和生殖器官的情况，对之后的怀孕进展和分娩作出评估。另外，医生还常将检查的结果，包括血压、体重、子宫底的高度、腹围等，绘成一张怀孕图，并把以后的检查结果也记录于图上，制成曲线图，观察其状况，以及早发现你和胎儿的异常状况
辅助检查	血、尿的常规检查，并记录你的血型
	超声波检查：是观察胎儿情况的较为可靠的方法
	针对过去的妊娠和疾病史而做的特殊检查，如羊水细胞检查、血液甲胎蛋白测定等

细节12：孕1月准妈妈的几个疑问

疑问一：准妈妈要不要下厨房

准妈妈最好少下厨房，如果需要去，一定要尽量减少停留时间。因为：

厨房油烟比较大，这对于孕妇健康和胎儿发育都不好，所以在怀孕的任何阶段，准妈妈都不适宜接触油烟。如果感觉身体良好，想调剂一下胃口，可以适当做一些蒸、煮类操作过程比较简单的饭菜。

孕早期和孕晚期应当避免做饭。孕早期准妈妈会有早孕反应，做饭过程中的气味可能会引起准妈妈恶心、呕吐等反应，所以不宜下厨。而到了孕晚期，准妈妈的腹部已经隆起很大，行动不便，比较湿滑的环境容易造成危险，而做饭需要长期站立，也容易引起过度疲劳、下肢静脉曲张、头晕等反应，因此孕晚期也不适合下厨。

厨房家电有较强的辐射，特别是微波炉、电磁炉。如果能够避免，准妈妈应当尽量不使用以上设备。

最后，煤气或液化气的成分很复杂，燃烧后在空气中会产生多种对人体极为有害的气体，当准妈妈把这些有害气体吸入体内时，通过呼吸道进入到血液之中，然后通过胎盘屏障进入到胎儿的组织和器官内，由此，会使胎儿的正常生长发育受到干扰和影响。

疑问二：准妈妈要不要远离电磁辐射

科技的发展让我们的生活越来越便捷，但是由此而来的弊端也显而易见，比如电磁辐射。可以说，电磁辐射在生活中随处可见，如电热毯、电视、电脑、日光灯、微波炉、电磁炉、无绳电话、手机、空调、吹风机、电烤箱、吸尘器、油炸机、咖啡机、电子表、空气清洁器、收音机等。

电磁辐射污染不仅会导致男性性功能衰退，精子质量降低，还会使女性经期紊乱，容易流产或是产下可怕的死胎、畸胎。那么，如何才能有效避免电磁辐射污染呢？

不要把家电摆放得过于集中，以免使自己暴露在超限量辐射的危险之中。特别是一些易产生电磁波的家电，如电视、电脑、冰箱、收音机等，最好不要集中摆放在卧室里。

科学使用手机，手机接通瞬间释放的电磁辐射最大，最好在铃声响过一两秒或两次铃声之后接听，通话时头部和手机天线的距离尽量远一些，最好使用分离耳机。

多吃胡萝卜、豆芽、西红柿、油菜、海带、卷心菜、瘦肉、动物肝脏等富含维生素 A、维生素 C 和蛋白质的食物，加强机体抵抗电磁辐射的能力。

选购一些防辐射衣物。如防辐射衬衫、内衣、西服、马甲、围裙、孕妇装、防护帽等。

疑问三：准妈妈能不能用药

【小案例】

关于孕妇用药有害的最典型的事件之一是，上个世纪 60 年代发生在德国等西方国家的“反应停”事件。当时，德国等国家应用药物“反应停”来治疗孕妇妊娠早期的呕吐，结果造成成千上万名四肢短小的畸形儿，后被称为“海豹胎”。此后，妊娠期用药问题越来越被临床医学所重视，也引起了广大孕妇及家属的关注。

如今，在孕期用药的副作用已经被广泛认同，医学专家指出，用药不当可导致胎儿畸形、发育不良甚至死亡。当孕妇患病而需要进行药物治疗时，要充分考虑到用药的必要性、药物对疾病的治疗效果，更重要的是应考虑药物是否会对胎儿产生不良影响。

细节 13：如何有效预防先兆流产

【小案例】

苁蓉今年33岁，刚刚怀孕4个月，其实苁蓉早就有了要宝宝的打算，无奈先前两次怀孕都在不足一个月时流产了。这才一拖再拖，拖到了三十几岁才要孩子。这次，家里人照顾她更加小心翼翼了。平常，总是让她躺在床上，但不知为什么阴道还是偶尔会出血，家人很担心这是先兆流产。

想必这也是很多准妈妈最为关心的问题。那么，如何才能有效预防先兆流产呢？

卧床休息，尽量减少活动，但并不是24小时都躺在床上不动，甚至连大小便都不敢下床，应解除不必要的顾虑，避免紧张的气氛，适当进行轻微活动。

禁止性生活，尽量减少不必要的阴道检查，以免对子宫造成刺激。

进食高营养、易消化饮食，以补充足够的营养。多吃新鲜蔬菜、多饮水，保持大便通畅。

遇有阵发性下腹剧痛，伴出血增多，应保持冷静，立即到医院就诊。恐惧和焦虑只会使症状加重。

尽量远离可能有污染的环境。避免接触有害化学物质，如苯、砷、汞、放射线等；少去公共场所，预防疾病感染。一旦患病，及时诊治；减少和电脑、手机等辐射性物体的接触时间。

送给准妈妈的温馨Tips

引起先兆流产的原因很多，如果见到阴道流血，不区别情况就一味盲目保胎，这是非常不可取的。从优生的角度来讲，先兆流产也是一种优胜劣汰的自然淘汰过程。若没有明显的诱因，而仅是因过度疲劳、腹部外伤、腹部手术等引起的先兆流产，只要医生判断胚胎是健康的，就可以保胎；如果因为接触有害物质，如放射线、病毒等，胚胎发育异常约占60%，此时出现先兆流产，不要盲目保胎。如保胎无望，终止妊娠后，准妈妈需隔半年至一年后才可受孕。

细节14：如何应对怀孕早期乳房的变化

在准妈妈怀孕早期时，乳房会出现比较明显的变化，如乳房感觉肿胀、发麻。当精子与卵子结合成为受精卵并在子宫内开始成长的时候，雌性激素和孕激素会大量增加。对于乳房来说，一切的变化就开始了，乳汁的制造和输送组织立即蓬勃地发育起来。

这时候准妈妈不必紧张或者焦虑，这些都是正常的妊娠反应。你需要做的是，赶紧去商场为自己选购一些大一点尺码的内衣。在整个孕期，两侧的乳房会分别增重大约900克，合适罩杯的内衣能够帮助你保护乳房的健康。需要注意的是，千万不要买小了，否则，它会限制乳腺组织的正常发育，影响今后的哺乳。也不要因为经济节省的原因，索性买一个更大尺码的，为了日后乳房再增大还可以使用，这样不合适的内衣根本起不到托起沉重的乳房、保护腺体舒适生长的作用。最好是到一家专业的内衣店，根据自己实际的尺码来购买让乳房舒服的内衣。想想，为了宝宝健康，一切都是值得的。

送给准妈妈的温馨Tips

孕初期乳房变化的迹象和征兆：

乳头会变得更加坚挺和敏感。乳晕逐渐扩大，颜色变深。乳晕上环绕的像小丘疹一样的突起（这是乳晕腺，也叫蒙哥马利腺体，它负责分泌一种油性的抗菌物质，对于乳头起到清洁、润滑和保护的作用），会更加突出。整个乳房会涨大，表面皮肤的纹理也会更加明显。乳房的发紧、沉重以及丰满感，依然会比较显著。

细节 15：调整好心情：快乐是可以遗传的

【小案例】

小琼目前正处于事业上升期，刚买了房子，装修进行到一半，虽然她和丈夫都比较喜欢孩子，但是为了事业和“二人世界”，都决定暂时不要孩子。谁知，最近小琼发现自己意外怀孕了。当她得知这一消息时，第一个反应就是——这孩子来的不是时候。也动起了不想要的念头，但面对家人们的竭力阻止，小琼不情不愿地接受了这个孩子，但心里总也找不到做母亲的快乐和幸福感。

可以说，孕期身体变化带来的心理变化、渴望优生带来的压力、对未来生活的未知……种种因素都使孕妇的心理处于一种多变的状况，很多时候她们是不快乐的。其实，这大可不必，保持一个快乐的心情，本身就是对宝宝最好的胎教。

腹中的胎宝宝虽然看不见妈妈的表情，却能感受到妈妈的喜怒哀乐。前3个月是胎儿各器官形成的重要时期，如准妈妈长期情绪波动，可能造成胎儿畸形。所以，准妈妈每天都开心一点吧，不要吝啬你的微笑。

为此，准妈妈可以多想一些愉快的事，多看一些轻松、幽默的影视作品，这样会缓解一些心理上的烦乱情绪。而丈夫要多体贴和照顾妻子，多陪妻子说话、散步。还可以把自己的烦恼向密友倾诉，或写日记。另外，孕妇不应把自己封闭在家里，而应结交情绪积极乐观的朋友。

细节 16：如何为胎宝宝创造一个健康的生长空间

受精卵经过 5 天的缓慢运行而到达子宫，并埋入子宫内膜里，从“着床”之日起便开始发育成长。在这十月怀胎的漫长日子，胎儿生存的营养供给及环境条件必须靠母体提供。因此，准妈妈应力争为胎宝宝创造一个健康的生长空间。

那么，如何才能在妊娠期为胎儿创造一个良好的生长空间呢?

避免七情

明代著名医学家万宗斋的胎教学说中指出：“调养七情：喜、怒、忧、思、悲、恐、惊”。这里的“喜”是指过喜，他认为过喜“则伤心而气散”。现代科学研究也发现，孕妇情绪不安时，胎儿的身体运动增加，胎动次数可比平常多 3 ~ 10 倍。如胎儿长期不安，体力消耗过度，出生时的体重往往比一般婴儿轻 0.5 ~ 1 千克。孕妇与人争吵、家庭不和、极度悲伤、情绪压抑、丈夫脾气不好、婆媳关系不和、人际关系紧张等，婴儿出生后常有不同程度的消化功能失调现象，呕吐，消瘦，甚至脱水，躁动不安，爱哭闹。

因此，胎教的重要目的是必须使准妈妈精神始终处于放松、愉快的状态之中。

合理营养

重要的是准妈妈必须保持营养平衡，这是胎儿健康生长发育的物质基础。

改善外环境

戒烟禁酒，注意用药，改善居住环境，避免有害的工作环境，如放射线、噪声、烟尘、铅污染等。

预防感染

准妈妈要特别重视预防感冒和各种感染，病毒感染可引起胎儿畸形，危害极大。

细节 17：准妈妈要多和大自然亲近

研究表明，大自然的色彩和风貌对促进胎儿大脑细胞和神经的发育有积极作用。因此，准妈妈应时常到风景优美的公园及郊外领略大自然的美，把内心的感受描述给腹内的胎儿，如白色的云、翩翩起舞的蝴蝶、歌声悦耳的小鸟，以及沁人肺腑的花香等。宝宝都可以通过与妈妈的"心灵感应"体会这种美的感受。

如果实在没有条件出去亲近自然，不妨在居室中打造一个"小小的自然世界"。那么，如何才能在家中打造出优美的环境呢？

方法一：要确保卧室有阳光照射

不论是宽敞舒适的住房，还是狭小拥挤的住房，最首要的问题是解决阳光照射和室内保温的问题。准妈妈及胎宝宝如果得不到阳光的照射，身体中的钙吸收就会受影响，也将影响准妈妈及胎宝宝的骨骼发育。此外，室内阴暗潮湿，还会增加准妈妈产后病，如关节疾患等发生的风险。

方法二：多摆放一些鲜花绿植

在摆放鲜花绿植时应注意，不宜摆放过多的植物；不要摆放花香过于浓烈的鲜花；不宜摆放松柏类花木，因为其芳香气味会对人体的肠胃有刺激作用，不仅影响食欲，而且会使孕妇感到心烦意乱，恶心呕吐，头晕目眩。

方法三：居室中色彩搭配要协调

色彩对人的心理产生明显的暗示作用，孕妇在不同妊娠期对不同的色彩有不同的感觉，可以选择孕妇所喜爱的颜色来装饰居室，以使孕妇心情舒畅。

方法四：用艺术作品来装点居室

不妨用优美宜人的风景图片、油画来开阔人的视野，帮助孕妇忘记紧张和疲劳，解除忧虑和烦恼。另外，活泼可爱的娃娃图画有助于联结起孕妇与胎儿之间的感情纽带。

可以说，这些美好的事物不仅可以使孕妇本身得以充实、丰富，同时也可以熏陶腹中的宝宝，让他（她）也感受这诗一般的语言、童话一样美的仙境，而且还会刺激胎儿快速地生长，使其大脑的发育大大加快！

此外，让宝宝呼吸新鲜空气也是不错的选择。因为，准妈妈走进大自然，呼吸新鲜空气，有利于胎儿的大脑发育。曾有人在动物身上做过这样的实验：把怀孕的老鼠和兔子分别放在空气不畅的箱子里，结果，这两种受试动物所产的幼崽出现无脑畸形的比例非常高，这说明大脑发育需要充足的氧气，而大自然是最好的供氧场所。

因此，准妈妈每天早晚最好能到有树林或者草地的地方去做操或散步，呼吸那里的清新空气。

不仅如此，树林多的地方以及有较大面积草坪的地方，尘土和噪声也比较少。对于仍旧坚持工作的准妈妈来说，除早晚散步外，在工作间隙应该注意呼吸新鲜空气，可以利用休息时间到办公室外走走，或者工作期间将窗户打开，多通风，置换空气。

这不仅有利于胎儿养成好的生活习惯，也有助于胎儿的身体生长，并增加胎儿的生命活力和灵性。

细节18：阳光为妈妈和宝宝留住钙

俗话说，“万物生长靠太阳”，可以说，阳光是所有生命赖以生存的条件，它不仅能够给人以温馨，而且能够给人以希望，在大自然中感受阳光，是一种温暖的感动。不仅如此，多晒太阳，还可以促进血液循环，杀灭麻疹、流脑、猩红热等传染病的细菌和病毒，还能促进母体内钙的吸收，促进胎儿骨骼的生长发育。

科学研究发现，阳光中的紫外线是看不见的，一层玻璃几乎能挡住阳光中的全部紫外线。所以，孕妇要适当地到户外去，常晒晒太阳。至于什么时候晒太阳，应根据季节、时间以及每个人的具体情况灵活掌握。假如是烈日炎炎的盛夏季节，就用不着专门去晒太阳，树荫里的散射阳光就足以满足孕妇的需要了。根据我国的地理条件，一般来说，春秋季以每天上午9时、下午16时，冬季以上午10时、中午13时阳光中的紫外线最为充足，孕妇可选择在这些时段晒太阳。

送给准妈妈的温馨Tips

孕期缺钙的危害性：

胎儿缺钙会导致先天性佝偻病，还很容易发生新生儿先天性喉软骨软化病，当新生儿吸气时，先天性的软骨卷曲并与喉头接触，很易阻塞喉的入口处，并产生鼾声，这对新生儿健康是十分不利的。更为重要的是，胎儿摄钙不足，出生后还极易患颅骨软化、方颅、前囟门闭合异常、肋骨串珠、鸡胸或漏斗脑等佝偻病。

通常，胎儿骨骼和牙齿的钙化在2个月时即已开始，需要从母体血液中吸收大量钙以满足需要。如果孕妇缺钙，就有可能出现钙代谢平衡失调。

孕1月胎教重点
——为宝宝创造良好的生长环境

胎宝宝正式在准妈妈的子宫内安家后，就要正式进入胎教的主题了。通常情况下，孕1月的胎教重点是：优境养胎。顾名思义，优境养胎就是要给胎宝宝提供一个优良的环境，而胎儿所生活的环境包括母亲的身体、父母生活的环境。年轻夫妇在计划怀孕前就要开始学习环境安全知识，以利于优化环境，安心养胎。

送给准妈妈的温馨Tips

优境不仅包括物理的生活空间和妈妈的宫内环境，好的心理环境也是优境养胎的重点。在制订怀孕计划时，孕妈妈准爸爸就要有心理准备，并开始有意识地进行心理调适，让双方的心态都更加平和、更加愉悦。不要大悲、大怒、大喜过望，要保证自己的身体健康和情绪愉快，夫妻感情稳定、恩爱，切实保护好孕育初期的胎宝宝，为日后他（她）的发育开个好头。

那么，什么是环境胎教呢？

所谓环境胎教是指，年轻夫妇在准备受孕前6个月，就应该开始学习环境安全卫生知识，以利于优化环境，安心养胎。人类从受精卵——胚胎——胎儿直到出生瞬间成为新生儿，大约经历了280天。妊娠过程中胎儿能否正常生长发育，除了与父母的遗传基因、孕育准备、营养因素有关外，还与孕母在妊娠期间的内外环境有着密切的联系。

因此，为了保证胎儿的健康发育，母亲应该避免六种不利于妊娠的内外环境：

多次人工流产或自然流产后受精；

夫妻体弱患病时受精；

不洁的性生活（包括性病）引起的胎儿宫内感染；

放射线伤害；

职业与嗜好的不良刺激；

污染源及噪音。

送给准妈妈的温馨Tips

值得一提的是，妊娠期的性生活与胎儿的发育和健康关系密切。在妊娠早期，子宫为了适应受精卵的分裂增殖，以及胚胎期的细胞分裂，尤其是脑细胞的分裂，本能地处于安静状态。为了确保宁静的内环境，防止流产，受精后前三个月应该停止性生活。妊娠中期的性生活要适度，动作要轻缓，勿压迫腹部，以避免流产。妊娠晚期由于子宫日渐膨隆，子宫收缩逐渐加强，为了防止早产及感染，应禁止性生活。

孕1月的营养方案

孕1月是准妈妈适应孕期的生理、心理变化的关键时期，如果能有个好的开始，就会让接下来的280天走得更加顺利。而怀孕初期会产生头晕、乏力等症状，所以补充充足的营养就十分必要。

这一时期，准妈妈的饮食不在量多，而在于均衡，保持膳食的均衡才能尽可能地获取合理的营养。因此，孕1月准妈妈的营养方案如下。

多摄入高蛋白食物

一般非孕妇每日所需的蛋白质为0.9g/kg体重，而妊娠期则需要另加30g/天，即为其所需量。如按体重60kg计算，则为54g + 30g = 84g。肉类中，尤其是牛肉和瘦猪肉的蛋白质含量较高，而在乳类和蛋类中，蛋白质含量高的也最易被消化和吸收。

碳水化合物也必不可少

谷类食物是孕妇获取热量的主要来源，孕妇每天所需要的这类食物总量平均为0.4kg ~ 0.45kg。不过，在现实中还需要有所调整，每日进食副食品如蛋、鱼、肉类多点，谷类食物就应相对少一些。

各类维生素

孕妇对维生素A的需要量比非孕期要多出20% ~ 60%，动物的肝脏、蛋类、鱼肝油、牛奶中维生素A的含量较多；维生素B主要预防神经炎等病变，为组织维持正常功能所必需，在食物中米麦的皮和胚芽、白菜、动物肝脏、芥菜等含维生素B较高；含维生素C最多的食物是水果类、西红柿、白菜、菠菜等；根据不同孕期，应适量加大维生素D和钙的补充。

尤其要多吃有助于宝宝脑细胞发育的食物

从孕4周开始，胚胎已经在子宫内“着床”，或称“植入”。完成着床需要4 ~ 5天。着床后的胚胎慢慢长大，这时大脑的发育已经开始，受精卵不断地分裂，一部分形成大脑，另一部分则形成神经组织。这时准妈妈要特别注意加强营养，营养不良的婴儿脑细胞数会减少，从而致使低体重婴儿的婴儿期死亡率和脑瘫痪发生率高于正常体重婴儿。

所以准妈妈要多吃一些有助于胎儿脑细胞发育的食物。

有助于胎儿脑细胞发育食物一览表

名称	说明
小米、玉米	营养学家研究发现，小米、玉米的营养物质含量是稻米、面粉所不能及的，不仅如此，小米和玉米更是健脑、补脑的有益主食
紫菜、海带	含有丰富的钙、碘、磷、铁等无机盐和微量元素，对于大脑的生长、发育、健康和防治神经衰弱症，有着极高的效用
芝麻	特别是黑芝麻，含有丰富的钙、磷、铁，同时含有19.7%的优质蛋白质和近10种重要的氨基酸，这些氨基酸均为构成脑神经细胞的主要成分
核桃	据测定，500克核桃仁相当于2.5千克鸡蛋或4.5千克牛奶的营养价值，特别对大脑神经细胞有益，钙、磷、铁和维生素A、维生素B_1、维生素B_2等的含量也比较高
枣	每100克大枣中，维生素C的含量为540毫克，是所有食用水果中维生素C含量最高的一种
黑木耳	含有丰富的铁，可作为一种天然的补血食品，并且其他营养含量也很丰富
花生	花生产生的核黄素、钙、磷等，都比奶、蛋、肉高。花生中还有各种维生素（维生素A、维生素C、维生素B、维生素E）、糖、卵磷脂、氨基酸等

1月胎教一家“三口”各自在做什么

准妈妈：在孕1月，可能很多孕妈妈都没有怀孕的感觉。大部分女性是在发现月经停止之后才开始考虑是否怀孕，因此这一时期她们多半会毫不知情。也有一些较为敏感的女性可以从疲劳、低热、畏寒等感冒症状中意识到自己怀孕。但如果事先做好了怀孕的计划，此时就能够判断自己是否怀孕并很快加以确认！

准爸爸：准爸爸在早期胎教中的作用可能并不十分明显。但他应当承担起选择何时生育的重要责任。即便是采取了避孕措施，还是应该做好随时可能因避孕失败而怀孕的思想准备。

胎宝宝：受精卵会在1周的时间里着床，至此，在到达子宫之前就不断发生细胞分裂的受精卵，终于在柔软的子宫当中找到自己的位置。着床以后很快就形成了初始形态下的神经管、血管系统、循环系统等组织，并开始向胎儿的心脏供血。这一时期的胎儿被称做胚芽，而把胚芽包裹起来的纤毛组织，即是后来形成胎盘的重要基础。

孕1月胎教备忘卡

孕1周

胎教注意事项：摄取最合理的营养，这时应当更多地选择新鲜的食物，少食用加工后的食品。

孕2周

胎教注意事项：这一时期，孕妈妈要避开含有酒精的食物，坚持进行适当的运动并及时休息。

孕3周

胎教注意事项：摄取叶酸，食用富含叶酸的水果、豆类、绿色蔬菜和粗粮，并且保证每天饮用8杯以上的白开水。

孕4周

胎教注意事项：进行有规律的运动，将自己的脉搏始终控制在每分钟140次以下，疲劳的时候立即停下来休息！

胎教备忘

环境胎教：在计划怀孕前就要开始学习环境安全知识，以利于优化环境，安心养胎。

营养胎教：准妈妈的饮食不在量多，而在于均衡，保持膳食的均衡才能尽可能地获取合理的营养。

快乐胎教：准妈妈每天都开心一点吧，不要吝啬你的微笑。

孕2月

第二章 胎教的14个细节（5周～8周）

细节1：当妈妈的感觉来了，如何应付孕吐

进入孕2月，准妈妈虽然确定了自己即将当妈妈的事实，但是从实际上来看，并未感受到当妈妈的变化。然而，当怀孕6周左右时，当妈妈的感觉就来了，其中最为明显的就是孕吐。许多准妈妈对早孕反应感到害怕、担忧，其实这是人体一种正常的生理反应，也是胎儿向妈妈发出的一种信号，是每位准妈妈幸福生活的开始。

话虽如此，不过孕吐起来也真是不好受，那么是不是有什么办法可以缓解一下呢？答案是肯定的，如：

调整心态。研究表明，孕早期妊娠反应越严重，呕吐越厉害的准妈妈，流产的可能性就越小。换言之，孕吐其实是一种保护性反应，是为宝宝把有害的东西吐掉，虽然自己难受，可对宝宝是有好处的哦。这样一想，心情好了，不舒服也会减轻许多。

少吃多餐，以每隔2～3小时进食一次为宜。

饮食清淡，不吃油腻、油煎、炒、炸、辛辣刺激等不易消化的食物，不喝酒精性或咖啡浓茶类饮料。

多吃苹果既可补充水分、维生素和必需的矿物质，也可调节水及电解质平衡。

把固体食物和液体食物分开吃，在吃完饭一段时间后，再喝水或汤。

细节 2：太棒了，宝宝初现“人形”，像只“小海马”

经过孕 5 周到孕 8 周的生长，胎宝宝的各器官、系统与外形发育已具雏形，其身体分成两个等大的部分，一部分是头，一部分是身体，渐渐有了“人形”。不过，这时候你的宝宝太小了，只有 0.6 厘米那么大，大小像苹果籽一样，其外观很像个“小海马”。

严格来说，这个时期体内的孩子还不能叫胎儿，只能叫胚胎，他们开始在妈妈的子宫内四处游动，这种漫无目的的游动没有什么姿势可言，随心所欲，更像极了悠游自在的“小海马”。

不过，准妈妈千万不要小看了他们，在孕 7 周时，他们的心脏已经长好了，心脏每分钟可以跳动 150 次，相当于大人心跳的两倍。到了第 8 周末，宝宝 90% 的器官系统都已长成了。

所以，宝宝也许会在心里说：“妈妈，我的各种器官在慢慢长成，已经有些人的模样了！但很多坏东西都会对我造成伤害，你一定要保护好我呀。”

细节 3：养成作妊娠记录的好习惯

怀孕是一个漫长而幸福的过程，你不妨用日记的形式记录下其中的喜怒哀乐。这将是一份特殊的日记，它不仅是母子的健康档案，可以为医生提供有价值的参考，确保母子平平安安，更会让准妈妈永远记住这段美好的经历。

虽然，这只是一个个人的选择，并非正式的“档案记录”，其在形式和内容方面也可以多种多样，但是准妈妈一定要记住，在妊娠记录中尽量把下面这些情况记清楚：

准妈妈妊娠记录的内容一览表

主要内容	作用和方法
末次月经日期	发觉怀孕后，应该通过回忆记录下末次月经的时间，这是为了准确计算预产期和按期进行围孕期保健
妊娠反应开始日期和症状	记录第一次妊娠反应的日期、每日反应的时间、反应程度（症状）、消失时间、治疗与否等，这有利于判断妊娠反应对胎儿的影响
胎动	正常的胎动是胎儿健康的标志，记下第一次胎动的时间，每日胎动的次数等，这对监测胎儿健康状况很有好处
患病情况	记录下所患疾病名称、症状、起止时间及用药情况，如药名、剂量、用药时间等
接触放射性物质情况	孕期应禁止接触放射线和放射性物质，如接触了，应记录下接触时间、部位、次数等
孕期并发症	妊娠中后期常有下肢浮肿、静脉曲张、腰背痛、便秘、痔疮等，症状严重需要治疗的，应记下发病时间、症状以及治疗用药情况等
阴道流血、流水、白带	妊娠期阴道流血、流水和白带量多均为异常，应及时就医，并记录下症状、治疗情况等
性生活情况	妊娠早期、晚期应禁止性生活，中期可以性生活，但应节制，并记录，有利于保胎参考
产前检查	妊娠期孕妇要做多次产前检查，孕妇应记录下每次检查的时间、项目、结论，如停经后的妇科检查、化验检查、超声波检查等，以利准妈妈保健参考
其　他	如外出旅行、孕妇体重、饮食、工作、外伤、精神刺激等，这对胎儿健康分析有十分重要的意义

妊娠记录既可以充实准妈妈的孕期生活，分散一部分紧张情绪和压力，还可以成为判断妈妈和宝宝健康与否的关键依据。

细节 4：安胎、保胎是重中之重

【小案例】

简荣怀孕两个多月，身体一直都不错，早孕反应也不是很明显。突然一个早上醒来，她发现自己下面见红了，而且是褐色的。这可吓坏了简荣，她赶紧赶到医院去，经过一番检查，医生告诉她说："只是子宫壁有一点点出血，宝宝没问题，很健康。一切都很好，别紧张，没有太大问题，不过出血总是危险的，还是保胎吧。"

医学研究认为，从胚胎发育的角度来看，胚胎本身会自然淘汰。如果胚胎异常，在怀孕的头三个月里最容易流产。因此，刚怀孕的准妈妈要具有安胎、保胎的意识，如：

如果出现了阴道出血的现象，一定要卧床休息，经过保胎治疗，出血停止以后方可进行适当的活动；

避免过度的紧张和焦虑，放松心情是最好的安胎方法；

阴道出血期间应该绝对禁止房事。

此外，在安胎、保胎期间，饮食安排也很重要，有些东西不能吃或者尽量少吃！

准妈妈安胎、保胎期间的禁忌食物一览表

类别	名称
水果类	蜜饯、脱水水果；各类罐头水果及加工果汁，如番茄；果汁粉等
蔬菜类	腌渍蔬菜，如榨菜、酸菜、泡菜、酱菜、咸菜、梅干菜、雪里红、萝卜干、笋干
油脂类	奶油、沙拉酱、蛋黄酱等
调味品	蒜盐、豆瓣酱、沙茶酱、辣酱油、蚝油、甜面酱、豆豉、味精、芥末酱、乌醋等
肉、鱼、蛋类	加盐或熏制的食品
豆类及其制品	腌渍、罐制、卤制的成品，如加味豆干、笋豆、豆腐乳、花生酱等
其他	鸡精、海苔酱、炸羊芋片、爆米花、罐头食品、咸面包、苏打饼干、甜咸饼干、蛋糕、奶酥等西点，以及运动饮料、碳酸饮料，如汽水、可乐等

细节5："工作" or "不工作"

【小案例】

琳琳是今年2月份发现自己怀孕的，当时她的工作焦头烂额，忙得一塌糊涂，加上早孕的最初反应，使得整个人每天疲惫不堪，总是提不起精神，脸色也变得特难看。她每天最大的愿望就是能美美地睡上一大觉。不仅如此，有一天加班后她发现自己出现了阴道出血情况。于是，琳琳决定辞掉工作回家待产。

如今，很多年轻女性朋友都需要面对越来越激烈的职场竞争，为此丝毫不敢懈怠。但是，初次怀孕的她们又担心，如果继续工作，会对宝宝不利。可以说，她们孕后面临"工作"或者"不工作"的两难选择。

其实，有些时候这也不难决定，很多专家认为，工作亦是一种很好的胎教方式，为什么这么说呢？

工作可以缓解妊娠反应。上班族因为有良好的工作和生活习惯，妊娠反应也会有所减轻，而集中精力工作是缓解妊娠反应的一种有效办法。

和谐的工作氛围和良好的人际交往，可以减少准妈妈的"致畸幻想"，如总是担心孩子生下来兔唇、斜颈或长六根手指等。这种担心在一个人独处时会明显加重，而忙碌会冲淡这种担忧，尤其是当见面的所有同事都表扬你"气色很棒"，"一定能生个漂亮聪明的宝宝"时，致畸幻想不知不觉会消失。

有利于保持良好心态。准妈妈继续工作就不会脱离掉原有的社交圈，而且不论是原先争强好胜的同事，还是比较难缠的客户，这一阶段，都会对"大肚婆"表现出爱心和帮助，这种态度的友善，将对准妈妈保持乐观情绪十分有益。

还可以促进胃肠蠕动，减少便秘发生。如果没有外出工作的动力，人会变懒，而"懒惰不思动"，活动减少，则更易出现消化机能降低，将导致体重激增和便秘发生，同样也不利于胎儿发育和分娩。

因此，准妈妈如果不需要强行保胎、安胎，那么，还是尽量留在工作岗位上吧！不过，在工作过程中，准妈妈还要注意一些自我防护和保护。比如：

尽量不要接触电脑等办公设备

【小案例】

惠惠今年27岁，怀孕刚刚两个月，她上班天天要面对电脑，但不知道辐射对宝宝有没有影响，也不知道在电脑环境下怀上的孩子能不能要。为此，惠惠十分苦恼。

孕妈妈使用电脑对胎儿是否会产生不良影响？这是当下受关注度非常高的一个问题，不过，关于结论目前尚无定论。世界卫生组织认为，计算机、电视机、移动电话、微波炉、打印机等产生的电磁辐射会对胎儿产生有害影响。有资料说，人长期受电磁波辐射污染，容易导致青光眼、失明、白血病、乳腺癌等疾病。

无论如何，小心总是对的，所以准妈妈还是要采取一些必要的措施，如：

减少接触电脑的时间。专家建议，准妈妈使用电脑一周不可超过20个小时，使用1小时后要离开10分钟，同时尽量减少其他电器产品的使用。尤其是怀孕的前3个月，孕妇尽量不要接触电脑，因为这3个月是胎儿发育最敏感的阶段，器官发育尚未成形，稍有不慎便会抱憾终身。

选用一些防辐射衣服。无法停止与电脑打交道的准妈妈，最好穿上防辐射背心或防辐射围裙，并给电脑加上一个视保屏。

准妈妈要远离噪声污染

【小案例】

在国外，曾经有一位儿科专家做过一项有关噪声污染对胎儿影响的研究，结果发现，在机场附近地区，新生儿畸形率从0.8%增到1.2%，主要属于脊椎畸形、腹部畸形和脑畸形。与此同时，其他国家的相关研究也表明，在噪声污染区的新生儿体重常常在2000克以下（正常新生儿体重为2500克以上），这相当于早产儿体重。

可见，噪声不仅可以间接干扰胎儿发育，而且能直接作用于胎儿的遗传基因，引起突变致畸。为此，准妈妈在生活和工作中，应尽可能减少接触噪声的机会。如：有条件的可临时调换居住地点；暂时调换工种，脱离噪声环境；减少去闹市区的次数；不去歌舞厅等喧闹嘈杂的娱乐场所；把家中的电视机、录音机音量调小；将床远离电冰箱等。

送给准妈妈的温馨Tips

孕妈妈在现实生活中接触噪声的机会主要有以下几种：城市噪声，仅街道上行车的噪声，一般就可达70分贝以上；生产噪声，如纺织机的噪声高达150分贝，机车乘务员和机床作业者所处环境的噪声平均也在80分贝左右；家庭噪声，一部分家电的噪声也不低于70分贝。

细节6：孕妈妈要养成良好的起居习惯

准妈妈要知道，有规律的生活也算是一种胎教，所以准妈妈最好为自己整个孕期的生活起居制定一个作息时间表，然后每天按表行事，养成有规律的生活。

注意出行方式和安全

计划怀孕后，准妈妈如果还在上班，且公司离家很近，就可以坚持每天步行上下班，既锻炼了身体，又不会影响工作；如果离家很远，你就要想办法使自己更加安全、更加便利地上下班，保证母子出行安全。

应该保持有规律的生活起居

不能因为出现嗜睡、疲劳现象，就终日躺在床上。睡眠时间可以比平时延长1 ~ 2小时，早睡早起。有条件可以午睡，午睡的时间约1小时为宜，时间长会导致晚上不易入睡，扰乱生活规律。

准妈妈要随时称体重

准妈妈体重变化对胎儿的影响很大，有资料表明，准妈妈体重增加10.9 ~ 12.3千克者，围生儿死亡率很低；体重增加超过12.3千克者，围生儿难产率增加。所以，准妈妈要合理地控制和调整体重。

勤洗澡

很多刚怀孕的准妈妈会有这样的感觉，自己天天洗澡却还总是感觉身上有汗味或者皮屑。这是怎么回事呢？这是由于怀孕后机体内分泌的改变，新陈代谢逐渐增强，汗腺及皮脂腺分泌也会随之旺盛。因此，孕妇比常人更需要沐浴，以保持皮肤清洁，预防皮肤、尿路感染。

送给准妈妈的温馨Tips

孕期不同于以往，因此准妈妈在洗澡时也要多多注意，如：

最好站着淋浴。如果坐浴，水中的细菌、病毒极易随之进入阴道、子宫，导致阴道炎、输卵管炎等，或引起尿路感染，使孕妇出现畏寒、高热、腹痛等症状，这样势必增加孕期用药的机会，也容易留下畸胎或早产的隐患；

每次洗澡时间不能太长，以10 ~ 20分钟为宜。因为洗澡时间过长，不仅皮肤表面的角质层易被水软化，导致病毒和细菌的侵入，而且孕妈妈容易产生头昏的现象；

最好保持每天 1 次；

不要长时间冲淋腹部，以减少对胚胎的不良影响；

水温不宜过高，因为在怀孕的最初几周内，处于发育中的胎儿中枢神经系统特别容易受到热的伤害。如果洗热水浴或蒸汽浴都可妨碍胎儿的大脑细胞组织生长。有调查显示，凡妊娠早期，如两个月内，洗热水浴或蒸汽浴者，所生婴儿的神经管缺陷（如无脑儿、脊柱裂）比未洗热水浴或蒸汽浴者大约高 3 倍。所以，准妈妈宜洗温水浴，水温在 35℃左右即可。

细节 7：准妈妈牙龈出血怎么办

【小案例】

田羽是个幸福的准妈妈，怀孕刚刚两个月，正当一家人天天数着日历期待宝宝赶紧到来时，一个“小毛病”缠上了田羽。她从怀孕两个月就开始牙龈出血，刷牙每次都出，吃东西碰到也会出，很是麻烦。

其实，孕早期牙龈出血并非个例，很多准妈妈都有可能遇到这个问题，在医学上这被称为“妊娠期牙龈炎”。如果防治不当，炎症会从牙龈进一步发展到牙齿与颌骨，还可能引起一些准妈妈早产。因此，准妈妈早期预防牙龈炎，做好口腔保健是非常重要的。那么应该如何做呢?

勤刷牙，每次进食后都用软毛牙刷刷牙，刷时注意顺牙缝刷，尽量不碰伤牙龈，不让食物碎屑嵌留在齿缝间。因为食物残渣发酵产酸，有利于细菌生长，会破坏牙龈上皮，加剧牙龈炎及出血。

挑选质软、不需多嚼和易于消化的食物，以减轻牙龈负担，避免损伤。

多吃些富含维生素C的新鲜水果和蔬菜，或口服维生素C片剂，以降低毛细血管的通透性。一旦发现刷牙后仍有牙龈出血现象，就可以用温水中溶入一些海盐的方法来漱口。

细节8：孕妈妈出现小便疼痛或尿频怎么办

正常情况下，许多准妈妈在刚开始怀孕的时候出现尿频现象很正常，但也不能因此忽略了一些病理征兆。怀孕后，由于输尿管和膀胱的移位，使尿液积聚在尿路里，让细菌易于繁殖，容易发生尿路感染。那么，准妈妈应该如何解决这些问题呢？

要适量补充水分，但不要过量或大量喝水，最好在临睡前1～2小时内不要喝水。消除顾虑，忌食辛辣刺激食物及肥甘厚味。

如果准妈妈小便时出现疼痛感，或尿急得难以忍受时，可以查一下尿常规，看看是不是泌尿系统感染等疾病。

有了尿意应及时排尿，切不可憋尿，憋尿时间太长会影响膀胱的功能。

加强肌肉力量的锻炼，多做会阴肌肉收缩运动。不仅可收缩骨盆肌肉，以控制排尿，亦可减少生产时产道的撕裂伤。

孕期应注意保持外阴部的清洁，睡觉时采取侧卧位。每日要换洗内裤，用温开水清洗外阴部，至少1～2次。节制性生活。加强营养，增强体质。

细节9：孕妈妈如何拥有良好的睡眠

准妈妈在进入妊娠6周以后，由于早孕反应的缘故，常常精神委靡不振、欲卧思睡，因而睡眠会比平时多一些。然而，随着腹中胎宝宝的增大，子宫体积日渐膨胀，常会表现出入睡困难，起夜次数与醒转的次数都会增加，其深睡眠也就相应地有所减少。

这对于准妈妈来说是一件苦恼的事情，睡眠不足不仅会影响第二天的工作和生活，而且对准妈妈的健康也不利，也会影响到腹中胎宝宝的身体状况。一项调查显示，睡眠少于6小时的准妈妈剖腹产概率更大。

那么，准妈妈如何才能拥有良好的睡眠呢？

科学、规律的起居。最好把睡觉时间定在晚上23点，晚上23点到次日凌晨4点，这期间一定要保证最佳的睡眠质量，并要养成规律性的睡眠习惯，晚上同一时间睡觉，早上同一时间起床。

选择正确的睡姿。准妈妈可以选择左侧位睡眠，因为左侧位对准妈妈和胎宝宝比较有利。当然，晚上准妈妈也可以左右侧卧位交替。

选择舒适的卧具。市场中有很多适合准妈妈使用的专用卧具，比如，棕床垫或硬板床上面加上9厘米厚的棉垫是最合适的，枕头最好选择松软、高低合适的。

创造良好的室内环境。室内温度最好为17℃～23℃，湿度为40%～60%，最好购买一个空气净化器，可以净化室内空气和进行杀毒。

细节10：准妈妈日常洗护的注意事项

注意事项一：使用各种洗涤剂时要谨慎

在日常生活中，准妈妈最常接触的洗涤剂包括各种洗衣粉、洗发水、洗洁精等，它们中的直链烷基磺酸盐、酒精等化学成分，会导致受精卵的变性和坏死。

特别是在孕早期，若过多地接触各种洗涤剂，其中的化学成分会被皮肤吸收，在体内积蓄，会使受精卵外层细胞变性，导致流产，甚至导致胎儿日后学习出现障碍。

因此，准妈妈在孕早期不宜过多接触洗涤剂。为此，准妈妈应该这样做：

减少使用，改用替代品，如粉刷墙壁时，以水泥漆取代油漆，或者尽量减少装潢，愈自然愈好。

保持通风，如果需要进入刚买的车子或房子时，最好先让室内通风一阵子再进去，如果进入后感到眼睛不适，最好尽速离开。

详细阅读产品标签。使用前，详细阅读油漆、洗甲水、清洁剂等用品标签，了解是否含有挥发性有机化合物。

准爸爸要一马当先，承担起日常洗涤衣物、碗筷等的重任。

注意事项二：孕期头发护理有讲究

准妈妈千万不要觉得有了宝宝后就可以不注重自己的形象，其实美好的仪容照样是一种胎教的方式。尤其是准妈妈的秀发，不仅要保持清洁卫生，而且还要较平时更加细致地护理，如：

要细心、科学地挑选适合自己的洗发水。进入孕期，油性发质的准妈妈的头发会比平时更油一些；而干性发质的准妈妈的头发也不会像平常那样干涩。因此，准妈妈要选择适合自己发质且性质比较温和的洗发水，怀孕前用什么品牌的洗发水，如果发质没有因为荷尔蒙的变化而发生太大的改变，最好继续延用，突然换用其他品牌的洗发水，特别是以前从未使用过的品牌，皮肤可能会不适应，造成过敏现象的发生。另外，有些准妈妈在怀孕时头发会变得又干又脆，那是因为头发缺乏蛋白质，只要使用能给头发补充蛋白质营养的洗发水和护发素，情况就能得以改善。

千万不要顶着湿漉漉的头发出门或者上床睡觉。这样不仅有碍形象及美观，更有可能让准妈妈着凉，引起感冒。其实解决这个问题并不难，只要用干发帽或者干发巾就可以，它们可以迅速吸收水分，让头发快干。

送给准妈妈的温馨Tips

准妈妈孕期千万不要图一时省力，就用大功率的电吹风来达到干发的效果。这是因为，电吹风工作时会形成电磁场，电磁场的微波辐射会使人出现头痛、头晕、精神不振等症状，对孕妇及胎儿都不利。此外，电吹风的某些部件是由石棉做的，使用时吹出的热风中大多含有石棉纤维微粒，这种石棉纤维微粒可通过呼吸道和皮肤进入血液，经胎盘循环进入胎儿体内，从而对胎儿的生长发育产生不良影响。

注意事项三：孕妈妈洗脸的技巧

“爱美之心，人皆有之”，准妈妈当然也不例外。虽然准妈妈以前的体态美消失了，但同时又有另一种美。由于激素的刺激和血液循环的加快，你的皮肤较以往会变得更加细腻红润，如果以前额头上有皱纹，这时也会消失。所以说，怀孕的女人往往更漂亮就是这个道理。

当然，准妈妈在孕期的仪容美和平时不一样，关键在于整洁，只要注意卫生，保持整齐，形象一定会大为改观。因此，只有会洗脸才能使自己保持面部美。

准妈妈在洗脸美容时要掌握三个技巧：

洗脸水的温度要适中，不可过低，如果低于20℃对于皮肤的滋养不利，可以引起面部血管收缩，使皮肤苍白，枯萎多皱。

而如果高于38℃可以引起血管和毛孔张开，使皮肤松弛无力，容易出现皱纹，使血管的弹性减弱，导致皮肤淤血，脱脂而干燥。因此，最好以手部感觉不凉即可，在34℃左右最佳。

洗脸水要用“软水”。那么，什么是“软水”呢？是指河水、溪水、雨水、雪水、自来水；相对的“硬水”是指井水、池塘水。之所以“软水”比“硬水”更适合孕妇，是因为“硬水”中富含钙、镁、铁等微量元素，直接用其洗脸，会让皮肤脱脂，变粗糙，毛孔外露，皱纹增多而加速皮肤衰老。因此，如果一定要用“硬水”的话，最好先要煮沸使之软化、晾凉后再用。

为了使准妈妈的皮肤保持柔软和良好的弹性，应经常涂上一层优质的护肤香脂以润滑皮肤，对脸部的保养依旧和怀孕初期一样，采取自然护肤法。

注意事项四：孕妈妈忌用的化妆品

英国的《每日邮报》曾经发表了这样一则消息：“在怀孕初期，使用发胶的孕妇会使男婴患尿道下裂的概率加倍。这种缺陷矫正后仍会对孩子以后的性能力、排尿能力和生育能力产生较大影响。发胶中含有一种破坏荷尔蒙分泌的化学物质邻苯二甲酸盐，它能够影响婴儿的生殖发育。但研究显示适量的叶酸能够使婴儿患此类病的风险减少36%。”

因此，为了宝宝的健康，准妈妈一定要谨慎使用化妆品，当然也不是所有的化妆品都有害。不过，下面这些是孕期绝对不能使用的：

孕妈妈忌用化妆品一览表

类型	禁忌理由
染发剂	可引起细胞染色体的畸变，从而可诱发皮肤癌、乳腺癌和胎儿畸形
冷烫精	化学冷烫精会影响孕妇体内胎儿的正常生长发育，少数女性还会对其产生过敏反应
唇膏	口红中的有效成分由油脂通常采用羊毛脂，是一种从洗羊毛液中回收和提炼而成的透明的膏体。羊毛脂既会吸附空气中各种对人体有害的重金属微量元素，又会吸附能进入胎儿体内的大肠杆菌等微生物。易随着唾液进入人体内，使孕妇腹中的胎儿受害
祛斑霜	很多祛斑产品的汞含量严重超标，汞对人体的神经、消化道、泌尿系统等有严重危害
香水	香水的主要成分为人工麝香，日本一个研究小组提醒妊娠期的女性注意，人工麝香可在母乳和脂肪组织中残留，有扰乱内分泌和影响生物荷尔蒙正常发挥等副作用

细节 11：孕妈妈衣着的选择

很多准妈妈觉得怀孕初期胎宝宝很小，腹部也没有隆起的迹象，所以穿衣就可以和平常一样随意。其实不然。

【小案例】

晓萍怀孕后一直喜欢穿紧身牛仔裤，开始也没觉得有什么不妥。但是到了4个多月时就发现有问题了。按说，这个月份的孕妈妈腹部应该微微隆起，可是怎么看她的肚子都是平平的。不仅如此，最近晓萍的外阴部位出现了痛、痒等症状。为此，她赶紧去医院，最后医生的结论是，这一切都是紧身牛仔裤惹的“祸”。

那么，孕初期的准妈妈该如何选择衣着呢？裤子要选择腰部有松紧带或是系带的，这样可以进行自由调节。但注意不能系得过紧，以免使增大的子宫不能上升而前凸，造成悬垂腹，导致胎位不正、难产。

最好不要穿时下比较流行的铅笔裤等过于束身的裤装，因为紧紧地束缚腿部，容易影响下肢血液循环，有碍子宫胎盘的血液循环，影响胎儿的正常发育。

上衣要选择宽松、颜色鲜艳的衣服，亮丽的颜色可以让孕妈妈身心愉悦。

准妈妈穿鞋子也要有讲究，最好选择脚背部分能与鞋紧密结合的，具有牢固支撑身体的宽大后跟的，鞋后跟高度2～3厘米的，并且鞋底带有防滑纹的鞋子。

细节 12：孕妈妈怎样调节情绪

现代医学研究表明，准妈妈的坏情绪直接影响胎儿的发育。当准妈妈的情绪不安时，胎动明显增加，最高时可达平常的10倍。如果胎儿长期不安，体力消耗过多，出生时体重往往比一般婴儿轻 500 ~ 1000 克。那么，孕妈妈如何调节自己的情绪呢？

有效克服情绪波动

【小案例】

佩佩怀孕两个多月了，连她自己都不知道自己怎么了？前一秒钟还好好的，下一秒钟就泪流不止，还总是疑神疑鬼的，有时感觉不对，便马上到卫生间仔细查看，结果是虚惊一场。

其实，孕早期准妈妈情绪波动比较大，主要是来自于心理上的。根据临床调查发现，妊娠 4 ~ 10 周内准妈妈情绪过度不安可能导致胎儿口唇畸变，出现腭裂或兔唇。因为胎儿腭部发育恰好在这个时期。不仅如此，孕妇精神状态的突然变化，如惊吓、恐惧、忧伤、严重的刺激或其他原因引起的精神过度紧张，能使大脑皮层与内脏之间的平衡关系失调，引起循环系统功能紊乱，导致胎盘早期剥离，甚至造成胎儿死亡。下面就说几个应对准妈妈情绪波动大的小妙招，如：

多做些自己感兴趣的事情，转移情绪注意力，比如练习书法、欣赏画册等；

拍拍“孕”味照，增强自信；

练练孕妇瑜伽，使孕妈妈身心愉悦；

定时体检，克服分娩恐惧症。

准妈妈要放松心情，释放压力

准妈妈在注重胎教的同时，可别忘了适度释放心理压力。英国医学研究发现，孕妈妈在怀孕期间压力过大，胎儿出生后心智问题、忧郁、胆小的概率，将比低压力女性高。

可以看出，婴儿在子宫内成长期间，孕妇提供“零压力”的环境，婴儿日后的身心发展相对会比较健康。压力是孕妇的大敌，建议准爸爸提供贴心照顾，减轻孕妇的情绪压力，以免影响婴儿未来成长。同时准妈妈也要学习以轻松心态，面对压力和挑战。

细节 13：准妈妈的孕期“心理体操”

怀孕后，准妈妈心头总会莫名升起一些焦虑和担忧，如何缓解这些压力呢？不如做一套“心理体操”，不仅能放松妈妈的心情，对宝宝的生长发育也大有好处哦！

第一步：深呼吸

有意识的呼吸是有效的放松方式，它可以调整心理和血压，使紧张的肌肉放松，通过摒除压力感来平静心绪。准妈妈坐在一把硬椅子上，双脚平放在地板上，闭上眼睛，手放在腹部以下或腹中宝宝两侧，用鼻子吸气，经过胸、肩，想象着气流吸进了腹部，手指向外扩张，腰背部和胸腔也跟着扩张。张开嘴呼吸，想象着气流从腹部一点一点提升然后呼出体外。这样就完成了一个呼吸循环。一般这样的练习可持续 3 分钟。

第二步：重复快乐的词句

医学研究表明，反复诵读一些乐观的词或句子，呼吸会变慢，并更有节奏，思维会集中到声音上，可使人安静、快乐起来。

你只要每天花几分钟同胎宝宝说几句悄悄话，比如“宝贝，我爱你”，“天气真好”等对于情绪不稳定的准妈妈来说，是一件很快乐的事。

第三步：接受音乐的洗礼

每天花 20 分钟静静地接受音乐的洗礼吧，想象音乐正如春风一般拂过你的脸庞，你正沐浴在阳光里。当然，你也可以播放你最喜欢的歌曲，并大声地唱出来，你的精神状态一定会达到最佳点。

第四步：美妙的想象之旅

在听音乐时，或者晚上临睡前，甚至在乘车时，准妈妈都可以放飞想象，想象胎宝宝在"宫中"安然、活泼地生活，他得到了充足的营养，他很满足的样子。

准妈妈也可以与准爸爸一起描绘宝宝的未来，他的小脸蛋是如何漂亮可爱，体形是那么健壮完美，你们一起慢慢地走近他，微笑着张开双臂，你仿佛感觉到了他那柔软的身体，母爱充满了你的全身。

第五步：泡个温水澡

对身体和情绪的放松，什么也比不上一次长时间的轻松沐浴。将身体泡在热水中，肌肉慢慢放松，脑中将一片空明。

细节14：准爸爸对妻子的呵护也是一种胎教

可以说，准爸爸的爱心呵护是孕妈妈的心灵安定剂。怀孕是夫妻共同的事。在整个怀孕过程中，孕妈妈更需要准爸爸的关爱、理解、帮助和支持。他们就好似孕妈妈心灵上的安定剂，可帮助她们摆脱种种不良情绪，一同顺利走过孕育生命的心路。

这时，准爸爸要做好这些事情：

担当起父亲的责任

准爸爸要意识到，你为胎宝宝所做的每一件事及每一分努力，都有重大的意义。因为，你是与孕妈妈最亲密的人。你的一言一行乃至情感态度，不仅影响妻子，而且会影响胎宝宝。你就要成为父亲了！

包容孕妈妈的不良情绪

孕妈妈保持良好的情绪，有助于胎宝宝的健康生长发育以及顺利分娩。有时，孕妈妈的情绪变化让准爸爸难以忍受。但准爸爸应尽量理解、包容妻子，加以开导、安慰，随时递上几句贴心话，如“你受苦了，亲爱的”或“怀孕使你变得更可爱了”等。随时想到，自己是解决妻子不良情绪的一剂良方。

不和孕妈妈发生争执

家务琐事很繁重，生活中夫妻也少不了有矛盾。准爸爸应甘做“家庭妇男”，尽量抢着做家务，尤其是较重的活；在某些意见不一致时，注意控制情绪，切忌让孕妈妈激动。这样，便可减少夫妻之间的争执，使孕妈妈的心理得到满足。

尽量满足孕妈妈的心理需求

孕妈妈的心理很脆弱，因而依赖性增强，心里对准爸爸有很多的希望。准爸爸应尽力满足这种特殊时期的情感需要，使孕妈妈保持安定平稳的情绪，这对于母子的健康非常有益。

一起学习孕娩知识

孕妈妈心理状态不佳，很多原因是担心自己和胎宝宝出现各种不测，以及害怕分娩。准爸爸要与妻子一起学习孕娩知识，对各种异常情况的预防和处理也要有所了解。这样，有助于消除孕妈妈的紧张。

孕2月胎教重点
——胎儿的智慧从心理胎教开始

【小案例】

相传在我国周朝时期，周文王的母亲太任王后在怀孕后刻苦修炼8个月时间，最终生下了周文王。后来人们发现，文王从小就聪明过人，最终成了历史上有名的贤明君主。

其实，周文王的聪明并非偶然，这与他在出生前所接受的教育是分不开的，其中最重要的一点是，他的母亲在怀孕时静养了整整8个月。正是因为文王的母亲太任口中不说污言，脑中不想邪念，修炼身心，认真胎教，最终才生下了聪明而又仁慈的周文王。

经过研究发现，太任王后所修炼的内容其实就是适合孕妇学习的清静法，太任的行为就是我们常说的心理胎教。

心理胎教注重在孕期调整心灵和肉体，不仅可以起到胎教的效果，还可以对分娩过程和产后休养等环节产生很大的帮助。

那么，心理胎教的方式和方法有哪些呢？

心理胎教的基本方式不外乎这两种，即清静操和冥想。准妈妈坚持使用清静法不仅对胎教有好处，也会对分娩有帮助。

清静法要练习一个月以上才可以看到效果，所以最好从怀孕初期起一直练习到分娩。孕妇每天应该练习30分钟到1小时，但也可以根据自己的身体状态适当选择。

下面就具体介绍一下清静法的要领和基本动作。

清静体操的要领

在练习清静体操时一定要舒展眉梢并面带微笑，准妈妈可以选择一种舒适的姿势坐下，同时要注意伸直腰部，正视前方，下巴略微向里收，在呼吸法上主要采用自然的呼吸方式，有时也要根据情况作出深呼吸的动作。

清静体操的基本动作

坐姿。这套动作可以从怀孕初期一直做到分娩之后，并且最好和丈夫一起练习。

双手推门势。双手手掌向前方完全张开。双臂分开与臀部同宽，举至肩膀的高度。一边收缩手臂一边长长地吸气，在伸直手臂的同时再将气息呼出。重复 4 次。可以让内心安定下来并使腰部变得更加结实。对伸展孕妇的骨盆也具有一定的好处，还可以疏通全身的气血，给胎儿带来充足的氧气。

叠手姿势。两手手指交叉向前推，然后先向上举，再移动到头后，最后头部向后倾。将此套动作重复两次。可以疏通上半身的气血，帮助消化，强化肾脏机能，解除腰部疼痛。

卧姿。此套动作最好在怀孕第 16 ~ 32 周练习，如果身体不是特别沉重也可以一直练习到怀孕的后期。

两腿一起上抬。双手垫住头部，两腿一起上抬并弯曲到胸部位置与胸口接触。可有效促进腿部的气血循环，减轻腿部浮肿和心律不齐的症状。此外还可以强化腰部肌肉，增加子宫的收缩能力。

双腿轮流上抬。平躺，弯曲左腿，然后抬起右腿与身体呈 90 度角，与此同时用双手垫住头部。尽可能长时间地保持这一姿势，然后把腿放下来休息片刻。可预防并治疗腿部浮肿，强化内脏器官并帮助消化。

站姿。此套动作可以从怀孕中期一直做到怀孕末期。

四肢运动。双脚分开与肩膀同宽，右臂向上伸直，手指朝向天空，左腿向前迈步并在空中弯曲成90度角。两侧轮流做，各重复5次。可促进血液循环和新陈代谢，强化腿部肌肉和骨盆腔，提高顺产概率。

走姿。在空气清新的地方慢慢走动，与此同时重复将自己的手掌向内弯曲再向外展开的动作。可将清新的空气传递给胎儿，通过深呼吸来提高胎儿的供氧量。适量的行走能够强化孕妇腿部的肌肉并放松骨盆肌肉。

冥想的要领

采用平躺或侧卧的姿势。舒展眉梢，面带微笑。

让自己的颈部、肩膀、手、腿和脚都完全放松下来。

让头脑保持一片空白，即集中注意力。

想象孩子俊俏的面容以及其长大成人以后的模样。

想象大自然的清静和广袤，如想象大海、森林和清澈的河水等事物。

结束操

在练完清静操或冥想之后不要忘记收尾，主要方法是双手互搓发热之后摩擦自己的脸或耳朵。

抚摸脸颊。可以增加面部皮肤的弹性，起到美容的效果。

梳头。促进血液循环，使血压变得稳定，还可以起到治疗头部疾病和提升智力的效果。

抚摸耳朵。耳朵上的血管十分密集，按摩耳部可以对全身起到积极的作用。

抚摸大椎穴。大椎穴在第七节颈椎，也就是弯下颈部时位置最高的那节颈椎的下端。这样做不仅可以预防并治疗感冒，对支气管和肺也有很大的好处。

仙鹤点水。头部先向后倾斜，再往前伸，让自己的下巴在空中画圆。这样可以治疗颈椎和胸椎的疾病，并能放松颈部和肩部的肌肉。

练习清静操、呼吸和冥想可以让孕妈妈保持良好的心理状态，从而更加有利于宝宝的发育。

孕 2 月的营养方案

缺碘早知道，要科学地补碘

【小案例】

青青怀孕两个月了，为了生个聪明健康的宝贝，各项孕期常规检查她都做了，没发现异常。不过，青青还是感觉有问题，自从怀孕以来，常常感到疲乏无力，整天昏昏沉沉的，像睡不醒一样，手脚也有些发胀。她也问了周围有宝宝的朋友，大家都说可能是早孕反应，是正常的，大家劝她放松心情。过了些日子，第二次产检日期到了，青青把情况跟医生一说，最后医生建议她化验一下尿碘。结果出来了，青青的尿碘只有 47ug/L。医生说，这算是中度碘缺乏，如不及时纠正，对胎宝宝和她本人的健康都极为不利。

碘是人体合成甲状腺素最重要的原料，如果准妈妈缺碘，可能会导致宝宝出生后生长缓慢，身材矮小，甚至反应迟钝、智力低下。因此，适当地补碘非常必要。

食用加碘盐。成人每天需要摄入 150 微克的碘，大概需要 6 ~ 8 克食盐的量。而孕妈妈则需要再增加 33% 的碘摄入量，大约是多吃半勺盐的量。

服用多维元素片。孕妈妈可以选择一些适用于孕期的多维元素制剂来补充维生素、矿物质和微量元素等。不过，由于碘的安全摄取范围较窄，为了避免补碘过量，孕期配方制剂不是都含碘，孕妈妈选用时一定要看清其中的营养素成分。多吃些含碘丰富的食物。主要是海藻类食物，如海带、紫菜、裙带菜等，含碘量高，孕妈妈每周吃 50 克，能有效补碘，但不宜经常大量食用。

合理地补充各种维生素

研究发现，孕 2 月是胎儿器官形成的关键时期，倘若营养供给不足，很容易发生流产、死胎和胎儿畸形。因此，孕妈妈要尽量均衡营养，不挑食、不偏食。其中，孕 2 月最关键的营养素就是各类维生素的摄入，如维生素 C、维生素 B6、维生素 A、维生素 D 、维生素 E 等。

当然，维生素虽好处多多，但也不能“滥补”。专家建议，孕期补充维生素，提倡优先选择食补。一般在孕早期（怀孕的头 12 周）是胎儿器官发育最为活跃的阶段，这时服用药物，包括服用过量的维生素，对胎儿危害最大。补充维生素制剂，建议在怀孕 4 － 6 个月后进行，最好服用孕妇专用的维生素制剂。如有特别需要，一定要在医生的指导下服用。总之，怀孕早期服用维生素制剂应该慎之又慎。

准妈妈孕早期所需各种维生素一览表

名称	食物来源	摄入量
维生素A	胡萝卜、西红柿、鸡蛋、牛肝和猪肝、鱼肝油、牛奶、奶酪、黄油、菠菜、莴苣、大豆、青豌豆、橙子、杏等	0.8毫克/每日
维生素B_1	猪肉、黄豆、豌豆、小米、木耳、蘑菇、橘子、枣、榛子、花生等	1.5毫克/每日
维生素B_2	动物肝脏、芝麻、花生、葵花籽、玉米、菠菜、油菜、木耳、紫菜、人参果等	1.7毫克/每日
维生素B_{12}	动物内脏（牛肝、牛肾、猪肝、猪肾、猪心）、水产品（鱼、虾、蟹类）、牛奶、瘦肉等，鸡蛋、豆豉等	2.6毫克/每日
维生素D	牛奶、奶渣、酸牛奶、蛋黄、蘑菇、酵母、鱼、鱼肝油等	孕早期5微克/每日 孕中、晚期10微克/每日
叶酸	猪肝、黄豆、奶白菜、豌豆苗、油菜、鸡腿菇、榴莲、鸡蛋等	0.4毫克/每日
尼克酸	瘦肉、未精制的谷类制品、麦芽与麸子、动物肾脏/心脏、绿叶蔬菜、啤酒酵母、坚果类、鸡肉、未精制的糖蜜、绿豆，花生、香菇、紫菜、鱼等	20毫克/每日

续表1

名称	食物来源	摄入量
维生素C	柑橘、西红柿、青椒、草莓、卷心菜、土豆等	孕早期100毫克/每日 孕中、晚期130毫克/每日
维生素E	橄榄油、亚麻油、蛋黄、生菜、辣椒、牛奶、小麦面包、白菜、花生等	30毫克/每日
维生素B_6	小麦麸、麦芽、动物肝脏与肾脏、大豆、美国甜瓜、甘蓝菜、糙米、蛋、燕麦、花生、胡桃	1.6～2毫克/每日

2月胎教一家“三口”各自在做什么

准妈妈：确认了自己怀孕的事实；体质较为敏感的准妈妈从此刻开始作好预防呕吐、低烧和四肢无力等早孕反应准备；对乳房和排便习惯可能发生的变化也有预期；对于如何安胎、保胎有所了解；最重要的是知道了要开始胎教了！

准爸爸：和准妈妈一起制订有关胎教和生育的计划；在这一时期里通过B超检查看到了像“小海马”一样的胎儿；内心逐渐产生了即将当爸爸的喜悦和责任感。

胎宝宝：怀孕第5周，胎儿进入了细胞迅速分裂的特殊时期；脑部和脊髓开始逐渐形成；到了第7周，头部占据全身整整一半大小，并且可以明显地与躯干区分开，可以把这一时期称作是身体各个器官的分化期；视觉神经和听觉神经也渐渐形成；下颌和嘴部开始出现，整个脑部正在迅速发育。胎宝宝无时不在提醒爸爸、妈妈，“我可以开始学习啦！”

孕2月胎教备忘卡

孕5周

胎教注意事项：避免过激运动、节食或长途旅行；警惕慎用药物，检查是否有宫外孕。

孕6周

胎教注意事项：注意休息，预防便秘；缓解孕吐、疲劳以及尿频等现象；出现不适症状尽快去医院检查。

孕7周

胎教注意事项：服用药物须遵医嘱；性生活时要格外注意体位选择；各个生活细节要照顾周到。

孕8周

胎教注意事项：摄取必需的营养，补充各种所需的维生素；正式开始各种胎教，为培养健康、聪明的宝宝起航！

胎教备忘

饮食胎教：选择预防孕吐的食物，摄取充足的水分和维生素丰富的食品，警惕出现营养不良和缺碘等症状。

运动胎教：可以做强化腰部和背部筋骨的运动，避免可能造成剧烈震动的运动。

心理胎教：进行心理调适，避免出现情绪的波动及压力。

孕3月

第三章

胎教的14个细节（9周～12周）

细节1：羊水的秘密

从字面上来看，“羊水”似乎非得和“羊”有某种关联。实际上确实有点关系，在古代，“羊”和“阳”是相通的，阳代表人类生命之始，故称人类生命起始之源为“羊水”。

在胎儿的不同发育阶段，羊水的来源也各不相同。在妊娠前三个月里，羊水主要来自胚胎的血浆成分；之后，随着胚胎的器官开始成熟发育，其他诸如胎儿的尿液、呼吸系统、胃肠道、脐带、胎盘表面等，也都成为了羊水的来源。

可以说，羊水是孕育宝宝的关键中的关键。在孕妈妈十月怀胎过程中，最怕的问题之一就是羊水出现问题，如胎膜早破，这会直接引发胎宝宝发育不良、早产等一系列问题。那么，如何才能避免胎膜早破呢？

坚持定期做产前检查。怀孕4～9个月每个月去检查一次，有合并症或并发症者可以两周检查一次或根据医生的要求增加次数，怀孕9个月以上每周检查一次，有特殊情况随时去做检查。

孕中晚期不要进行剧烈活动。特别是上下楼梯时，切勿提重物，或是长时间的路途颠簸。

适当减少性生活。特别是怀孕晚期3个月，怀孕最后1个月禁止性生活，以免刺激子宫造成胎膜早破。积极治疗阴道炎症。炎症常是胎膜早破的主要原因之一，因此，孕期如果发现阴道炎症，应积极治疗。

科学合理地摄入营养。多吃富含维生素C（新鲜蔬菜和水果）、微量元素铜（动物内脏）的食物，以及含有优质胶质蛋白（猪蹄）的食物等，以便增加胎膜韧性。

细节2：胎盘有多神奇

没有当过妈妈的人对胎盘往往没有直观的认识，大抵都是从一些报道中听到过这样一个词汇。而当过妈妈的人都知道，女性怀孕以后，胎盘是腹中的胎儿通过其向妈妈索取生长发育所需营养物质的重要器官。

具体而言，胎盘有以下几种功能。

物质交换功能

胎盘中有子体与母体各自独立的两个循环系统。绒毛可视作半透膜，全部绒毛与母体血液接触的面积达7～14平方米；当母血在绒毛间隙以及子血在绒毛内流动的同时，即能进行物质交换。一般认为，氧、二氧化碳和许多小分子依靠扩散与渗透；大分子如蛋白质、抗体、激素等则依靠主动转运和吞饮转运。

胎盘的贮藏功能

在妊娠初期，胎盘生长很快。大量的营养物质（蛋白质、糖原、钙、铁等）贮存于胎盘细胞内，以供胎儿生长需要。

代谢调节功能

胎盘有相当于肝脏的功能，它不仅能贮备营养，而且有调节作用，发育后期，胎儿肝脏逐渐生长发育完备，胎盘的代谢调节功能才逐渐减退以至消失。

胎盘还能改造及合成一些物质，行使消化道、肺、肾、肝和内分泌腺的多种功能，而且能调节这些功能来保护胎儿和母体，使妊娠顺利进行。

所以说，胎盘的好坏直接决定着宝宝能否吸收到足够的营养，发育成长为一个聪明健康的孩子。当妈妈分娩后，胎盘随着胎儿娩出，它的使命也就此完成。

细节 3：孕 3 月准妈妈宜做和不宜做的两件事情

到了孕 3 月，准妈妈要提高警惕，应多做一些有利于胎儿发育的事情，尽量不去做不利于胎儿的事情。

养成睡午觉的好习惯

孕妈妈在妊娠期往往比较嗜睡，睡眠时间要较平常多一些，如平常习惯睡 8 小时，妊娠期以睡到 9 小时左右为好。而且增加的这一个小时的睡眠时间最好加在午睡上。即使在春、秋、冬季，也要在午饭后稍过一会儿，躺下来舒舒服服地睡个午觉。最好能脱下鞋子，把双脚架在一个坐垫上，抬高双腿，然后全身放松。特别是感到消化不良或血液循环不好时，可以任意选择睡姿，不用担心压坏或影响胎宝宝。

实践证明，睡午觉可以使孕妇神经放松，消除劳累，恢复活力。

爱喝咖啡的妈妈要把咖啡戒掉

【小案例】

国外某大学曾经进行过一项研究，他们的调查对象为新生儿的妈妈。只不过，其中一部分是早产儿的妈妈，另一部分是足月儿的妈妈。通过详细分析后发现，与不喝咖啡者相比，在怀孕前就有喝咖啡习惯者，即每天喝 4 杯以上的，出现早产的危险要上升 30%，在怀孕后 6 个月喝咖啡者，即每天喝 3 杯以上的，出现早产的危险要上升 20%。

关于这样的实验，在很多国家都有过研究，结果惊人地相似。这就足以说明，在孕期，准妈妈不要过多地喝茶喝咖啡，免得让胎宝宝兴奋度过高。不仅如此，孕妇若长期饮用咖啡危害更大，可导致胎儿损伤或流产，产下的婴儿不如正常婴儿健壮，也不如正常婴儿活泼。

细节 4：孕早、中、晚期如何进行夫妻房事

【小案例】

苏苏怀孕后，丈夫对她百般呵护，不许她提重物，也不准她做家务，让她当个幸福的孕妈妈。不仅如此，丈夫以“怕伤到宝宝”为理由，停止了夫妻房事。

是不是怀孕后就绝对不能有夫妻生活了呢？这恐怕是很多年轻夫妻都关心的话题。女性怀孕后因内分泌机能发生改变、早孕反应和顾及对胚胎的影响，对夫妻生活的要求和性反应降低。

那么，孕期究竟如何进行房事才更科学、安全呢？

孕早期的夫妻生活

妊娠前三个月，由于胎盘尚未发育成熟，胚胎附着于子宫尚不十分牢固，是流产的高发时期。此时性高潮时的强烈子宫收缩，有可能导致妊娠中断，所以应避免房事，预防发生流产。特别对过去曾有流产史、此次妊娠曾出现少量阴道流血的先兆流产妇女，或年龄较大、求子心切者等，应禁止性交。

此外，对性生活造成的细菌感染也要注意。怀孕期分泌物增多，外阴部不

仅容易溃烂，而且对细菌的抵抗力也减弱了。被细菌感染，症状如加重就有流产的危险。所以平时要注意保持阴部清洁，同时在性行为前必须特别注意搞好卫生。关于这一点，丈夫方面也应同样注意。

尽管有些孕妇妊娠后性欲并未减退，但妊娠早期不同程度的早孕反应，如恶心、呕吐，嗜睡、疲倦等常使她们对性的兴趣降低，这就需要丈夫的理解、关怀和体贴。如果男方不能做到这一点，就容易造成孕妇的不愉快和夫妻感情上的隔阂。因此，在能不能性交的问题上，应首先考虑对自己将来的孩子是否有影响。

孕中期的夫妻生活

孕中期时胎盘已经形成，妊娠较稳定；早孕反应也过去了，准妈妈的心情开始变得舒畅。性器官分泌物也增多了，是性感高的时期。此时期虽可以性交，但应当有所节制。

因为这个时期的子宫逐渐增大，胎膜里的羊水量增多，胎膜的张力逐渐增加，孕妇的体重增多，而且身子笨拙，皮肤弹性下降。这个时期最重要的是维护子宫的稳定，保护胎儿生长环境的正常。如果性生活次数过多，用力比较大，压迫孕妇腹部，胎膜就会早破，脐带就有可能从破口处脱落到阴道里甚至阴道外面。而脐带是胎儿的生命线，这种状况势必影响胎儿的营养和氧气，甚至会造成死亡，或者引起流产。即使胎膜不破，没有发生流产，也可能使子宫腔感染。重症感染能致胎儿死亡，轻度感染也会使胎儿智力和发育受到影响。

此外，丈夫还应注意不要刺激乳头。假如孕妇对性生活仍然没有太大的兴趣，做丈夫的一定要尽量理解自己的妻子。

孕晚期的夫妻生活

孕晚期子宫进一步增大，腹部膨隆，孕妇体态发生了显著变化，给她们的日常生活及活动增添许多不便。另外，此阶段胎儿生长迅速，子宫增大很明显，对任何外来刺激都非常敏感。加上唯恐有损腹内胎儿，这些都使准妈妈对性生活失去兴趣，故夫妻间应尽可能停止性生活，以免发生意外。

如果一定要有性生活，必须节制，并注意体位，还要控制性生活的频率及时间，动作不宜粗暴。这个时期最好采用丈夫从背后抱住孕妇的后侧位。这样不会压迫腹部，也可使孕妇的运动量减少。

尤其是临产前 1 个月或者 3 周时必须禁止性交。因为这个时期胎儿已经成熟。为了迎接胎儿的出世，孕妇的子宫已经下降，子宫口逐渐张开。如果这时性交，羊水感染的可能性更大。

曾经有专家做过这样的研究：在产褥期发生感染的妇女，有 50% 在妊娠的最后 1 个月夫妻性交过。如果在分娩前三天性交，20% 的妇女可能发生严重感染。感染不但威胁着即将分娩的产妇安全，也影响着胎儿的安全，可使胎儿早产。而早产儿的抵抗力差，容易感染疾病。即使不早产，胎儿在子宫内也可以受到母亲感染疾病的影响，使身心发育受到阻碍。

细节 5：好动的胎宝宝可以做各种小动作

从第 9 周起，宝宝已由胚进化到胎，从这时候起就可以正式称它为“胎儿”。不过，胎宝宝看起来还是有点怪怪的：头比身体大，眼睛已完全形成，眼睑还在继续发育；面部也完全形成；最初的骨骼都已经出现，手指和脚趾都已长指甲；因为胎宝宝的皮肤是透明的，所以可透过皮肤清楚地看到正在形成的肝、肋骨和皮下血管，心脏、肝脏、胃肠更加发达；胎宝宝自身形成了血液循环，肾脏也发达起来，已有了输尿管，胎宝宝可排出一点点尿，但骨骼和关节尚在发育中。外生殖器分化完毕，可辨认出胎宝宝的性别。

这时准妈妈、爸爸可能很想知道宝宝是“王子”还是“公主”，因为医院有规定，所以医生是不能告知这个结果的，所以你们就耐心地等待吧！

这个时期胎宝宝最大的特点就是像个“运动员”，十分好动，他开始对外界刺激有反应。

如果母亲的腹部被碰撞，他会试图扭动身体躲开。不仅如此，但凡有时间，他就会进行踢腿、吃手指等活动，当隔着母体触摸胎儿的头部、臀部和身体的其他部位时，胎宝宝也会作出相应的反应。

细节6：子宫里的胎儿竟然如此聪明

很多准妈妈可能想象不到胎儿究竟有多聪明，所以就忽略了对胎宝宝及早进行胎教，即使有意识也认为要到月份较大时才可以开始胎教。

实际上，美国心理学家约翰·古德曼通过对胎儿长期研究发现，胎儿在3周后就有了反应。而对人的成长最关键的神经系统也就是在这个时候形成的。那么，胎宝宝究竟有多聪明呢？

胎宝宝能“看”世界

胎宝宝的视网膜在孕后4周开始形成，至28周时能感觉到光线的明暗。当然，胎儿在准妈妈肚子里面是不可能看到外面的事物的，但可以通过准妈妈的视觉间接感受这个世界。

一般认为，人的第一感觉是视觉，而对视觉影响最大的是色彩。色彩作为一种外在的刺激，通过视觉使人产生不同的感受结果，从而影响精神和情绪。

这时，准妈妈就要怀着轻松的心态，通过视觉多感受些美的事物，如把居室内色彩布置得更加协调，到风景不错的公园看看大自然的景色，也可适当欣赏些色彩和谐舒服的图画或其他美术作品，准妈妈能把自己感受到的美转化成良性信息传达给胎儿，从而产生良好的胎教效果。

送给准妈妈的温馨Tips

准妈妈在进行视觉胎教时，一定要观察自己感兴趣的东西，胎教效果才会更加明显。如果平时对美术毫无兴趣的人，只是因为怀孕而强迫自己去美术馆或画展，是不可能得到任何明显效果的。因此，无论真实的风景还是照片，只要能让孕妇心态平和，并引起欣赏的兴趣，就可以称得上是视觉胎教最好的素材。

胎宝宝的味觉也不错

【小案例】

法国科学家伯努瓦斯特·沙尔做了一项有关味觉的科学研究，他们通过对 24 名新生儿的味觉反应观察后发现，这些新生儿对香味的喜好与其母亲对香味的爱好有密切关系。

在实验中，一组孕妇在妊娠期间常吃带茴香味道的食物，她们所生婴儿一出生就被茴香味道所吸引，4 天后更有喜好茴香味道的表现。另一组孕妇在妊娠期间不吃带茴香味道的食物，她们的婴儿在出生 4 天后不喜欢茴香味道的反应更加强烈。

其实，在日常生活中这种情况也十分普遍，比如有的妈妈说自己怀孕时喜欢吃辣椒，结果自己的宝宝还不到一周岁的时候，就不怕辣。这恰好与上述研究不谋而合，说明孕妈妈妊娠期间对一些味道的好恶对胎儿味觉的形成具有重大影响。

通常情况下，孕 11 ~ 12 周前后，胎宝宝的味觉发育完成，可感受甜、酸等多种滋味。但准妈妈也不要一味吃酸食，而应进食甜、苦、涩等多种味道，以利于胎儿味觉的发育。

妈妈要注意啦，胎宝宝有了记忆力

奇怪吗？胎宝宝也是有记忆的！这并不是夸大其词，最新的科学研究发现，胎儿也有记忆。

【小案例】

著名钢琴家鲁宾斯缇、小提琴家美纽因及乐团指挥罗特等人对一些从未接触过的曲子皆“似曾相识”，即使不看乐谱，乐曲的旋律也不由自主地在脑海中源源不断涌现。究其原因，原来是他们的母亲在怀孕时曾经反复弹奏过这些乐曲。

更不可思议的是，加拿大哈密顿乐团的指挥鲍里斯在一次演奏时，一支从未见过的曲子突然在脑海里出现，而且感到十分熟悉和亲切，这使他迷惑不解。后经了解，原来他的母亲曾是一位职业大提琴演奏家，在怀鲍里斯时曾多次练习、演奏过这支曲子。

因此，专家提醒准妈妈，不妨在孩子还在母体里的时候，多和孩子交流，不但可以培养感情，还可以锻炼孩子的记忆力。这也就不难理解，为什么宝宝在出生一两个月后看到妈妈时就异常兴奋起来，因为宝宝记住了这是妈妈。

同理，既然胎宝宝有记忆能力，那么准妈妈就应设法开发胎儿的记忆力，把良好的、积极的、健康的、真善美的信息及时传递给胎儿，让他输入脑子里，受用一生。此外，准爸爸也要抓紧行动起来，当宝宝还在母腹中时，除了多和妻子交流外，不妨多和宝宝交流，这样对促进以后和宝宝的关系、加强感情交流都有好处。

送给准妈妈的温馨Tips

卵磷脂中的主要成分胆碱被称为“记忆因子”，脑发育阶段补充卵磷脂中的胆碱能促进大脑记忆区神经细胞的形成及神经细胞间的联系，同时对空间记忆力产生持久的促进作用，有利于孩子以后的记忆力。因此，准妈妈不妨多吃富含卵磷脂的食物，如蛋黄、瘦肉等。根据营养调查，孕妈妈每日所需卵磷脂的量为500毫克左右。

胎宝宝的触觉很敏锐

准妈妈怀孕3个月后，胎宝宝就有了触觉。开始，当胎宝宝碰到子宫中的一些组织，如子宫壁、脐带或胎盘时，会像胆小的兔子一样立即避开。但随着胎儿的逐渐长大，特别是到了孕中后期，胎儿变得“胆大”起来，不但不避开触摸，反而会对触摸作出一些反应，如有时当母亲持久抚摸腹壁时，胎宝宝会用脚踢作为回报。现在，准妈妈知道了吧，你的宝宝真的是要多聪明有多聪明，如何把这种聪明延续，就需要妈妈用合理的胎教来加以引导。因此，从这个月开始，胎教要加强了。

医学专家研究表明，胚胎从早期形成开始，神经系统就慢慢发育了。怀孕的前三个月最重要，因为各器官都会在这个阶段形成，是预防畸形的关键时期。虽然准妈妈会在这个时候出现恶心、呕吐等症状，但是补充营养、注意冷暖至关重要。

除此之外，为了生个健康聪明的宝宝，这段时间内准妈妈和准爸爸一定不能“偷懒”，多对胎宝宝进行有效的胎教准没错。不过，专家也告诫准爸爸、准妈妈，所有胎教都要适度，过多的刺激反而会让孩子躁动不安，效果适得其反。特别要注意的是，准妈妈不得过度劳累辛苦，以免因此而导致身体方面出现不适，那就得不偿失了！

细节7：运动也是一种很好的胎教

在以往的观念中认为，孕妇是“千金之躯”，轻易动不得。事实上，只要注意运动量，做一些适合孕妇的运动，对孕期的女性有很大益处。比如孕妇瑜伽，它不仅可以减轻孕期体形变化带来的背部、腰部、腿部的不适，还可积蓄力量利于生产，同时还能为产后迅速恢复好体形打下基础。

【小案例】

阿菲是个十足的“潮妈妈”，就连怀孕时都没有忘记时尚，她从怀孕初期就坚持每天练习至少半小时的瑜伽，有时间还会散步，通常都会步行半小时去超市，买完东西不累的话再走回来。

到孕后期她更不敢偷懒，早晚散步，天天练瑜伽。不知不觉到了分娩期，这时阿菲还担心要痛很久才生得出来，谁知，从阵痛到产出才用了3个多小时（顺产），就连医生也怀疑是不是第二胎，其实这得益于孕期的瑜伽练习和运动。

通常，孕妇期瑜伽练习分为早期（0～12周）、中期（12～28周）、晚期（28～36周）三个阶段，在不同的阶段有不同的练习方法。因此，孕期瑜伽从怀孕初期就可以开始做了！

送给准妈妈的温馨Tips

虽然说孕期瑜伽对孕妈妈来说好处多多，但由于孕期女性身体的特殊性，在练习孕期瑜伽时有很多地方都是需要特别注意的。孕妈妈应根据自己实际情况，以及医院的体检鉴定、自身的体质等因素来判断是否适合练习瑜伽，而习惯性流产者是不适宜练习的。一旦感到肚子突然绷紧了，同时伴随疼痛，就应立即去医院进行系统检查。

不仅如此，运动也是一种胎教，其对于促进胎宝宝发育、生长有很好的效果。在孕期各个阶段均可进行，孕3月的运动胎教可以这样做：

转动肩部。以放松的姿势盘腿而坐，两肩先向前，再从前向后进行转动，可以使肩部的关节变得柔软，以缓解紧张的感觉。

肋部运动。采取仰卧的姿势，屈起膝盖然后上举，双手叉在一起并放在头部后方；抬起上身，尽量让左肘接触到右膝，之后再次躺下。抬起上身的同时呼气，躺下的同时再次吸气。可以有效地锻炼腰部的肌肉。

推动骨盆。在仰卧的姿势下立起膝盖，向上推抬臀部；用大腿和臀部的力量上推再下降。可以强化大腿和骨盆下部的肌肉。

骨盆运动。两脚分开，膝盖稍适弯曲；慢慢地转动臀部，尽量保持腰部不要跟着旋转，而让其起到带动臀部的作用。在重复数次之后，要记得更换转动的方向。

保持平衡。两手抓住椅背或将双臂张开以保持平衡；抬起脚后跟再轻轻放下。这能更好地支撑日渐增重的身体，提高孕妈妈掌握身体重心的能力。

几个简单的胎教普拉提动作

普拉提是如今比较时尚的一种运动体操，受到很多女性的青睐。其实，普拉提不仅适合没有怀孕的女性，孕妈妈也可以做做。关键是，选取适合孕妈妈的动作。如：

伸展四肢。平躺，左腿伸直，右腿屈膝。右臂向上伸出，左臂自然地放在身体左侧；开始进行腹式呼吸。长长地吸入一口气，在呼出的时候双臂和双腿的姿势分别互换。重复 5 ~ 10 次。

蹲坐。把一个体积较大的垫子靠墙放在地面上。两腿分开与臀部同宽，并靠墙站立；在吸气和呼气的过程中屈起膝盖，顺着墙壁慢慢地坐到垫子上面，在臀部碰到垫子的那一刻把双手放在两膝上，用这样的姿势进行休息；保持以上姿势 1 ~ 2 分钟，将身体的重量集中在下部。完全放松腰部，深深地吸一口气再呼出，在保持背部靠墙的姿势下缓缓起身。但要注意，在胎位为臀位时不能采用这样的姿势。

需要注意的是，如果孕妈妈感到有点疲倦或不舒服，应立即停止运动。

细节 8：谢特勒的胎教实验

什么是谢特勒的胎教实验呢？其实，所谓谢特勒胎教实验是，有一位名叫多拉德 · 谢特勒的音乐学院教授曾经利用 14 年的时间，所做的一个著名的胎教实验。在长达 14 年之久的研究中，谢特勒研究了怀孕期间听古典音乐如何对儿童智力产生影响。一组胎儿从怀孕 5 个月一直到出生，每天听特定的古典音乐两次，每次 5 分钟，而另一组胎儿不接受音乐刺激。

为了保证实验的准确性，孩子出生后，谢特勒每隔一两周就去拜访实验中两个组所有的父母和孩子，这种访问一直持续了 10 年。结果，谢特勒发现音乐胎教组儿童比无音乐胎教组的儿童提前 3 ～ 6 个月开始说话。他们有更多的音乐天赋，学习也更好。

因此，谢特勒认为胎教对儿童语言和音乐等方面的认知力发展有显著的影响。

不用迟疑了，准妈妈从现在就开始对宝宝进行音乐熏陶吧，而且这种行动需要贯穿于胎宝宝整个成长过程之中。

细节 9：音乐胎教初认识

知道了谢特勒音乐胎教实验，就要进一步了解一下什么是音乐胎教了。

【小案例】

在澳大利亚堪培拉，有一名产科大夫曾让 35 名孕妇每天按时来医院欣赏音乐，胎儿出生后个个体格健壮。10 年后有 27 名儿童获音乐奖，4 名儿童成为舞蹈演员，其他人成绩均为良好，无一人有不良行为。

这就证明，音乐胎教对胎儿的身体和将来性格、智力、情感的发展，都是有百利而无一害的。

那么，什么是音乐胎教呢？它是指通过健康的音乐刺激，使母亲得到安宁与享受，促进孕妇分泌酶和乙胆碱等物质，发送胎盘供血状况，同时使胎儿心律平稳，对胎儿的大脑发育进行良好的刺激。

常见的音乐胎教的方法

音乐熏陶法和哼唱谐振法。音乐熏陶法是指通过播放收听轻音乐，让孕期生活中充满优美的乐声，使孕妇的精神愉悦，心情舒畅；哼唱谐振法是指孕妇用柔和的声调哼唱轻松的歌曲，同时想象胎儿在静听，从而达到与胎儿心音的共鸣。

父教子“唱”法。准爸爸可以抚摸着妈妈的腹部，对着腹中的胎儿，反复轻声“教唱”一些简单的音阶或儿童歌曲。

胎教器传声法。从妊娠22周左右开始，在医生的指导下，选用适当的胎教器和胎教音乐进行音乐胎教。

音乐胎教的时间把握

在孕早期，由于胎儿的神经系统发育还不完全，每天听的次数不宜过多，时间不宜过长。虽然在这方面专家们的意见还不尽相同，但一般认为，每天以听2～3次为宜，每次听15～20分钟就可以了。听的次数多了，容易疲劳。也可以适当改变刺激方式，如音乐和语言交替进行，声波与触摸交替进行。但前一次和后一次一定要间隔一定时间，以使胎儿有个休息的时间。

音乐胎教对胎宝宝的影响

与我们以往认知不同的是，子宫中的胎儿并非对外部世界一无所知，室外光线明暗的变化，悠扬的音乐，人们交谈时的语气和情绪状态都能够被他们所感知，并将影响到他们在子宫中的活动状态。

音乐胎教的价值自不必说，这一点谢特勒实验就是最好的证明。那么，具体来说，音乐胎教真的对胎宝宝有影响吗？都有哪些影响呢？

心理方面的效应。音乐能渗入人们的心灵，能够激起人们无意识超境界的幻觉，并能唤起平时被抑制了的记忆。胎教音乐能使孕妈妈心旷神怡，浮想联翩，从而改善不良情绪，产生良好的心境，并将这种信息传递给腹中的胎儿，使其深受感染。同时，优美动听的胎教音乐能够给躁动于腹中的胎儿留下深刻的印象，使他朦胧地意识到，世界是多么和谐，多么美好。

生理方面的效应。胎教音乐通过悦耳怡人的音响效果对孕妇和胎儿听觉神经器官的刺激引起大脑细胞的兴奋，改变下丘脑递质的释放，促使母体分泌出一些有益于健康的激素如酶、乙酰胆碱等，使身体保持极佳状态，促进腹中的胎儿健康成长。

进行音乐胎教的注意事项

胎教音乐一般应选择旋律温和自然、有规律性、节奏不过于强烈的音乐，如大自然的河川溪流声、虫鸣鸟叫声，或者节奏舒缓的古典音乐。而像流行音乐、摇滚音乐等节奏感强烈、低音较多的音乐类型，容易让宝宝烦躁不安、胎动过多，有的研究甚至认为，流行音乐给胎儿的感觉就像是外界环境的噪声，有百害而无一利。此外，准妈妈在进行音乐胎教时，应根据生活规律，随时听取，但不宜戴耳机，音量应控制在45～55分贝之间。给胎儿听音乐的时间不宜过长，一般听5～10分钟，时间选在晚上7～9时比较好。

为了预防高频声音损伤胎儿的听力，在进行音乐胎教时，还应遵循以下几个原则。尽量降低音乐的噪声或不使用传声器。最好请专业人员帮助选购光碟，以确保光碟的质量。每次听的时间不宜过长。

挑选适合的乐曲。西方古典音乐、轻音乐比较适合于胎儿，如《圣母颂》、《梦幻曲》、《少女的祈祷》等。

最好制订一个计划，如每天什么时间听，每天听几次，每次听多久，这样让胎宝宝有个规律比较好。

每天的次数和时间也要注意，一般每日 2 次，每次 10 ~ 20 分钟。

乐曲不宜太多，太杂。一般来说，选择固定的几首曲子反复听，天天听，待基本听熟后，再更换其他乐曲比较好。这样才能让胎宝宝记忆深刻。

最好选在胎宝宝清醒时听，即有胎动时听。

从现在起，就让胎宝宝开始感受音乐的魅力吧!

细节 10：胎教音乐（1）——《月光奏鸣曲》第一乐章

《月光奏鸣曲》是伟大作曲家贝多芬的名作，在这部写于 1801 年的作品中，贝多芬不仅表现了他音乐创作技巧方面的天赋，更重要的是通过对这些技巧的运用，表现了他当时丰富的感情和思想。

其中，第一乐章是缓和的慢板，2/2 拍，升 C 小调，自由的歌谣曲式，主调明显，那种“不绝如缕的三连音”自始至终贯穿整个乐章。这种宁静和缓地流泻的情景，使当时著名诗人雷尔斯达布联想起风光明媚的湖上，水波荡漾的月光……由于这种文字上的描述、渲染的影响，本乐章也成为这首奏鸣曲“月光曲”的称呼代表。

这个乐章犹如水波的荡漾，蕴涵着幻想的气息，宁静的感觉适合胎儿聆听。

细节 11：胎教音乐（2）——《鳟鱼》

舒伯特在他短短的一生中，创作了很多惊世骇俗的音乐作品。这首《鳟鱼》是他所有的室内乐作品中最著名、最受人喜爱的一首。

聆听时，你会不自觉地感受到鳟鱼尾鳍在水中舒展，以及它溅起的水花在阳光下呈现出丰富的色彩。

而当弦乐表现水流的交叉融合之后，钢琴反过来再表现溪水的清澈与晶莹，弦乐变成鱼儿在水中像箭一般穿梭。

旋律优美，充满明朗亮丽的光泽，洋溢着生命的无限活力，不但让孕妈妈心情愉悦，而且难以忘怀。

细节 12：胎教音乐（3）——《羊儿可以安心地吃草》

巴哈被誉为有史以来最伟大的音乐家，他的才华无人可超越。巴哈有 23 个孩子，他既是他们的父亲，又是另一类型的父亲——现代音乐之父，也就是过去几个世纪的现代音乐之父。有一位评论家说，凡巴哈所接触过的音乐，形式都会有所改变，从另一个角度来说，每一种音乐形式经过他的手就能变得完美无缺。

他的作品中，《羊儿可以安心地吃草》在和缓的节奏中传达了安详的气氛，十分适合胎儿与孕妇聆听。

细节 13：胎教音乐（4）——《爸爸的歌》

朱利安 · 韦伯是世界著名音乐剧作曲家、音乐剧《猫》、《歌剧魅影》等作品的创作者安德鲁 · 韦伯之弟。他是一位卓越的大提琴家，他用极其优美的音色，将深厚的感情和卓越的技巧完美地结合。他是公认的当代最具开拓精神的音乐家之一，他为大提琴带来了许多新听众。在他儿子出生之际，他又为自己的宝宝献上了最宝贵的礼物——《爸爸的歌》。

这首《爸爸的歌》速度和缓，音乐唯美，展现了父亲柔情的一面，相当感人，非常适合作为胎教音乐让胎儿聆听。

细节14：准爸爸的“爱妻行动”好处多

如果说准妈妈是胎教的“女主角”，那么准爸爸就是当之无愧的胎教“男一号”。在整个胎教过程中，父亲的位置的确举足轻重。

俗话说得好，“爱子先爱妻”，这话不无道理。当妻子怀孕后，丈夫应倍加关心爱护体贴妻子，展开大规模的“爱妻行动”：

主动承担家务活，保证妻子有充足的休息和睡眠时间；

尽量给妻子创造安静、舒适、整洁的环境；

切忌惹妻子生气，更不要发生争吵，避免妻子受不良情绪的刺激；

不要吸烟，要节制性生活；

与妻子同听悠扬的乐曲，共赏优美的图画；

经常陪伴妻子散步，到公园及户外去领略大自然的美景，使妻子心情愉快、情绪稳定地度过孕期。

最新研究成果表明：胎教不仅由妻子，同样也应由丈夫实施。美国的优生学家认为，胎儿最喜欢爸爸的声音，爸爸的爱抚，所以这一点是妈妈无法取代的。因此，准爸爸要记住，从现在开始就及时准确地进入胎教的角色，用深沉的父爱去培育妻子腹中那个幼小的新生命。

孕 3 月的胎教重点
——怎样进行抚摸胎教

从上面的讲述我们知道了，胎宝宝对孕妈妈的抚摸已经有了感觉，所以从这时候起就可以进行抚摸胎教了，这也是孕 3 月的胎教重点哦!

胎宝宝受到孕妈妈双手轻轻地抚摩之后，会引起一定的条件反射，可以激发胎宝宝活动的积极性，从而刺激胎宝宝的触觉，促进胎宝宝感觉器官及大脑的发育。此外，抚摩，还能训练胎宝宝的肢体反应。

那么，怎样进行抚摸才最有效呢?

首先，精心准备少不了。抚摩胎宝宝之前，孕妈妈应排空小便；调整心情，避免不良情绪，保持稳定、轻松、愉快、平和的心态；确保室内环境舒适，空气新鲜，温度适宜。

其次，姿势要正确。孕妈妈应仰卧在床上，头不要垫得太高，全身放松，呼吸匀称，心平气和，面部呈微笑状，双手轻放在腹部，也可将上半身垫高，采取半仰姿势，一切以感到舒适为宜。

第三，抚摸手法要得当。孕妈妈双手从上至下，从左至右，轻柔缓慢地抚摩胎儿。反复 10 次后，用食指或中指轻轻抚压胎宝宝，然后放松。也可以在腹部松弛的情况下，用一个手指轻轻按一下胎宝宝再抬起，来帮助胎宝宝做体操。有时胎宝宝会立即有轻微胎动以示反应；有时则要过一阵子，甚至做了几天后才有反应。

第四，时间选择要适宜。抚摩体操适宜早晨和晚上做，每次时间不要太长，5～10 分钟即可。

最后，准爸爸要积极参与进来。在抚摸宝宝时，孕妈妈可以一边和丈夫谈心，一边和宝宝轻轻地说话，好似一家三口围坐在一起，其乐融融。说话时胎宝宝会通过皮肤的振震动感受器来“听到”声音，千万不要忽略他哦。

孕 3 月的营养方案

【小案例】

晓晨怀孕快三个月了，由于早孕反应比较严重，所以体重不仅没增，反而减轻了几千克。为此，晓晨有点担心，怕这样会影响宝宝的健康。

那么，孕 3 月孕妈妈在营养方面应该注意什么问题呢？

孕妈妈要逐渐加强营养

进入第 3 个月虽然是关键期，但是在孕 3 月初期由于胎儿体积尚小，所需的营养不是量的多少，重要的是质的好环，尤其需要蛋白质、糖和维生素较多的食物。从受孕 11 周以后，由于胎儿迅速成长和发育，需要营养也会日渐增多。

所以从这个时期起，不仅对食品的质要求高，而且量也逐渐要多。充足而合理的营养是保证胎儿健康成长的重要因素，也是积极开展胎教的基本条件。这个时期，如果孕妈妈胃口好转，可适当加重饭菜滋味，但仍需忌辛辣、过咸、过冷的食物，以清淡、营养的食物为主。

多吃促进心脏和脑部发育的食物

进入孕 3 月，胎宝宝的大脑皮质明显变厚，其表面上可以储存记忆的那些褶皱也开始出现并增深。到第 12 周结束之后，胎儿的心脏搏动变得更加有力。

可以说，这也是宝宝心脏和大脑发育的关键期，因此，孕妈妈在这个阶段应该多吃一些能够促进心脏和大脑发育的食物。

促进胎儿心脏和脑部发育的食物一览表

有利于心脏发育食物一览		有利于脑部发育食物一览	
食物	说明	食物	说明
奶、豆制品	孕妇每天应该摄取大约1000毫克的钙，只要3杯脱脂牛奶就可以满足这种需求	玉米	富含维生素A、天冬氨酸、谷氨酸、亚油酸、油酸等不饱和脂肪酸，这些营养物质都对智力发展有利
瘦肉	瘦肉富含铁，并且易于被人体吸收。怀孕时孕妇血液总量会增加，为的是保证供给胎儿足够的营养	苹果	富含脂质、碳水化合物、多种维生素等营养成分，有利于胎儿大脑皮层边缘部海马区的发育，有助于胎儿后天的记忆力
水果	富含维生素C、叶酸和大量的纤维，可以帮助孕妇保持体力，防止因缺水造成的疲劳	核桃油	不饱和脂肪酸、亚麻酸、亚油酸含量特别高，而这些成分都可以促进胎儿脑部发育
坚果	花生之类的坚果，含有有益于心脏健康的不饱和脂肪酸	干果	莲子、葡萄干等，这些孕期饮食都会帮助促进胎宝宝的大脑发育
蔬菜	富含钙和叶酸，有大量的纤维和抵抗疾病的抗氧化剂	蛋黄、动物肝脏	所含的胆碱对胎儿的大脑发育有益，有助于增强记忆力
全麦制品	可以提供丰富的铁和锌	鱼	含有丰富的氨基酸、卵磷脂、钾、钙、锌等微量元素，利于胎儿脑部神经系统发育

3月胎教一家“三口”各自在做什么

准妈妈：孕妈妈的身体出现了非常明显的变化，由于子宫渐渐扩大，抚摸腹部会有轻微隆起和变结实的感觉。乳头的颜色变深。阴道分泌物增多，还可能出现贫血或眩晕等现象。在此时期应充分做好进行胎教的思想准备。

准爸爸：妻子怀孕的事情终于给两人带来了生活上的实质变化。不仅妻子在身体上的变化被看在眼里，由孕吐而造成的痛苦也会在准爸爸的心里留下深刻的印象。这时，准爸爸千万不能有责怪妻子过于娇气的想法，给妻子提供最好的照顾，尽量满足妻子提出的饮食需求，做一些合乎其口味的菜肴，下定决心与她并肩度过孕期。

胎宝宝：进入了快速发育的阶段，脑部和脊髓的细胞开始不停地分裂，是胎教的重要时期。

孕3月胎教备忘卡

孕9周

胎教注意事项：孕妈妈要保证少食多餐，多吃含铁、纤维素和叶酸的食物，远离电磁辐射。

孕10周

胎教注意事项：提高蛋白质摄取量，保持适量的运动和均衡的饮食；注意不要染上疾病，避免接种疫苗。

孕11周

胎教注意事项：子宫几乎占据整个骨盆，乳房附近的静脉呈青色。重视碳水化合物的摄取。

孕12周

胎教注意事项：进行第一次产检；小心不要跌倒或者受伤；控制体重的同时保证铁和钙质的摄入量！

胎教备忘

抚摸胎教：孕妈妈用手轻轻地抚摩胎儿，以激发胎儿活动的积极性，从而刺激胎儿的触觉，促进感觉器官及大脑的发育。

味觉胎教：准妈妈不要一味吃酸食，还要吃一些甜、苦、涩等多种味道，以利于胎儿味觉的发育。

视觉胎教：准妈妈要怀着轻松的心态，多感受些美的事物。

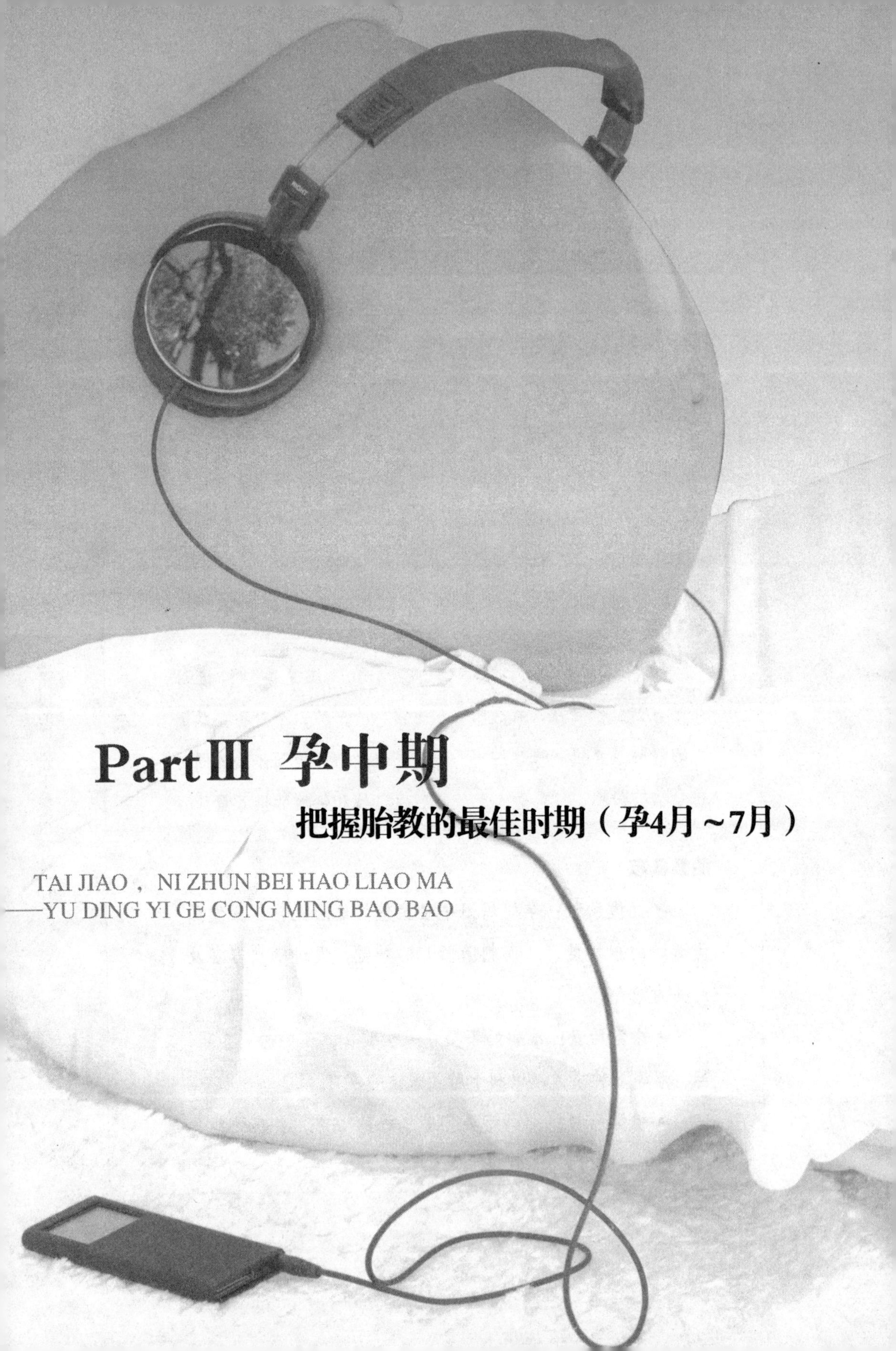

PartⅢ 孕中期

把握胎教的最佳时期（孕4月～7月）

TAI JIAO，NI ZHUN BEI HAO LIAO MA
——YU DING YI GE CONG MING BAO BAO

孕4月

第四章

胎教的14个细节（13周~16周）

细节1：胎宝宝长出了指纹和头发

孕妈妈除了关心胎宝宝健康与否外，更关心胎宝宝每个月的变化。好了，到了第四个月，胎宝宝更像一个人了，胎宝宝的头渐渐伸直，脸部已有了人的轮廓和外形，还长出一层薄薄的胎毛，头发也开始长出；下颌骨、面颊骨、鼻梁骨等开始形成，耳廓伸长；20颗乳牙在牙床里迅速增加，脊柱、肝、肾都已"进入角色"，皮肤逐渐变厚而不再透明。胎宝宝现在已经长到了76~100毫米，重达28克。在他（她）手指上已经出现了独一无二的指纹印。

送给准妈妈的温馨Tips

到了孕4月，孕妈妈的情况变化也很大，孕早期的疲劳、恶心以及尿频都已经减少。现在孕妈妈的子宫增大，腹部隆起，看上去已是明显的孕妇模样。因此，孕妈妈原来的衣服开始变得不合体，不久就需要穿孕妇装了。这时，孕妈妈可以参考关于孕妇装的文章，把自己的孕期打扮得精彩靓丽。

细节2：第一次胎动——妈妈的惊喜！

通常情况下，在12~16孕周时，胎儿会出现第一次胎动。这意味着胎儿的中枢神经系统已经分化完成；胎儿的听力、视力开始迅速发育，并逐渐对外界施加的压力、动作、声音作出相应的反应，尤其对母体的血液流动声、心音、肠蠕动声等更为熟悉。

研究表明，胎儿的活动预示着他们出生后活动能力的强弱。通过出生后的观察得知，胎儿活动强的，出生后的动作协调程度和敏锐程度均优于出生前活动较弱的婴儿。

因此，在感知到宝宝胎动后，除了惊喜以外，孕妈妈更应该考虑如何利用这一时机，对胎宝宝进行更好的胎教。比如，这时胎宝宝对来自外界的声音、光线、触动等单一刺激反应更为敏感。若孕妈妈借助胎儿神经系统飞速发展的阶段，给予胎宝宝各感觉器官适时、适量的良性刺激，就能促使其发育得更好，为出生后早期教育的延续奠定良好的基础。

细节 3：孕妈妈为什么总是多梦

【小案例】

敏敏怀孕 4 个多月了，最近她发现自己总是爱做梦。人做梦不是很正常吗？关键是，敏敏在没怀孕时从来不做梦，而现在一晚上要做三四个梦。不仅如此，每做一次梦都出很多汗。这着实让敏敏有点担心和苦恼。

其实，孕期多梦，并不是敏敏一个人的感受，而是很多孕妈妈都有过的经历。医生们认为，孕妈妈多梦往往都是因为心理压力或思想负担造成的。

比如，有的孕妈妈担心胎宝宝能否健全，会不会发育异常或畸形，特别是在怀孕过程中，因感冒等疾病，服用过药物以后，更是疑虑药物能否对胎宝宝有影响。所谓“心病还需心药医”，要想解除孕妈妈多梦的问题，还需要从心理调适入手：

消除恐惧与担忧心理，多与有过怀孕与分娩经历的朋友聊聊天，对自己身体出现的一些问题不要“捕风捉影”，相信产前检查，学会调控情绪；不要把坏心情传给下一代。孕期妈妈的心情可以影响胎宝宝的性格，为了下一代的快乐，至少要学会控制和疏导自己的情绪；不要对梦过多关注，睡前半小时到一小时之间，不宜思考问题或看书等；适当的进行体力活动，如散步，避免紧张的脑力活动。

细节 4：孕 4 月要注意保护乳房

对于准妈妈来说，孕 4 月还有一个十分明显的变化，那就是乳头会渗出一些白色液体，这就是非常宝贵的初乳。虽然距分娩还有好几个月，但孕妈妈的乳房已经开始制造初乳了。因此，从怀孕 4 个月起，就要经常擦洗乳头，擦洗时要用温水和肥皂，将上面的干痂擦掉，抹上油脂，防止乳头皲裂。

细节 5：好性格成就好未来，别忘了为宝宝做性格胎教

有时候，妈妈面对自己的孩子不免会发出这样的感慨，为什么都是十月怀胎，一朝分娩，宝宝的性格却有着天壤之别呢？为什么有的宝宝出生后又乖巧又爱笑，有的宝宝却烦躁不安、吵闹不休呢？这的确是困扰很多妈妈的一个难题。现在这个难题有了答案，有研究证明，如果准妈妈在怀孕期间拥有良好的环境和心态，并且能坚持对腹中的宝宝进行适当的胎教，那么宝宝出生后，拥有乐观开朗性格和健全人格的可能性就会大大增加。

这就是性格胎教。那么，性格胎教具体要怎样做呢？

实际上，最关键的就是要改善孕妈妈情绪，孕妈妈的心情好坏与否，是决定宝宝性格好不好的一个至关重要的因素。

【小案例】

英国伦敦帝国学院最新研究发现，孕妇怀孕期间与伴侣有吵架等摩擦，孩子出世后，智商会比心平气和的孕妇的孩子低，而且容易焦虑。研究员格洛弗教授说："我们尝试找出影响胎儿的压力主要来源，结果发现孕妇在怀孕期间，身边的伴侣对她的态度越差，孩子的未来发展越受到影响。"

也就是说，胎宝宝对爸爸、妈妈的吵架声非常反感，吵架的声音尤其会刺激他们。这是因为平常听惯了的声音突然变得声高音噪，就会刺激到胎宝宝，而使胎宝宝呈现不稳定的状态，也会对胎宝宝的性格造成负面影响。

所以，准爸爸、妈妈在孕期一定要好好相处，为了宝宝的将来，要互相多理解和关心，不要发生不必要的摩擦和争吵！

随着胎宝宝的一天天长大，宝宝和妈妈的心灵感应也会日渐明显，如果妈妈的心情好，宝宝自然也会安静愉快；如果妈妈的心情乱糟糟，那么宝宝也会躁动不安、缺乏耐性。所以为了腹中的宝宝着想，准妈妈应该时时刻刻注意自己的情绪，即便是遇到特别让人生气的事，也要懂得随时调整自己的心态，尽量排除不良情绪，让自己尽快恢复平静。

细节 6：如何进行视觉胎教

进入孕 4 月后，胎宝宝对光线刺激已经非常敏感。有人曾经做过这样的实验，他们在对母亲腹壁直接进行光照射时，采用 B 超探测观察发现，胎儿会出现躲避反射，背过脸去，同时还有睁眼、闭眼活动。这说明在胎儿发育过程中，视觉也在缓慢发育，并具有一定功能。因此，有人主张在胎儿觉醒时可进行视觉功能训练。

具体的方法其实很简单，找一个装 4 节一号电池的手电筒，一闪一灭地直接放在母亲腹部进行光线照射，每日3次，每次30秒钟，并记录下胎儿的反应。进行视觉训练可促进胎儿视觉发育，增加视觉范围，同时有助于强化昼夜周期，即晚上睡觉，白天觉醒，并可促进动作行为的发展。

不过，在进行光照射时，千万不可用强光，照射的时间也不宜过长。

细节7：和宝宝一起看幼儿画册

一幅美丽的图画，足以让人展开丰富的联想。为了培养孩子丰富的想象力、独创性以及进取精神，最好的教材莫过于幼儿画册。

也就是说，孕妈妈与胎宝宝一起看画册，也是一种很有效的胎教方式、方法。孕妈妈看画册时，可选那些色彩丰富、富于幻想的图画，用富于想象力的语言以讲故事的形式表达出来。要努力把感情倾注于故事的情节中，通过语气、声调的变化使胎宝宝了解故事是怎样展开的。例如，图画上画着一只美丽的孔雀，孕妈妈就可以对胎宝宝这样描述："这是一只美丽的孔雀。它浑身披着彩色的羽毛，神气地昂着头。骄傲的就像一个国王。瞧，一些小鸟都跟在美丽的孔雀身后。"

这样，孕妈妈就可以将画册中每一页所展示的幻想世界传递给胎宝宝，从而促使胎宝宝的心灵健康成长。

细节8：通过氧气胎教促进宝宝脑部发育

专家指出，胎儿的脑部在怀孕4～6个月时发育得最为迅速。这时只有为其提供充足的氧分，才能生下头脑发达的孩子。美国彼兹堡大学的研究小组发现，在较为安静且营养和氧气供给充足的子宫环境中生长的孩子智商明显偏高。

可以说，氧气在脑部活动中扮演着非常重要的角色。脑部的氧气供给中断短短的10秒钟，就会给大脑带来非常致命的影响。因此，孕妈妈就应切实为腹中的胎宝宝考虑，时刻保证充足的氧气供给。

其实，保证充足的氧气供给并不难，不需要什么专业的知识和技术手段。只要妈妈经常出去散散步，或者有条件的话到有树木和草地的地方进行森林浴。

通过适当的散步和森林浴使自己吸入充足的氧气，不仅可以促进胎儿脑部的发育，还能够对很容易感到忧郁的孕妈妈起到调节心情的作用。

如果孕期是在寒冷的冬天或是其他不适宜外出的时节，那也不必忧虑，只要轻轻推开家里的窗户进行换气，并借助简单的体操运动增加氧气的吸入量即可。

送给准妈妈的温馨Tips

需要注意的是，散步时最好能避开强烈的紫外线和饱腹的状态。每天散步30分钟就可以起到孕妈妈和胎宝宝共同锻炼的效果。一般来说每周最好散步3～5次，孕妈妈也可以根据自己的身体状况进行适当调节。

另外，孕妈妈在身体疲倦时很容易产生腹部抽痛的感觉。所以产生明显的疲劳感或腹部疼痛就要立即停止散步。散步时觉得累了可以停下来休息片刻再继续走，若出现冒冷汗或眩晕的情况，则应立刻前往医院接受诊断和治疗。

细节9:“带”着宝宝一起去散步

【小案例】

子怡很喜欢孩子，婚后不久她就和丈夫计划着要一个可爱的宝宝。为此，子怡早早地就开始关注有关胎教方面的知识。在了解到胎教的重要性、必要性，以及一些有效的胎教方法后，她一直没有决定应该使用哪一种胎教方法，也没有像别人一样尝试每一种胎教方法。

因为，她和丈夫认为，应该有自己独特的胎教方法。所以，子怡最终选择的方法就是愉快地对待和经历每一件事，因为她相信，孕妈妈在身体上和情绪上获得的所有感受，都会完全传递给胎宝宝。在怀孕的280天里，子怡每天都尽量保持做自己喜爱的事情。在悠闲的时候听一听音乐或做几样好菜。有时就在附近散散步，周末时和丈夫一起去公园或山上慢慢游逛。有时兴致来了，子怡还喜欢享受一番森林浴，之后便觉得自己的心情格外爽快。

每次在散步的时候，子怡并不是简单地走来走去。而是不停给胎宝宝描述路边的花草、树木、蝴蝶、星星等大自然的一景一物，诸如“树木可以给我们带来新鲜的空气，凉爽的树荫和美味的果实是我们的朋友”之类的话，就是子怡经常和胎宝宝说起的。

如今，子怡的儿子已经两周岁了，他时不时会表现出特别强烈的好奇心，而且从不挑食，一直在健康快乐地成长着。现在回头想来，子怡觉得自己当初坚持散步，并呼吸新鲜空气的做法的确非常明智。

当然这个“散步”的意义与众不同哦，因为散步也是一种胎教。因此，准妈妈要格外重视起来，并要掌握其中的一些技巧：

让自己的身心处于最佳状态。在开始散步之前要确认自己的身体不存在任何问题。穿上较为舒适的便鞋。同时，孕妈妈还应该穿上袜子，这样有利于保护脚；

多喝水，为身体补充足够的水分。比如，可以事先准备好自己喜欢的大麦茶或者矿物质饮料，以备散步时饮用。给身体供给充足的水分可以预防脱水；

空腹散步会加速身体的疲劳，所以最好在散步前1小时摄入适量的食物；

及时休息。若感到疲倦或心情不佳，最好坐下来休息片刻。

最好选择一些地面平坦的场所散步，因为准妈妈很容易出现关节松弛、肌肉抽筋等现象。此外，最好不要选上坡路，这样会给腹部造成很大的压力。

走路的姿势也非常重要。低头走会给颈部和肩膀带来很大的负担，因此，孕妈妈在散步中应该保持挺起胸部、注视前方的姿势，步伐没有必要迈得太大，要给双脚留出一定的自由活动空间。

送给准妈妈的温馨Tips

准妈妈在散步之后可以进行适当的足底按摩，方法为：先后捏住每一个脚趾中央的凸起部分，并轮流进行按摩和缓慢地旋转；以脚趾的顶端作为起点向脚后跟方向推进，再用两手大拇指挤按整个脚底；握紧拳头，用第二个手指关节在脚底轻轻地抚按。此动作不可过于用力，仅仅起到刺激的作用就可以达到最佳效果；最后在脚腕周围进行大范围的抚摸和刺激，结束以后，再用以上的方法按摩另一只脚。

细节10：《爱心备忘录》的音乐胎教方法（1）——通过音乐放松

美国银湖学院教授与幼儿音乐学科长罗纳 · 泽姆克博士根据4 ~ 6个月的胎儿开始对外部的声音作出反应的科学研究结果，于1986年创立了系列胎教音乐节目《爱心备忘录》。泽姆克博士的《爱心备忘录》节目致力于让胎儿得到安全感，并感受到父母对他们的期望与爱意，他们的最终目标是从心理上、情绪上、身体上和精神上帮助胎儿健康地出生，并且使其与整个家庭形成情绪上的纽带感，以促进家庭的和睦。

在欣赏古典音乐的同时，孕妈妈可以做一些较为轻松的动作给自己和胎儿带来安定平和的感觉，活动之后应该轻抚自己的腹部并让身体得到充分的休息。具体做法为：

播放古典音乐或其他喜爱的音乐，然后随着节拍动起来；

在移动身体和举起双臂的同时调整自己的吸气和吐气时间；

让身体向左右移动的同时重心也跟着移动；

双臂举过头顶之后依照顺时针或逆时针方向画圆；

将一只手臂平举，与肩同高，然后将腰部移动到重心轴上，再向左右移动手臂；

双臂在身体前方画圆，然后在向左右方向移动身体和臂膀的同时重心也跟着转移；除了上述方法以外，孕妈妈还可以在不给身体造成负担的前提下做一些其他活动。

细节11:《爱心备忘录》的音乐胎教方法（2）——通过音乐增加触觉感受

孕妈妈在说出某一个词语时，最好能够作出与此相对应的动作，这样就可以让宝宝将自己的耳朵听到的和身体感觉到的东西联系起来。同理，孕妈妈也可以在哼唱熟悉的童谣或民歌时，配合其节奏进行一些能够使胎宝宝产生触觉感受的活动。具体做法为：

搓一搓。用手掌在整个腹部表面上转圈揉搓；

敲一敲。手指尖立直，然后在整个腹部表面上敲打；

擦一擦。展开手掌并从上向下擦拭；

挤一挤。用手指将整个腹部自然地挤聚在一起；

按一按。用手掌在整个腹部上均匀地按。

在此过程中，孕妈妈可以听听这些乐曲，包括：马斯奈的《泰依斯冥想曲》、巴赫的《G弦上的叹咏调》、莫扎特的《小夜曲》中的《浪漫曲》、威廉姆斯的《绿袖幻想曲》、柴可夫斯基的《睡美人圆舞曲》，以及巴赫的《耶稣，人们仰望喜悦》等。

细节12:《爱心备忘录》的音乐胎教方法（3）——音乐与冥想

音乐欣赏是音乐胎教中最基本的内容。无论是对胎教多么不感兴趣的孕妈妈，在怀孕期间都会有意无意地欣赏古典音乐。《爱心备忘录》提醒孕妈妈在欣赏名曲的同时，要冥想自己对孩子的爱。这样，孕妈妈会很快进入平静舒适的状态，而胎宝宝也将感受到妈妈对自己的深深爱意。不仅如此，孕妈妈和准爸爸还可以和着拍子尝试慢慢跳舞，这样就可以使整个家庭的气氛变得更加温馨。

在此过程中，适合准妈妈欣赏的乐曲包括:《妈妈我爱你》、《鸟儿啊鸟儿》、《自行车》、《我爱你》、《在花园里》、《故乡之春》、《细雨》、《在铁路边上》、《蝴蝶啊》、《桔梗谣》、《鸟儿的早晨》、《阿里郎》、《少儿音乐团》、《少儿圆舞曲》等。

细节13:《爱心备忘录》的音乐胎教方法（4）——乐器的选择

在《爱心备忘录》节目中，泽姆克博士说，尽管孕妈妈的歌声对胎宝宝的刺激是最好的，但是和弦齐特琴、卡祖笛、花铃棒等乐器在音乐胎教中的作用也同样是不可忽视的。这些音乐元素会对胎宝宝的脑部产生刺激，并对其智力发育起到很大的帮助，胎宝宝会对旋律中的音程和节奏等基础概念留下印象，从而使胎宝宝在保持安定情绪的同时健康地成长。具体做法为:

正确使用木琴。将木琴放在孕妈妈的腹部上，然后一边唱歌一边轻轻地演奏。这时丈夫可以承担演奏的任务。木琴是一种可以发出清脆声音的乐器，演奏时如果琴身碰到孕妈妈的衣服就有可能影响音色，因此要多加注意。在调整好位置后，丈夫可以用合适的音量演奏《我爱你》、《自行车》、《蝴蝶啊》等乐曲。

正确使用和弦齐特琴。丈夫应该把和弦齐特琴放在孕妇身边进行演奏，在演奏之前要记得先针对曲目进行调琴。演奏过程中，孕妈妈和丈夫都可以把琴声当做伴奏来进行跟唱。

正确使用卡祖笛。用塑料制成的卡祖笛是一种孕妈妈可以直接吹奏的乐器。它会发出一种空明的声音。演奏时孕妈妈会感受到卡祖笛的振动，这种振动只有吹奏方法正确时才会出现，并且会顺着孕妈妈的嘴唇和下巴传递到颈部以下，最后通过羊水的振动对胎宝宝产生一定的刺激作用。如此一来，就可以起到提高胎宝宝听力的作用。

正确使用花铃棒。花铃棒的顶端是用绒线做成的，内部的小球会发出哗啦哗啦的声音。可以在唱歌的同时按照节拍摇动花铃棒，给整个腹部进行良性的刺激。适合在此时哼唱的歌曲有《请别离开》、《阿里郎》、《少儿圆舞曲》、《故乡之春》、《宝宝真听话》等。

准妈妈和准爸爸如果不懂演奏这些乐器也没关系，可以选择一些用这些乐器演奏的音乐进行欣赏，可供选择的乐曲包括维瓦尔第的《四季》中的《春》、小约翰 · 施特劳斯的《蓝色多瑙河》、比才的《阿莱城姑娘》中的第一组曲《小步舞曲》、巴赫的《G 小调调赋格曲》、柯莱利的《弦乐套曲》中的《撒拉本舞曲》、勃拉姆斯的《海顿主题变奏曲》等。

细节 14:《爱心备忘录》的音乐胎教方法（5）——音乐与运动

孕妈妈可以在听音乐的同时踩着拍子移动脚步，当孕妈妈进行肢体活动时，腹中的胎宝宝也有可能感受到其中的节奏。此外，借助丝带、舞巾和毛线小球等用具来活动身体可以帮助孕妈妈和胎宝宝获得更多的氧气，并使两人之间的亲情逐渐变得深厚起来。具体做法为：

随着音乐的节拍摇动手中的丝带，可以采用在空中画圈，朝侧边晃动或向上转动等不同方法；

夫妻二人一起随着音乐的节拍互相投接手中的舞巾，注意长拍和短拍的变化；

在播放音乐的同时，夫妻二人依照拍子向对方投掷毛线小球。这一动作可以使夫妻得到情绪上的交流，两人的深厚感情也会全部传递给胎宝宝，从而产生很好的影响。

孕 4 月胎教重点
—— 多和胎宝宝对话

【小案例】

万洁是个内向且不善于言谈的人，在公司也总是少言少语，这可能与她的工作性质有关系，她是做程序开发的，所以平常需要的多是理性思考和逻辑思维。她周围的同事通常也不苟言笑，工作比较投入。

因为这个工作需要天天跟电脑打交道，怕对孩子造成不良影响，所以怀孕后她就申请休假了。一下子闲下来，她一开始还真不知道该怎么打发日子。还是她丈夫提醒了他，让她多看看孕期保健和胎教的书籍。这一看不要紧，万洁觉得胎儿简直太神奇了，在肚子里的时候就已经有“心灵”了。

这让她激动不已！于是，她的胎教之旅就开始了，怀孕 4 个月的时候，她开始与她的宝宝进行胎谈，她把原来上班时遇到的事情、和朋友一起谈论的话题、观看电影或演出以后的感受等经历全部讲给胎宝宝听，到了晚上还会给胎宝宝讲童话故事。她丈夫很富有爱心，每天回家忙完后，都将手放在她的肚子上为胎宝宝朗读童话书。每次一听到丈夫的声音，她的心境都会变得舒适而平和起来。

就连万洁自己都奇怪，一向不苟言笑的自己，怀孕后简直成了话匣子！其实这并不奇怪，因为这就是母爱的力量改变了她的性格！

万洁的胎谈进行的十分是时候，因为进入孕4月后，胎宝宝对声音已相当敏感，宝宝在宫内就有听力，能分辨和听到各种不同的声音，并能进行“学习”，形成“记忆”。

因此，这个时候进行对话胎教，可直接影响到宝宝出生后的发音和行为。如果坚持跟胎宝宝对话，不但胎宝宝会熟悉你的声音，还能成为培养他语言能力的捷径。

为此，准妈妈可以选择一些好听的故事讲给胎宝宝听，也许将来这些故事会是宝宝出生后最喜欢的呢！并且要以愉悦的心情和胎宝宝对话，始终保持平和、宁静、愉快且充满爱的心理，让宝宝感觉到幸福、安心是胎教的意义所在。

另外，准爸爸也不能闲着，他可以参与进来，多和胎宝宝“聊聊天”。比如，爸爸可以让孕妈妈坐在宽大舒适的椅子上，然后由孕妈妈对胎儿说：“乖孩子，爸爸就在旁边，你想听他对你说什么吗？”这时，丈夫应该坐在距离孕妈妈50厘米的位置上，用平静的语调开始对话，随着对话内容的展开再逐渐提高声音，不要一下子发出高音惊吓了胎宝宝哦！

不过，很多准妈妈、爸爸也有一些困惑，他们不知道每天该跟胎宝宝说些什么才好。这就涉及到了胎谈的内容问题。其实，大可不必这么紧张，就像平常在家里闲聊家常一下，自己见到的、听到的都可以告诉宝宝（其实，这个时候最好能给宝宝起个好听的乳名，如豆豆、乐乐等），比如：

清晨起床后可以说：“豆豆，睡得好吗？妈妈昨天做梦梦到你啦！你听听外面的鸟儿叫得多清脆，外面的树也绿了，又是一个美丽的早晨，豆豆和妈妈一起共度这美好的一天吧！”

吃午饭时可以说："豆豆，今天我们吃青菜，这对我们的身体可有好处了，它的味道好清新，咱们一起尽情享用吧！西瓜好吃吧？真是又脆又甜，据说西瓜里有许多对你成长有好处的营养元素哦，所以你要多吃点！"

去医院时可以说："今天是定期检查的日子，你的脸、手和脚都长到多大了呢？妈妈很快就可以看到啦！""已经做过B超检查啦，宝宝你真是太可爱了。你一定要在妈妈的肚子里乖乖地、健康地长大哦！"

听音乐时可以说："这是轻音乐，让妈妈从身体到心情都变得舒畅了！豆豆的心情也很不错吧？"

发生胎动时可以说："呵呵，豆豆这会儿正玩得开心呢，妈妈来陪你一起玩好吗？""来，妈妈在这里拍一下，豆豆也来拍一下？嗯，真听话，真是个聪明的乖宝宝！"

孕4月的营养方案

如何应对突然旺盛的食欲

进入孕4月后，孕妈妈胎内的环境安定，食欲却突然旺盛起来了。这是为什么呢？这是因为胎儿进入了急速生长时期，需要更充分的营养。不过，并不是说妈妈要暴饮暴食，而是更加合理地规划自己的饮食，多吃一些富含蛋白质、植物性脂肪、钙、维生素等营养物质的食物。

此外，这个月也是胎宝宝骨骼发育的时期，因此，多吃一些能够补钙和促进钙质吸收的食物是关键中的关键。因为钙被称为胎儿骨骼发育的"密码"。医学研究表明，胎儿从一个受精卵长到出生时的50厘米左右的身长，需要消耗母体大量的钙。具体数据为：孕期需额外增加钙约30g，其中胎儿27.4g，胎盘1g，母体1g。

我国营养学会推荐的膳食中钙的供给量标准为：孕4 ~ 6个月每日1000毫克，孕7 ~ 9个月每日1500毫克。

为此，孕妈妈应当多吃鸡蛋、胡萝卜、菠菜、海带、牛奶等营养品。下面就给出一个搭配合理的一日三餐组合食谱，仅供孕妈妈参考：

早餐：米饭一碗、豆腐与海带汤一碗，鸡蛋一个；

早点（上午10时）：橘子一个（含大量的维生素C）；

午餐：凉面一盘，西红柿鸡蛋酱；

午点（下午3时）：牛奶一瓶，饼干几片；

晚餐：米饭两碗，海带丝拌菠菜，酱菜，胡萝卜汤一碗。

别忘了多吃能够增强胎盘机能的食物

孕4月除了要把补钙当做重中之重外，孕妈妈千万不要忘了一个基本的原则，那就是，胎宝宝是从母体中吸收氧气、营养和免疫抗体的，而这些循环是依靠中焦功能来完成的。而下焦则控制着胎盘上的体液循环，让其自身分泌大量的激素以防止发生流产或早产。

为此，适当的增强胎盘机能也是一项重要的任务。如：

给胎盘、脐带和羊水供给充足的养分。维生素B15可以维持母体内氧气的利用率，使脏腑的功能变得更加完善；枇杷叶中含有大量的维生素B17，具有提高抗病能力，强化脏腑机能的功效。将枇杷叶煮熟后放凉，冲入糖汁后再服用是一种不错的清凉饮料。

均衡摄取包括优质蛋白在内的各种营养成分。这一时期要多吃高蛋白食品，特别是牛奶、乳制品、明太鱼子酱和蛋类。

补充矿物质、维生素A、维生素C以及纤维质含量丰富的绿叶蔬菜、水果和薯类也是十分必要的，这对缓解便秘及维持身体的酸碱平衡非常有好处。

4月胎教一家“三口”各自在做什么

准妈妈：孕妇进入了安全时期，孕吐状况逐渐减轻，食欲变好，妊娠纹出现。根据胎儿的需要，孕妇要继续补充优质蛋白等营养成分。同时，因为胎儿还拥有了各种感情，所以孕妇保持愉快的心情就显得格外重要。除此之外。胎儿对温度的变化较为敏感，不宜待在生冷的环境中，也不要沾凉水。

准爸爸：把工作重心放在怎样让妻子保持一个平静的心态上。胎儿为了造血，必须不断地通过胎盘来吸收母体的铁元素，在孕中、晚期有一些孕妇会出现贫血。所以，及时给孕妇补充富含铁的食品是准爸爸必须要做的。不过，补充过多的铁能引起便秘，所以，还要记得每天早上递给刚起床的妻子一杯温开水。由于已经进入了怀孕的安全时期，可以在适当的范围内进行一定的性生活。

胎宝宝：大脑发育速度最快，其脑部已经占据了头盖骨里的整个空间，而这时头部事实上只有乒乓球大小。胎儿已经能对外界的强光和噪声作出反应，并且开始出现了愉快、不安和愤怒等情绪。

孕4月胎教备忘卡

孕13周

胎教注意事项：面部皮肤颜色可能变暗，乳头和乳晕颜色可能变深。应避免久站，开始穿宽松的衣服。

孕6周

胎教注意事项：预防体重增加过快，有规律地适度运动；有牙科疾患的孕妇现在可以治疗。

孕7周

胎教注意事项：较为安全的运动是游泳、散步和瑜伽；尽量保证侧卧入睡和规律的作息习惯。

孕8周

胎教注意事项：羊水检查可能导致流产或早产的危险；以营养价值较高的食物为主，但要严格控制摄入量。

胎教备忘

对话胎教：以愉悦的心情和胎宝宝对话，保持平和、宁静、愉快且充满爱的心理，让宝宝感觉到幸福、安心是胎教的意义所在。

性格胎教：关键要改善孕妈妈的情绪，孕妈妈的心情好坏与否，是决定宝宝性格好不好的一个至关重要的因素。

氧气胎教：吸入充足的氧气，以促进胎儿的脑部发育。

孕5月

第五章 胎教的17个细节（17周～20周）

细节1：脐带——胎宝宝的第一个玩具

孕5月子宫里的胎儿与出生后的婴儿一样可爱，现在胎儿变得非常顽皮。孕妈妈也许已经发现了，胎宝宝拥有了第一个玩具——脐带，他们特别喜欢用手拉或抓住脐带，有时他抓得特别紧，紧到只能有少量的氧气输送。“这个臭小孩，太危险了”，妈妈会想。其实，不用担心，胎宝宝们自己还是能掌握分寸的，他们知道如何保护自己不受损伤。

可以说，脐带是连接胎宝宝和胎盘的生命之桥，是胎宝宝与妈妈血脉相连的明证。除此之外，关于脐带准妈妈还应该知道些什么呢？

脐带的“来龙去脉”

脐带组织来自胚体的尿囊。人类胚胎的尿囊出现仅数周后即退化，即将退化的尿囊壁上出现了两对血管，这两对血管并未随着尿囊的退化而消失，而是越来越发达，最终形成胎儿与母体进行物质交换的唯一通道——脐动脉和脐静脉。脐动脉和脐静脉形成后，尿囊就完成了历史使命，开始退化。在退化过程中，先形成细管，后完全闭锁成为细胞索，构成韧带。与此同时，胚盘向腹侧卷折，背侧的羊膜囊也迅速生长，并向腹侧包卷成条状。卵黄囊、脐动脉、脐静脉、韧带等都被卷折其中，这就是脐带。随着胎儿的发育，脐带逐渐增长。

脐带的形成与结构

脐带是一条索状物，一端连着胎儿的腹壁（就是以后的肚脐），另一端附着于胎盘。如果把胎盘比做一把雨伞的话，脐带就是伞把。足月胎儿的脐带长约 45 ~ 55 厘米，直径 1.5 ~ 2 厘米，一条脐静脉和两条脐动脉呈“品”字形排列。表面被覆羊膜，中间有胶状结缔组织充填，保护着血管。

脐带的作用

将胎儿排泄的代谢废物和二氧化碳等送到胎盘，由妈妈帮助处理。这是由脐动脉完成的，也就是说，脐动脉中流的是胎儿的静脉血。

从妈妈那里获取氧气和营养物质供给胎儿。这是由脐静脉完成输送的。也就是说，脐静脉中流的是胎儿的动脉血。

脐带是胎儿与妈妈之间的通道，如果脐带受压，致使血流受阻，胎儿的生命就受到了威胁，脐带是胎儿的生命线。

脐带异常的表现

脐带长度超过 80 厘米为脐带过长，可引起脐带打结、缠绕、脱垂。脐带长度短于 30 厘米为脐带过短，可引起脐带过伸，影响胎儿与妈妈间的血流交换。脐带不在胎盘的中央，而在胎盘的边缘附着，则称为球拍状胎盘。此外还有帆状附着。这些异常结构，都会对胎儿造成不同程度的影响。值得庆幸的是，这些异常情况极少发生，妈妈不必担心。

准妈妈最怕的——脐带绕颈的危险

怀孕中期胎宝宝在妈妈的子宫里舒服地漂浮在温暖的羊水中，脐带也漂浮着，当宝宝发育到一定的时候就会在羊水中活动，伸伸手和脚，甚至翻个跟斗。

大多数时候他和脐带可以和平共处，但一不小心他就会把手脚或身体和脐带缠在一起。

当空间足够大的时候，他还可以再翻个身又绕出来，所以有时候超声检查看到脐带绕颈而下次检查时又发现不绕了。当宝宝越长越大，羊水这个游泳池对他来说就相对变小了，他不再能够大幅度地运动了，这时如果有脐带绕颈，就没那么容易脱身了。

不过，关于脐带绕颈的危险性专家们给出了权威的结论。他们统计发现，大约 20% ~ 25% 的胎儿都有脐带绕颈，其中因为脐带绕颈而使胎儿缺氧或致死的却只有很少数。也就是说，虽然有四分之一的宝宝被脐带绕颈，但绝大多数还是安全地降生了。

也就是说，过分地担心是不必要的。

细节 2：宫高 —— 妈妈、宝宝健康的风向标

什么是宫高呢？宫高是指从下腹耻骨联合的上缘至子宫底间的长度。从现在开始，每周的宫高都应增加 1 厘米，如果持续 2 周没有变化，孕妈妈就应及时到医院去做检查了。

进入孕 5 月，孕妈妈的腹部已经逐步适应了不断增大的子宫，为此，应该每周都要测量一下宫高，这时因为孕妈妈本人身体情况不允许，准爸爸就要及时来帮忙，帮助妻子测量宫高，且测量方法要得当：

先让孕妈妈排尿后，平卧于床上；

然后用软尺测量耻骨联合上缘中点至宫底的距离；

将测量结果画在妊娠图上，以观察胎儿发育与孕周是否相符。

孕妈妈的宫高与胎宝宝的大小关系非常密切，可以根据宫高妊娠图曲线了解宫内胎儿是否发育迟缓或是巨大儿。

孕期宫高标准范围一览表

孕周	宫高标准范围	孕周	宫高标准范围
孕20周	6～20.5cm	孕21周	17～21.5cm
孕22周	18～22.5cm	孕23周	19～23.5cm
孕24周	20～24.5cm	孕25周	21～25.5cm
孕26周	21.5～26.5cm	孕27周	22.5～27.5cm
孕28周	23～28.5cm	孕29周	23.5～29.5cm
孕30周	24～30.5cm	孕31周	25～31.5cm
孕32周	26～32.5cm	孕33周	27～33.5cm
孕34周	27.5cm	孕36周	32cm
孕40周	33cm	注：仅供参考	

细节3：宝宝告诉妈妈——该穿漂亮的孕妇装了

到了孕5月，孕妈妈的腹部明显隆起，体形发生了很多变化，腰身变粗，动作也开始笨拙了。这时孕妈妈在会客或者去公共场合时可能感到羞涩，其实，这大可不必。怀孕、分娩是一个女性最为幸福的事情，这时，每个人看到孕妈妈都会从心眼儿里敬佩，因为母亲是最伟大的。

不过，这时有必要准备孕妇装了。那么，孕妈妈应如何挑选孕妇装呢？

内衣、内裤的材质一定要选择纯棉的，贴身穿透气性和吸湿性好，松紧带最好能调节，以满足不断增大的腹围的需要。

女性怀孕后本不应再佩戴文胸，但是由于工作和日常生活的需要，又不得不戴。所以在选择文胸时，尽量选择孕妇专用的哺乳文胸，它的罩杯比较大，前端不会因为太厚而造成泌乳障碍和乳头内陷的情况。

孕妇背带裤可以说是孕妈妈必不可少的，背带裤的带子比较宽，不会勒到胸脯，而且它比较适合孕期腹部膨隆的变化。

孕期对鞋子的要求不是很严格，只要选择舒适、透气性好，鞋底有防滑纹，穿脱也比较方便的即可。

细节 4:“铅”——宝宝健康、聪明的大敌

可能有的孕妈妈在生活中也听到过铅中毒的事情，但是她们可能还不相信，自己的胎宝宝也会发生铅中毒问题。事实上，由于胎儿的神经系统处于发育初期阶段，对毒性的抵抗力很脆弱，不仅容易遭受铅侵害，而且胎儿铅中毒的后果也更为严重，可导致智障、癫痫的发生，还会影响胎儿牙胚的发育，使幼儿易患龋齿。

孕妈妈可能又要问了，那么，铅是从哪里来的?其实，铅就在你生活的周围，可以说随处可见。为此，准妈妈应从如下几方面加以注意，以避免铅污染的发生:

尽量少在马路上活动，因为汽车尾气中含有铅;避免直接接触铅，如从事石化加工、油漆等含铅量高的工作。如果丈夫为铅作业者，应尽可能减少通过工作服、手、头发等将铅带入家中;净化居室环境，如装修时应尽可能用无铅涂料，特别是孕妈妈居住的卧室;丈夫及家人最好少吸或不吸烟，这样有助减少铅粒经空气被孕妈妈吸收;防止铅从口入，如孕期要少食罐头食品或少饮用饮料，少吃爆米花等膨化食品、含铅皮蛋等;不用印刷品包裹食物，尤其是报纸;不用带漆的筷子和容器等。

细节 5:胎宝宝也怕噪声污染

据一项研究发现，嘈杂的环境会减缓胎儿呼吸功能的发育。对胎儿来说，连呼吸都感到困难，那该是一种多么恶劣的环境呀!

有些孕妈妈认为胎儿接受噪声的影响是通过母亲的听觉系统传播的，所以似乎只要自己使用耳塞等个人防护用品，就对胎儿的听觉系统也起到保护作用。别以为这样就能避免嘈杂，其实胎儿宫内环境就不是完全安静的，胎儿时刻处在孕妈妈体内自然产生的各种杂音中，这些杂音包括孕妈妈的心跳声，肠道蠕动的声音。只要想想在饥肠辘辘时肚子发出的那些奇怪响声，就能够体会到胎宝宝得经受多么大的噪声困扰了！

因此，准妈妈一定要为宝宝营造一个绝对安静的宫内环境。

细节 6：作一次 B 超检查，可以清晰地看到一个爱学习的“梨子”

在孕 5 月时，应该做一次 B 超检查了，通过 B 超孕妈妈可以清晰地看见胎宝宝的生长发育情况。这时，胎宝宝不知不觉已经长大了很多，他的身长达到了 13 厘米左右，体重也达到 170 克。也就是说，这个时期胎宝宝几乎相当于一个梨子那么大，他的循环系统、尿道等也开始工作，胎儿开始平稳地吸入和呼出羊水，他的肺正在发育得更强壮，以利于将来适应子宫外的空气。

很多孕妈妈肯定会很激动的，不过，这次检查不单单是为了让妈妈见见宝宝，而是要观察胎儿各系统组织器官发育有无异常，及时发现畸形胎儿，如先天性心脏病、无脑儿、脑积水、脊柱裂、腹壁缺损、四肢短小、多囊肾、消化道闭锁等。所以，妈妈在激动之余，肯定更多的是紧张和担忧！此外，从 17 周～20 周，胎宝宝就像一个小小“窃听者”，他（她）能听到妈妈心脏跳动的声音、大血管内血液流动的声音、肠蠕动的声音，他（她）最爱听妈妈温柔的说话声和歌声，因此这时是进行胎教的最佳时期。

因此，孕妈妈现在可以和丈夫一起对胎宝宝进行胎教，有意识地与他（她）对话沟通，适当地抚摸腹部，为胎宝宝做做体操，与胎宝宝聊聊天等。

细节 7：数胎动也是一种胎教方式

从孕 4 月开始，孕妈妈就算是顺利进入了孕中期。这时，很多孕妈妈都觉得自己终于可以松口气了，因为这时既没有了孕早期的种种不适，也没有了流产的危险，现在又能感到胎宝宝的运动，感到非常有成就感。

这时候，胎宝宝的胎动也越来越多了，现在孕妈妈应该坚持有规律地数胎动了。通常，孕妈妈觉得这个时候的胎动像鱼在游泳，或是“咕噜咕噜”吐泡泡，跟胀气、肠胃蠕动或饿肚子的感觉有点像，没有经验的孕妈妈常常会分不清。

那么，孕妈妈如何数胎动呢?

每日 3 次计数法。每天早、中、晚固定的三个时间，各数 1 次胎动，每次进行 1 个小时。然后把 3 次数到的数字相加并乘以 4，这就是宝宝 12 小时的胎动数。

每日 1 次计数法。每天在临睡前 1 小时计数 1 次，每天的检测时间应该是固定的。然后将每日的数字记录下来，描绘成曲线。

每天坚持数胎动，是一种直接胎教，当孕妈妈对胎宝宝高度注意时，可以想象胎宝宝的各种体态，胎宝宝也会回应你的感受，这样会增进母子之间的感情交流。

送给准妈妈的温馨Tips

正常情况下，一天之中，胎动在上午 8 ~ 12 时比较均匀，下午 2 ~ 3 时时最少，6 时以后就开始逐渐增多，到了晚上 8 ~ 11 时最活跃。因此，孕妈妈可以结合自己的作息时间，来安排合理的数胎动的时间。

另外，胎动的强弱和次数，个体差异很大。有的 12 小时多达 100 次以上，有的只有 30 ~ 40 次。但只要胎动有规律，有节奏，变化曲线不大，都说明胎儿发育是正常的。同时，计数胎动时，孕妈妈最好用左侧卧位的姿势，环境要安静，思想要集中，心情要平静，以确保测量的数据准确。

细节 8：拉开正式音乐训练的帷幕

孕 5 月开始的音乐训练较之前几个月要更为正式，这时的音乐训练不仅要有计划地进行，而且在挑选乐曲方面更要讲究。此外，对孕妈妈的要求也提高了，孕妈妈不单单要听，还应熟悉其内容，理解其中内涵和社会背景。欣赏前，孕妇应全身放松，保持精神愉快、心情舒畅，并告诉胎宝宝现在一起听音乐。

在此过程中，需要掌握以下几点：

方法要恰当。如可以在室内通过音响听音乐，也可以将录音机的耳机放在腹部，对准胎头部位，每次 5 ～ 10 分钟，耳机部位音量不要超过 65 分贝（相当于中等大小的谈话声音）；

要有计划地听。如每天什么时间听，每天听几次，每次听多久。这样让胎宝宝有个规律比较好。一般每日 2 次，每次 10 ～ 20 分钟。

每天坚持听，每次听最好在孕妈妈兴致最高、心情最好的时候，这样效果就会更好。

送给准妈妈的温馨Tips

欣赏乐曲时，孕妈妈应随乐曲产生美好的联想，同时对宝宝倾注深切的母爱，这一点很重要。

总之，孕妈妈希望胎宝宝听音乐时有怎样的状态，希望胎儿在听音乐中受到怎样的教益，就应首先去努力体会音乐，使自己受到教益。只有这样，才有可能使胎宝宝听到音乐，受到音乐的熏染，并且有安详、专注倾听音乐的状态。

细节 9：莫扎特的“诱惑”

【小案例】

伊利诺伊大学专攻癫痫症的神经科专家约翰 · 休斯教授做了一项著名的研究，他在给自己的病人播放莫扎特《D大调双钢琴鸣奏曲》时发现，在36名病人中有29人的症状得到了减轻。与此同时，休斯也用其他古典音乐作过试验，但最后证明只有莫扎特的音乐对他的病人具有持续、明显的效果。休斯说：“他的音乐比较简单，总是让某一旋律多次重复出现，而且是以我们大脑比较喜欢的模式重复。”

虽然胎教音乐在选择上可以多种多样，但是莫扎特的音乐还是必不可少的。正如上述研究结果所说的，莫扎特的音乐会对人的情绪产生积极的影响。不仅如此，有人进一步证明，莫扎特的音乐与孕妇心脏跳动声的频率惊人的相似，在节奏上都是3/4拍的。

因此，怀着喜悦和期待的心情去欣赏莫扎特大师创作的美妙旋律绝对是一件有益无害的事情。无论是出于自己本身的爱好还是特意为了进行胎教，就让古典音乐一直陪伴你度过孕期吧！

细节 10：胎教音乐（1）——《降 b 小调第一钢琴协奏曲》

怀孕中期除了可继续听早孕期听的乐曲外，还可再增添些乐曲，如柴可夫斯基的《降 b 小调第一钢琴协奏曲》及《喜洋洋》、《春天来了》等。尤其是柴可夫斯基的《降 b 小调第一钢琴协奏曲》，它以新颖明晰的素材，表达了对光明的向往和对生活的热爱，曲调中充满了青春与温暖的气息。反复倾听曲中小提琴与钢琴的伴奏及生动活泼的快板，可使孕妇联想到波涛起伏的大海，和煦扑面的春风，灿烂的阳光铺满了生活的大地，真正感受到生活的美好。当腹内的胎宝宝接受了孕妈妈美好的心理信息以后，也会与孕妈妈产生同感。

细节 11：胎教音乐（2）——《雨之歌》

严格来说，《雨之歌》是勃氏第一部公开发表的小提琴、钢琴奏鸣曲，作品具有倾诉般的旋律和浓厚的感情色彩。勃氏发表作品时年 46 岁，是他在音乐创作上的辉煌时段，乐曲具有大自然的风貌及丰富的内涵变化，随着音乐的发展而洋溢着热情，主题优美，让聆听者随着远去的乐声余韵，感动久久不能自已。

细节 12：胎教音乐（3）——《天鹅》

有一次，51 岁的法国作曲家圣桑来到奥地利的一个小镇拜访朋友，正好遇见拉大提琴的朋友在为年度狂欢节音乐会要演奏什么曲子而伤脑筋。于是，圣桑为朋友解决了难题，童心未泯的他写下了一组名为《动物狂欢节》的管弦乐组曲。

《天鹅》就是其中一个段落，乐曲表现出了这样一个情景：一群动物正嬉笑怒骂，吵得不可开交时，骷髅人说话了：“嘘！不要闹了！天鹅来了！”接着会场传来双钢琴的阵阵琴音，轻轻柔柔，像波光粼粼的湖水。大家都安静了下来，此刻大提琴的旋律从容加入，一只高贵的天鹅缓缓滑行水面，白绒绒的羽毛闪着金光，神态自然优雅，动物们都感染了此刻宁静典雅的气氛。天鹅继续悠悠地游过碧波，时而凝视远方，时而低下头来轻啄羽毛，最后渐行渐远，只留下湖面上余波荡漾的痕迹。

这首曲子美得让人屏息聆听，深怕一不小心破坏了整曲娴静的气氛，是圣桑本人最为钟爱的作品。孕妈妈在欣赏时，一定要深刻体会其中的意境。

细节 13：童话胎教启迪宝宝的智慧

【小案例】

琴今年 29 岁，宝宝已经 3 岁了。当年刚怀孕时，琴也和大多数年轻妈妈一样，因为没有经验，对怀孕、分娩这些事情感觉有些不知所措。后来她渐渐地平静下来，但是在高兴之余，又多了一种担心和困惑。因为她不知道自己在这漫长的孕期里能够做什么？

一次在和同事大姐聊天后，她才知道其实孕期可做的事情真的很多。于是，第二天她便去附近书店买了一些胎教的书籍。就这样，她懂得了对胎儿来说，宫内环境是多么的重要，只有良好的胎内环境才能对胎儿的智力和性格产生好的影响。在平时读书的时候，她能感到自己的心态变得平和了，情绪也稳定下来了。

到了怀孕 4 个月时，她开始对宝宝进行童话胎教，她不仅让下班回家的丈夫给她读书，而且在睡觉和发生胎动的时候用平和的声音为宝宝朗读童话故事。她对那些可以充分发挥想象力的书特别感兴趣，那时候读得最多的童话故事包括《猴子偷玉米》、《饿肚子的小虫》、《咕咚的故事》、《小红帽和大灰狼的故事》等。这些故事内容丰富、图画鲜艳，就连她自己在读的时候都充满了幸福的感觉。

不仅如此，琴有时候还会动员丈夫和自己做角色扮演游戏，比如她自己演“小红帽”，让丈夫演“大灰狼”，一家“三”口玩得 “不亦乐乎”！让琴备感幸福的是，现在她的宝宝性格温和又大方，尤其对阅读有着特别的兴趣。每次看着宝宝一个人专心致志翻书的样子，琴就对童话胎教所起的巨大作用感叹不已！

这就是童话胎教的魅力，下面就来系统地认识一下童话胎教。

童话胎教的作用

发掘胎宝宝的潜力。准爸爸和准妈妈用温柔的声音为胎宝宝读一读童话故事，可以起到刺激胎儿脑部的作用，从而达到提升胎儿潜在能力的效果。

提高胎宝宝的想象力和好奇心。通过不同的童话故事，不仅可以将勇气和友情等概念传授给胎宝宝，还可以培养胎宝宝的想象力和好奇心。此外，如果孕妈妈能用自己丰富的想象力将童话书中梦一般的世界转述给胎宝宝，效果会更佳！

可以丰富胎宝宝的感情世界，使其产生感性思维。孕妈妈要知道，这时的胎宝宝不是只会用耳朵来感知声音，而是往往要运用自己的整个身躯来接受外部的信息。所以孕妈妈如果能够带着丰富的感情朗读，就可以促进胎儿感性思维的发育。

送给准妈妈的温馨Tips

孕妈妈要注意了哦！胎教期间的童话书一定要保存好，因为在整个孕期都可以为胎宝宝讲。即使是宝宝出生后，童话书的用处还是很大的，到那时说不定孩子会对自己在胎儿时期听过的故事有一种亲切的感觉，并且也省去了再次购买童话书的费用。

童话胎教的技巧

为了胎宝宝能够更加有效地接受童话胎教，孕妈妈在为胎宝宝讲童话时一定要注意以下几个技巧：

发音一定要准确哦！只有这样才能完整地表达出书中的意思。为此，孕妈妈在朗读之前可以先做一些针对舌头、嘴唇和口型的训练，这对每一个字的准确发音很有好处。

用温柔而多情的声音朗读。孕妈妈在讲童话时，一定要注意自己的嗓音，要平和而温柔，使胎儿的情绪安定下来，静静地听你的讲述。

再辅以温柔的抚触。千万不要忘了，抚摸也是一种很好的胎教。就像你小时候渴望妈妈边抚摸你，边给你讲故事才能入睡一样，你的胎宝宝也有这样的期待。所以，孕妈妈在朗读童话书时，不妨再温柔地抚摸腹部，这样会使童话胎教的效果倍增。

不要仅仅是读，还要讲解。比如里面的小白兔长什么样子，大灰狼长什么样子，妈妈都要用自己的语言描述一番。因为胎儿对整个世界可谓是一无所知，会很自然地对书中出现的事物产生好奇。

不要读完了事，还要总结一下，把自己对故事的看法和感想也要告诉宝宝，并跟宝宝进行一下交流，比如，“妈妈觉得这个故事里面小白兔特别聪明，你觉得呢？是不是也觉得小白兔特别聪明呢？”

持之以恒。同样，童话胎教的效果也不会立竿见影，需要孕妈妈有耐心，每天都坚持做下去！

准爸爸在童话胎教中的作用

【小案例】

莉莉和丈夫在同一所小学任教，去年夫妻商量后决定要一个宝宝，如今，莉莉已经怀孕将近四个半月了。有一次，莉莉正在抚摸胎宝宝，正好从外面进来的丈夫说了一句："我们家元宝（莉莉家宝宝的小名）今天真乖……"这时，莉莉发现宝宝听到爸爸的声音后，突然动了一下，平时自己在抚摸时，宝宝从来不会"乱动"的。宝宝好像在告诉妈妈说："我听见爸爸夸我了。"

其实，这并不奇怪！在国外，有一些科学家早就做过一个类似的实验，他们发现：胎儿最容易接受低频率的声音。他们给一组8个月的胎儿听低音大管乐曲后，胎动大大加强。这组胎儿出生后只要一听到类似男子声的乐曲，便停止哭闹，露出笑容。

美国的优生学家也认为，胎儿最喜欢爸爸的声音，父亲的爱抚。当妻子怀孕后，丈夫可隔着肚皮经常轻轻抚摸胎儿，胎儿对父亲手掌的移位动作能作出积极反应。也许是因为男性特有的低沉、宽厚、粗犷的嗓音更适合胎儿的听觉功能，也许是因为胎儿天生就爱听父亲的声音，所以胎儿对这种声音都表现出积极的反应。这一点是母亲无法取代的。

因此，准妈妈在给宝宝讲故事时，千万不要落下爸爸哦！最好能和准爸爸一起给宝宝读一读童话书，通过那些动听的故事，不仅给胎宝宝以不可缺少的父爱，而且能使父母与孩子之间的亲子关系进一步加深，丈夫和妻子之间的爱情也会变得更加浓厚。

如何选择适合宝宝的胎教童话书

一本好的童话书不仅宝宝喜欢听，更能勾起妈妈的阅读兴趣。因此，如何挑选一本更适合宝宝胎教的童话书就至关重要。一般要遵循以下几个原则：

选择配图色彩鲜艳，故事内容生动优美的童话书；

选择那些故事情节温馨，能够营造温暖而富有感染力氛围的童话书；

背景不显得单调，图画中蕴藏许多话题的童话书；

书中的文字和配图搭配适宜、协调的童话书；

内容浅显但不粗糙，能勾起孕妈妈阅读兴趣的童话书。

细节 14：孕妈妈常讲的故事（1）——《小虫和大船》

船主要造一艘大船，让工人按图纸选木料，有一块木板正合适，只是木板上有个虫蛀的小窟窿。船主看了看说："这么个小窟窿，没关系！"就让工人把那块木板钉到了船上。船造好了，在海上航行了几年后，蛀虫越来越多，大船的木板上出现了许多小窟窿，有一次，船装满贵重物品刚离港，海上就刮起了风暴，虫蛀的木板被浪头打穿，海水灌进了船舱，船主让工人们赶快排水，可是来不及了。大船被越灌越多的海水渐渐地吞没了。

细节 15：孕妈妈常讲的故事（2）——《三个好朋友》

花园里有三只蝴蝶，一只是红色的，一只是黄色的，一只是白色的。三个好朋友天天都在一起玩，可快乐了。

一天，他们正玩得高兴，天突然下起了雨。三只蝴蝶的翅膀都被雨打湿了，浑身冻得发抖。三只小蝴蝶一起飞到红花那里，对红花说："红花姐姐，让我们飞到你的叶子下面躲躲雨吧！"红花说："红蝴蝶进来吧，其他的快飞开！"

三个好朋友一齐摇摇头："我们是好朋友，一块儿来，也一块儿走。"

细节 16：一家"三口"去旅行

进入孕 5 月，无论是准妈妈还是胎宝宝，都处于一个相对比较稳定的状态。因此，趁这个机会去做一次旅行也是不错的选择。

在旅行过程中，妈妈应该这样做：

选择空气清新的环境去旅行。胎宝宝是通过母体的血液来获取氧气的，带给胎儿充足氧气的方法之一是去空气质量很好的地方旅行，绿色的大自然可以让孕妇感到轻松，而清新的空气也无疑会把心中的烦闷一扫而光。

给胎宝宝讲讲自然的风景和声音。为了参观博物馆或参与某一项活动而旅行也是一种不错的选择。妈妈可以将自己感兴趣的东西及其感受详细地描述给胎宝宝。这样孕妈妈与胎宝宝之间的话题就会自然而然地丰富起来。平时在城市里听不见的鸟叫声、风声、水声以及稀奇的文物都可以成为向胎宝宝描述的对象。

细节 17：胎教故事——胎儿也上大学

日本科学家阿部顺一主持了一项名为《英才造就》的工程，他通过自己的观察和科研，得出“后代的智力明显受到胎儿期间各种因素的影响”的结论，并对 127 名孕妈妈进行了科学的胎教指导，内容包括按他的规定进行体格锻炼、欣赏音乐、阅读书籍、排演短剧、互相交谈等。

实验结果是令人兴奋的。这就引出这样一个有趣的现象——“胎儿大学”风靡一时。“胎儿大学”主要招收怀孕 5 个月的孕妈妈，担任教师的有产科医生、心理学家和家庭教育学家等。从这所“大学”毕业（出生）的“学生”，其大脑中约有几十个单词和初步的曲调，有的新生儿 2 周时就会说“哦……哦”、“爸爸”等；有的婴儿 8 周时能对录音机放出的节目说“哈”；一个 4 岁的幼儿已经能听说英语、西班牙语，喜欢跟 8 ~ 10 岁的小孩玩，并懂得照顾自己；有的婴儿刚出生时就会用小手轻拍母亲的脸。这些都是在没有受过胎教训练的婴儿中从未出现过的现象。据报道，经过“胎儿大学”学习的孩子出生以后，其智力超群率高达 71%。

当然，不是每个家庭和每个妈妈都有机会去这样的地方学习，但是足可以看出胎教的重要性，而且胎教有时候并没有那么难，只要准妈妈多观察，多学习，你自己就是一所完美的“胎儿大学”，你的宝宝将来一样会出类拔萃的！

孕 5 月胎教重点
——运动让胎宝宝的大脑活化

到了第五个孕月，宝宝的胎动已经比较明显了，孕妈妈能清楚地感到宝宝在不停地运动，因此，这时是进行运动胎教的最佳时机。

运动胎教的技巧——踢肚游戏

是指孕妈妈对胎宝宝开展积极教育，有计划有意识地对胎宝宝提供有益且适当的刺激，促使胎儿对刺激作出相应的反应，从而进一步刺激胎儿大脑的功能、躯体运动功能的生长发育。具体做法为：

孕妈妈在饭后 1 ~ 2 小时后，以最舒服的姿势躺着或坐下，用一只手压住自己腹部的一边，再用另一只手压住腹部的另一边，轻轻挤压，感觉胎宝宝的反应；反复几次，胎宝宝可能就感觉到有人触摸他，就会踢脚；接下来可轻轻拍打被踢的部位几下；在一两分钟以后，胎宝宝会再踢，这时再轻拍几下。拍打时，可换换部位，胎宝宝就会向改变的部位踢，但注意改变的部位不要离上次被踢部位太远，手法须轻柔；每次可进行 5 分钟左右，每天 1 ~ 2 次。

送给准妈妈的温馨Tips

孕妈妈也可以在运动胎教的时候加入一些音乐，乐曲的选择要以宝宝的特点来定，如活泼好动的胎宝宝，就多听一些舒缓优美的乐曲；文静少动的胎宝宝，应多听一些明快轻松的音乐。这时，孕妈妈的嘴也不要闲着，要不时和胎宝宝说话，并夸奖几句，眼睛要观察宝宝的反应，可以说，孕妈妈的夸奖可是宝宝最大的动力哦！

研究表明，经过这种胎教的胎宝宝出生后，学习站立和走路都会快些，动作也较灵敏，而且不爱啼哭。不过，有习惯性流产、早产史及早期宫缩的准妈妈不宜做。另外，在此过程中孕妈妈要：

保持情绪稳定，精神愉快，避免精神紧张等不良刺激；

动作轻柔、力度适中；

以平卧为宜，双手轻轻放在腹部。

孕期体操让胎宝宝的大脑活化

孕期体操不仅有利于解除疲劳、增强肌力，也可使胎宝宝的身心得到良好的发育。体操运动项目是多种多样的，孕妈妈可以根据自己的环境条件与身体状况自行选择体操进行锻炼。

孕期体操项目一览表

项目	动作要领
脚腕运动	❀ 仰卧 ❀ 左右摇摆脚腕10次 ❀ 左右转动脚腕10次 ❀ 前后活动脚腕，充分伸展、收缩跟腱10次
脚部运动	❀ 把一条腿搭在另一条腿上，然后放下来，重复10次，每抬1次高度增加一些，然后换另一条腿，重复10次 ❀ 两腿交叉向内侧夹紧、紧闭肛门，抬高阴道，然后放松。重复10次后，把下面的腿搭到上面的腿上，再重复10次
腹肌运动	❀ 单腿曲起、伸展，曲起、伸展，左右各10次 ❀ 双膝曲起，单腿上抬、放下，上抬、放下，左右各10次

续表1

项目	动作要领
骨盆运动	❀ 单膝曲起，膝盖慢慢向外侧放下，左右各10次 ❀ 双膝曲起，左右摇摆至床面，慢慢放松，左右各10次
盘腿运动	❀ 笔直坐好，双脚合十，用手拉向身体，双膝上下活动，宛如蝴蝶振翅。重复10次 ❀ 同一姿势，吸气伸直脊背，呼气身体稍向前倾。重复10次
猫姿	❀ 趴下，手与双膝分开 ❀ 边吸气边拱起背部，头部弯向两臂中间，直至看到肚脐 ❀ 边呼气边恢复到1的姿势，边吸气边前抬上身 ❀ 边呼气边后撤身体，直至趴下。1～4重复10次
吹蜡式运动	❀ 仰卧，屈起双膝，将手指立于离嘴30厘米处 ❀ 把手指视为蜡烛，为吹熄烛焰而用力呼气
电梯式运动	❀ 收缩臀部、阴道肌肉，如电梯般上抬腰部 ❀ 从“1楼”到“5楼”分5层上抬，在“5楼”处保持2～3秒后，边呼气边分5层放下腰部

注意事项

❀ 不要勉强自己去做体操，次数可依身体状况而定，逐日增加运动量；

❀ 做完一遍体操后如果感到累，就应该适当减少运动量。运动适量的感觉为：身体微微发热，略有睡意；

❀ 肚子发胀、生病等时，可酌减做操的种类、次数、强度等；

❀ 早晨不要做操，沐浴后可以；

❀ 猫姿与电梯式体操会使胎宝宝在腹中逆转，所以怀孕8～9个月时不要做。

孕5月的营养方案

【小案例】

小荷是个漂亮的准妈妈，在怀孕之前，她有着令很多女性艳羡的“魔鬼身材”。不过，从怀孕后，这一切开始发生了改变。尤其是进入孕中期后，孕早期的不适明显好多了，她也渐渐适应了孕期生活。虽然舌头对味道仍然是“麻木不仁”，但胃却一点也不挑剔，有什么就吃什么，还吃得特别香。

有很多妈妈肯定会想，这样下去一定会变成个大胖子。不过，小荷却觉得为了宝宝都是值得的，她说，“原本有点挑嘴的自己，现在根本不会这样了，家人做什么，我就吃什么。”有时候，为了保证营养搭配合理，有些饭菜可能味道并不可口，即使这样，小荷也会开开心心地吃下去。

也就是说，孕5月准妈妈要注意营养要全面，这样才有助于胎宝宝的全面发展和成长，因此，准妈妈应从以下几方面入手。

准妈妈要多补补钙

到了孕中期后，因为胎宝宝骨骼的生长和牙齿的形成与发育都需要钙，所以这期间孕妈妈的钙供给量要增加一些，每日应摄入1000毫克左右为宜。

这时期，孕妈妈钙补充要通过以下三种方式来实现。

摄取含钙量丰富的食品。如牛奶是钙最好的食物来源，还有奶制品、海产品、大豆及豆制品、深绿色的叶菜等。每天保证喝两袋牛奶或豆奶、豆浆各一袋。

增加户外活动，接受紫外线的照射，使体内产生促进钙吸收的维生素D。

适当增加运动，可通过骨骼肌的运动使钙沉积在骨骼上，有利于钙被机体利用。可在阳光明媚的大路上散步，每天坚持30至40分钟；在宽敞的操场上做孕妇保健操。

孕妈妈还要多吃含以下元素的食物

以海带为代表的碘类含量较高的海藻类食品，以牡蛎为代表的各种贝类食品；

硒元素也非常重要，黄油、鱼、大蒜、贝类、小麦胚芽和苹果当中都含有大量这种物质。与维生素E一起吃还可以提高吸收效率，所以在享用以上食物时还可以适量吃芝麻、葵花子和核桃等食品；

摄取大量的维生素B，如酵母、小麦胚芽、海藻类及大豆中的含量很高；

铁元素也格外重要，海苔、鹿尾菜等海藻类食品，以及木耳、绿茶、竹笋，芝麻中都含有大量的铁；

钙也是必需成分之一，它可以使骨骼变得更加结实。螃蟹、干虾、沙丁鱼与奶酪都含有大量钙；

钾元素也值得重视，食用晒干的海带可以补充大量的钾元素。鹿尾菜、干萝卜片以及干香菇中也含有大量的钾元素。

尤其要多吃有利于脾脏功能发育的食物

在整个17～20周内，胎儿的四肢运动逐渐活跃起来，这时母体的“足太阴脾经”掌控着胎儿的生长。因此，加强孕妈妈脾脏的机能，会对胎儿的肌腱、骨骼、四肢和头发的生长有所帮助。

为此，妈妈要多吃些有利于脾脏功能的食物。如：

柳橙的外皮与大枣对脾脏都有很好的补养作用，大枣不仅可以泡茶饮用，还可以煮熟以后单取枣肉；柿干具有强化脾脏的功能，可以将柿干泡在牛奶中浇上蜂蜜再煎熬服用；除此之外，汤、小米、糯米、扁豆、牛肉、鲫鱼和冬苋菜也同样有此功效。

5月胎教一家“三口”各自在做什么

准妈妈：孕妇行坐端正，性情和悦，常处静室，多听美言，令人讲读诗书，耳不闻非言，目不视恶事等。这里强调了胎教中的行为美与精神美。外界的各种事物都会对胎儿产生或好或坏的影响，特别是胎儿的听觉很灵敏，“子在腹中，随母听闻”，故孕妇说话不能不慎。

准爸爸：作为未来孩子的父亲，也可开始面对孕妇的腹部和胎儿进行“对话”，比如，先给孩子起个小名（如“豆豆”），而后，每天面对宝宝，用亲切的语调呼唤孩子的名字说“豆豆真乖”等，以逐步刺激宝宝的听觉，并着手建立父子间的亲情。

胎宝宝：胎宝宝不知不觉已经长大了很多，这时胎宝宝的身长达到13厘米左右，体重约170克。也就是说，这个时期胎宝宝几乎相当于一只梨子那么大，他（她）的循环系统、尿道等也开始工作，胎儿开始平稳地吸入和呼出羊水，他（她）的肺正在发育得更强壮，以利于将来适应子宫外的空气。

孕5月胎教备忘卡

孕17周

胎教注意事项：孕妈妈要懂得如何控制体重，并要保证充足的营养和休息；检查分泌物有无异常。

孕18周

胎教注意事项：孕妈妈应预防膀胱炎，并持续补铁；确保饮食多样化，以便为胎儿提供全面的营养。

孕19周

胎教注意事项：注意摄取充足的水分缓解过敏；并密切关注是否出现浮肿、阴道出血、头痛、高烧、畏寒等症状。

孕20周

胎教注意事项：进行第三次产检；仍需预防流产，在保证夫妻进行充分交流的情况下可以进行性生活。

胎教备忘

运动胎教：有计划地对胎宝宝提供有益且适当的刺激，从而进一步刺激胎儿大脑的功能、躯体运动功能的生长发育。

数胎动：每天数胎动是一种直接胎教，会增进母子之间的感情交流。

营养胎教：保证营养搭配合理，不挑食。

孕6月

第六章 胎教的20个细节（21周～24周）

细节1：胎宝宝成了游泳健将

在孕6月，胎宝宝已经长到28厘米长，体重也达到800克，骨骼发育良好，并长出睫毛和眉毛。由于缺乏皮下脂肪，皮肤发红而且有皱，但比以前变得结实了。

此时的宝宝更像个游泳健将，他可以在羊水中姿势自如地游泳，并会用脚踢子宫，羊水因而发生振荡。这样可刺激胎宝宝的皮肤，造成大脑冲动而增进皮肤发育。这时，倘若子宫收缩或受到外方压迫，胎宝宝会猛踢子宫壁，把这种信息传递给妈妈。

细节2：胎宝宝有了可以感觉光线的视觉神经

在国外，专家们曾经做过一些实验，他们发现当光照射孕妇的腹部时，胎儿会不停地作出蠕动的反应。大部分6～7个月的胎儿都会有这种反应，它直接证明了胎儿可以感知到母亲体外的光线这一事实。

不过，孕妈妈也不要认为这时胎宝宝能区分得了事物的形态和颜色，这是他们此时无法做到的。孕妈妈可以通过闭上双眼之后所感受到的那种光感，来了解胎儿看东西的感觉。

因此，孕妈妈从现在起要多抽空去室外散散步，享受一下自然光线，对孕妈妈和胎宝宝来说都是一件再好不过的事情。挺着肚子在柔和的阳光下散步，并与胎儿进行交流，就从现在开始做起吧！

当然，太强烈的光照对胎宝宝绝对没有好处，因此，孕妈妈应当避免出入会对腹部造成强烈光线刺激的地方，并远离容易使人兴奋的娱乐场所。

细节 3：胎教故事——一位准妈妈的胎教心得

每个妈妈怀孕后，都想把最好的东西送给胎宝宝，也都想将来能有个健康、聪明的宝宝。莫莫作为一个准妈妈，当然也希望如此。当莫莫得知自己怀孕后，心中先是惊喜万分，后来又有些害怕，因为自己是一个新准妈妈，没有什么经验。不过，通过一段时间的学习后，莫莫发现，大家都在说宝宝胎教十分有意义，经过胎教的宝宝聪明，而且好带不爱哭。于是，莫莫就自己在网上乱搜一通，结果还真学了不少胎教知识，她知道了音乐胎教、童话胎教、运动胎教等。

在所有胎教中，莫莫最喜欢的就是音乐胎教，因为在没有怀孕前，她就是一个音乐迷，不过，那时她听的都是动感、节奏比较快的音乐。为了宝宝的将来，莫莫慢慢转变了自己的兴趣，开始听节奏轻快、舒缓的轻音乐，如莫扎特、贝多芬等大作曲家的音乐。

不仅如此，对于如何对胎宝宝进行胎教，莫莫还总结出了一套自己的方法，她说："每天的胎教时间不用很长，有空还是需要多出去走走，多运动一下，吸收新鲜的空气，给宝宝取个爱称，每天呼唤他，同时可以自己读故事给宝宝听，要几天内重复的读，不要经常换故事，每天跟他聊聊天。要当他是个独立的人看待，如果没人理他会寂寞的哦。

无论自己在做什么、吃什么都和他说说，早上起来道早、晚上睡前道晚安等，在街上看到什么也跟他说说，不要怕别人笑话！"

细节 4：风行日本的胎教方法

在日本十分流行一种“RCCM”胎教，其课程主要包括以下四个方面的内容：

放松（Relaxation）。它排在所有课程的最前面，是进行胎教的预备动作。准妈妈在一间灯光柔和的房间里，尽量放松自己。这是为了促进副交感神经系统，使身体和精神达到稳定的状态。

创造力（Creativity）。为的是促进与情绪、感觉、空间感、绘画感有关的右脑的开发，包括“庭园式盆景制作”和“纸黏土制作”这些方式。

对话（Conversation）。意思是准妈妈要与腹中的胎宝宝进行对话，也称之为“胎谈”，可以从打招呼开始，也可以说说花和鸟的名字，教一些数字、字母等。

音乐（Music）。这是胎教中最常被运用的，所选用的曲子除了古典音乐和童谣之外，也可以配合母亲的喜好，听摇滚乐或流行音乐。

其实，这种“RCCM”胎教课程最大的特点就是，把各种单独的胎教结合起来进行，这也应该成为我们中国妈妈进行胎教的一种思路。

细节 5：最好的胎教是妈妈的微笑

有人说，微笑是开在嘴角的两朵花，没有人不喜欢看见微笑的脸。腹中的胎宝宝虽然看不见妈妈的表情，却能感受到母亲的喜怒哀乐。因为人的情绪变化与内分泌有关，在情绪紧张或应激状态下，体内一种叫乙酰胆碱的化学物质释放增加，促使肾上腺皮质激素的分泌增多，这种激素随着母体血液经胎盘进入胎宝宝体内，从而让胎宝宝也感受到妈妈的紧张不安。因此，准妈妈每天都开心一点吧，不要吝啬你的微笑。为此准妈妈要：

每天起床后，对着镜子先给自己一个微笑，在一瞬间，一脸惺忪就可以转为光华润泽，沉睡的细胞苏醒了，让人充满朝气与活力；

控制各种过激情绪，始终保持开朗、乐观的心情。

这样，快乐的情绪就会传递给腹中的宝宝，让宝宝也快乐。胎儿接受了这种良好的影响，会在生理、心理各方面健康发育。

因此，微笑也是准妈妈给予宝宝的胎教。

送给准妈妈的温馨Tips

孕妈妈愉悦的情绪可促使大脑皮层兴奋，使孕妈妈血压、脉搏、呼吸、消化液的分泌均处于相互平稳、相互协调状态，有利于孕妈妈身心健康。同时改善胎盘供血量，促进胎宝宝健康发育。

与此同时，不仅准妈妈要常常微笑，准爸爸也要常常微笑，因为爸爸的情绪常常影响着妻子的情绪。妻子快乐，这种良好的心态，会传递给腹中的宝宝，这样宝宝也会快乐。

细节 6：寓教于“劳”，把家务活儿与胎教融合起来

孕妈妈因为有孕在身，所以不提倡她们做太多家务劳动，但是适当的家务劳动还是有好处的。因为有计划的做家务不失为语言胎教的一种好方法。通过合理地安排家务，既能融语言胎教于家务活中，又能使夫妻的生活规律舒适，如：

一周安排 1 ~ 2 天出去大采购，每次要适当的改变路线，为的是让准妈妈花一定的时间观察并向胎宝宝讲解生活中的各种现象，有意识地去幼儿园或学校观察学生上课以及在操场上玩耍的情景；

每周再安排1天进行清洁运动，如打扫起居室、卧室、家具，给胎宝宝讲述这个温馨的家；

每周安排1天时间擦拭窗户和门框，冲洗厕所和浴室，教胎宝宝爱劳动、讲卫生的科学知识；

每周花1天时间打扫和整理厨房，安排一家人周末的食谱，给胎宝宝讲述各种营养素的作用，告诉胎宝宝自己怎样安排每天的膳食以保证孕期的营养需要。

周末时，可以选择在家里休息，也可以选择去植物园、动物园、花园、田野、沙滩等地方，除了享受日光浴外，还要向胎宝宝传授自然界的知识。

细节7：和胎宝宝一起享受音乐SPA

【小案例】

小华怀孕期间情绪总是不太好，她很担心影响腹中胎宝宝的发育。于是，她在音乐心理治疗师的建议下，接受了“音乐心理治疗”，结果，小华发现自己的精神状态得到了很好的调整，经常抑郁的心情也一扫而光。

那么，什么是“音乐心理治疗”呢？美妙的音乐能陶冶人的情操，给人以心智的启迪，还能调节人的情绪或减轻心理压力。但将音乐用于治疗，对于大多数的人来说还是一个比较新的概念。

简而言之，“音乐心理治疗”就是运用音乐特有的生理、心理效应，使接受者在音乐治疗师的共同参与下，通过各种专门设计的音乐行为（音乐欣赏、参与音乐演奏等），经历音乐体验后，消除不良情绪或心理障碍，使精神得到放松，由此恢复或增进身心健康。

据相关研究表明：精神或心理上存在一些问题的孕妈妈，如果进行“音乐心理治疗”，可为胎宝宝和孕妈妈的身心带来好处，就像让他们享受了一次精神上的“SPA”。

细节8：胎教音乐（1）——《安全的港湾》

雷蒙·拉普是荷兰著名的作曲家，他认为，“开创美丽新世界，从孩子的音乐开始”。因此，从1990年起，他为了心爱的儿女，全心投入幼儿潜能开发的音乐创作。他深信融合了古典音乐元素与现代风格的音符，能为孩子的智能发展开启大门。后来，雷蒙的四个孩子在求学期间，不论在创造力、学习力或音乐上的表现，都获得了令人赞叹的表现，而他也相信，这份优异的成果绝非仅来自于遗传，更来自于他以全情投入的爱心，为孩子们所创作的音乐。

《安全的港湾》就是他为孩子们创作的音乐专辑中的一首，它轻快的节奏律动，聆听大海的声音，让宝宝在轻快的节奏律动中，尽情伸展小身躯，舞动嬉游，培养肢体协调，使智力与身心平衡发展。

细节9：胎教音乐（2）——《彼得与狼》

普罗科菲耶夫是俄罗斯音乐史上的超级神童，五岁就写出了第一首钢琴独奏曲。九岁已经令教学的老师大惊失色。他的代表作《彼得与狼》是专为儿童写的一部交响乐童话，完成于1936年春。他通过音乐向孩子们讲述了这样一个故事：少先队员彼得与他的小朋友鸟儿一起玩耍，家中的小鸭在池塘嬉游，与小鸟争吵。小猫趁机要捕捉小鸟，被彼得阻拦。爷爷后来吓唬他们说狼要来了，把彼得带回了家。不久，狼真来了，吃掉了小鸭，还躲在树后要捉小鸟和小猫。彼得不顾个人安危，在小鸟的帮助下捉住狼尾巴，将狼拴在树上，爷爷和猎人赶来把狼送进了动物园。

作曲家运用乐器来刻画人物和动物的性格、动作和神情，音乐技巧娴熟，形式新颖活泼，旋律通俗易懂。全曲既有贯穿的情节，又不干涩地平铺直叙；每一个角色、每一个段落不但形象鲜明，而且还饱含无穷的艺术魅力。

当然，孕妈妈千万不要忘了给胎宝宝交代这部作品的思想内涵——只要团结起来，勇敢而机智地进行斗争，任何貌似强大的敌人都是可以战胜的。

细节10：胎教音乐（3）——《杜鹃圆舞曲》

《杜鹃圆舞曲》是瑞典作曲家约翰·埃曼努埃尔·约纳森的作品，它堪称世界音乐作品之中的精品，因而成为他的代表作。整首乐曲欢快清新，特别适合在早晨倾听。那跳跃的旋律犹如杜鹃在歌唱。它以轻快、活泼的节奏和清新、流畅的旋律，描绘了一幅生机盎然的景象。

听一听活泼、可爱、明朗的《杜鹃圆舞曲》，一定能激发胎宝宝无限的想象力及创造力，是开启智力及潜能学习的钥匙。而宝宝在聆听乐曲的同时，也能透过大自然与音乐的和谐对话，抚平焦躁的情绪，培养自信、活泼的人格特质。

细节11：胎教音乐（4）——《田园》

路德维希·凡·贝多芬是德国最伟大的音乐家之一。他信仰共和，崇尚英雄，创作了大量充满时代气息的优秀作品。他集古典音乐之大成，同时开辟了浪漫主义时期音乐的道路，对世界音乐的发展有着举足轻重的作用，被尊称为“乐圣”。

贝多芬是在自己完全失聪的情况下创作的这部《田园》，乐曲表现了贝多芬在失聪的情况下对大自然的依恋。作品细腻动人，朴实无华，宁静而安逸，是贝多芬最受欢迎的交响曲之一。各个乐章分别表现了“初到乡村时的愉快感受”，“溪边小景”，“乡村欢乐的集会”，“暴风雨”等情景，最后的“牧歌”，主题恬静开阔，像牧人在田野中歌唱，表现了雨过天晴之后的美景。

好一幅自然的美景，孕妈妈和胎宝宝快去感受一下吧！

细节 12：抚摸胎教——加深准父母与胎儿间的情感依偎

怀孕 6 个月时，可以在孕妈妈的腹部明显地触摸到胎宝宝的头、背和肢体。因此，这时仍旧可以对胎宝宝进行抚摸胎教，以此来促进胎宝宝的智力发育，加深准妈妈与胎宝宝之间的情感联系。

正确的做法为：

在起床后和睡觉前对胎宝宝进行抚摩，避免在吃饱饭后进行；

每天可进 3 次，每次约 5 分钟即可；

孕妈妈排空小便，平卧床上，下肢膝关节向腹部弯曲，双足平放于床上，全身放松，此时孕妇腹部柔软，利于触摸；

抚摩可由妈妈进行，也可由爸爸进行，还可以流进行；

先用手在腹部轻轻抚摩片刻，再用手指在胎宝宝的体部轻压一下，可交替进行；

轻轻的触摸配合轻轻的指压，可区别出胎宝宝圆而硬的头部、平坦的背部、圆而软的臀部，以及不规则且经常移动的四肢；

当轻拍胎宝宝背部时，胎宝宝有时会翻身，手足转动，此时可以用手轻轻抚摩加以安抚；

抚摩及按压时动作一定要轻柔，以免用力过度引起意外；

有不良分娩史，如流产、早产、产前出血等先例的孕妈妈，不宜进行抚摩胎教；

做完抚摩后，可用双手轻轻推动胎宝宝在宫内“散步”。这样反复锻炼，可以使胎宝宝建立起有效的条件反射，并增强肢体肌肉的力量。

大量成功的案例证明，经过锻炼的胎宝宝出生后，肢体的肌肉强健，抬头、翻身、坐、爬、行走等动作都比较早。

细节13：联想胎教——用意象塑造理想中的孩子

在我们日常生活中，常常看到许多相貌平平的父母却生出非常漂亮的孩子，这与怀孕时准妈妈经常强化胎宝宝的形象有关系。因此，准妈妈在怀孕期间要经常设想孩子的形象，那么，出生后的宝宝一定会与你所想象的孩子有某些相似之处。

这就是联想胎教。那么，如何进行联想胎教才更有效呢？

把美好的愿望，在言行、举止中表现出来，先有了愿望，然后才能有达成愿望的实际。积极地设计宝宝的形象，把美好的愿望具体化、形象化，经常想象宝宝应该具有什么样的面貌，什么样的性格，什么样的气质等。

常常看一些自己喜欢的儿童画和照片，仔细观察夫妻双方，以及双方父母的相貌特点，取其长处进行综合，在头脑中形成一个清晰的印象，并反复进行描绘。

将全面综合起来的具体形象，以“就是这样一个孩子”的坚定信念在心底默默地呼唤，使之与腹内的胎宝宝同化。久而久之，妈妈所希望的东西将潜移默化地变成胎教，为胎宝宝所接受。

送给准妈妈的温馨Tips

妈妈与胎儿在心理与生理上都是相通的，因此，妈妈在构想胎儿形象的过程中，会使情绪达到最佳状态，促进体内具有美容作用的激素增多，从而使胎儿面部器官的结构组合及皮肤的发育良好。

此外，孕妈妈不妨在宁静的环境中，采取轻松的姿势，想象胎宝宝的情形，甚至连心脏的搏动都能感受到。然后跟胎宝宝之间便会产生传递爱意的精神回路，这样胎教效果会更好。

细节 14：哦？胎宝宝也会感到空虚了

医学研究发现，父母经常与胎儿对话，能促进其出生以后语言方面的良好教育。如果先天不给胎儿的大脑输入优良的信息，尽管性能再好，也只会是一部没有储存软件的“电脑”，这样胎宝宝也会感到空虚的。

因此，孕妈妈要经常用文明、礼貌，且富有哲理的语言，有目的的与腹中的胎宝宝聊天，给胎儿期的大脑皮质输入最初的语言印记，为后天的学习打下基础。

当然，这些内容可以是多种多样的，如：

父母可以将日常生活中的科普知识作为话题；

可以与数胎动结合进行；

还可以由父亲拟定语言胎教的常规内容进行讲述；

也可由妈妈对胎宝宝喃喃自语地讲述一天的生活，如早上起床的第一句话是“早上好！我最可爱的小宝贝”。打开窗户时说“太阳升起来了”等。

细节 15：妈妈常讲的故事（1）——《笨笨徒弟和小花猫》

有一个上了年纪的磨坊主，没有妻子和孩子，只有三个学徒伺候他。由于学徒跟着他已有许多年了，有一天他便对他们说：“我老啦，只想坐在炉子后面取取暖。你们都出去吧，谁回来的时候给我带来匹好马，这磨坊就归谁。可是有个条件，他得伺候我，给我送终。”三个徒弟中老三汉斯最笨，两个师兄觉得他太傻，根本就不配得到磨坊，连他自己都没一点信心。他们三个一块出去到了庄子上，两个师兄对傻汉斯说：“你最好等在这里，你一辈子也弄不到一匹马。”可是汉斯还是坚持要跟他们走。到了晚上他们在一个山洞里过夜，两个聪明的师兄等汉斯睡着后起来悄悄走了，把汉斯一个人丢在了洞里。他们认为这招很聪明，可事后却让他们后悔不迭，当然这是后话。

太阳升起来了，汉斯一觉醒来，发现他睡在一个深深的洞里。他看了看四周，感叹道：“噢！老天爷，我这是在哪儿？”他站起来爬出洞，走进了森林。“现在我被遗弃至此，孤单一人，如何弄到马呀？”正当他满腹愁思，边走边想的时候，碰见了一只小花猫。小花猫客气地问他：“汉斯，你去哪儿？”“哎，你帮不了我。”“可我知道你在想什么，”猫说，“你不就是想要一匹骏马嘛，跟我来，为我当一名忠实的仆人，伺候我七年，我就给你一匹你一辈子也没见过的最好的骏马。”

“啊哈！这只猫真有意思，”汉斯想，“可我得去看看它说的是否是真的。”花猫带他到了它那被施了魔法的城堡，里面除了一些小猫——它们都是它的仆人，其他一无所有。它们轻快地在楼上楼下跳来跳去，一片快乐无忧的景象。晚上他们坐下吃晚饭，席前有三只小猫在演奏乐曲，一只拉大提琴，一只拉小提琴，还有一只吹号。

吃完饭，桌子被撤去，花猫说：“现在，汉斯，你陪我跳舞吧。”“不，”他说，“我可不跟母猫跳舞，我从来没这么干过。”“那么，带他上床吧。”它向其他猫命令。于是，一只猫点起灯引他去卧室，一只猫给他脱鞋，一只猫给他脱袜子，最后，一只猫吹灭了蜡烛。第二天早晨它们又来伺候他起床，一只给他穿袜子，一只系袜带，一只穿鞋，一只洗漱，一只用尾巴给他擦干脸，“这感觉好柔和。”汉斯说。但是他得去伺候花猫，然后每天去砍柴，砍柴工具是一把银斧头，还有银凿子和银锯子，锤子是铜的，他将柴劈得细细的。他留在城堡里天天好吃好喝，天天和花猫以及它的仆人们相守，再也见不到其他任何人类了。

一天花猫对他说：“去草地割点草，然后把草晒干。”说着给了他一把银镰刀和一块金磨石，但要他小心使用安全归还。汉斯去草地，把活儿干完了，他拿着镰刀、磨石和干草回到了屋里，问是否该给他工钱了。“不，”花猫拒绝说，“你必须先为我多做些事。这儿有银木，木匠的斧子、角铁和各种所需要的东西，全都是银的。你用这些东西给我盖座小房子。”汉斯把小房子盖好了，他说他什么事都干了，可仍然没得到马。

其实七年过得很快，就如同六个月似的。花猫问他是否愿意去看看它的马，“愿意。”汉斯说。它于是便打开了小房子的门，里面关有十二匹马，匹匹毛亮体壮。见到这些骏马，汉斯的心里乐开了花。后来它请他吃饭，然后说：“回家吧，只是我现在不能给你马；三天后我会去找你，把马带去。”于是汉斯出发了，它告诉汉斯回磨坊的路。然而它连一件新衣服都没给他，他只好还穿着那件又脏又破的外套。这外套是他穿来的，七年过去了，这衣服他穿着哪儿都显小。他到家了，两个师兄也在家里，而且每人都带了一匹马，但一匹是瞎马，另一匹是瘸马。他们问汉斯他的马呢，“三天后就会来的。”他们听后笑道：“真是的，傻汉斯你到哪儿去找马呀？是匹骏马吧！”汉斯进到厅里，可磨坊主说不许他入座，因为他穿得又脏又破，如果别人进来的话他会使他们丢脸的。所以他们给他一口饭，让他到外边吃。

晚上，大家休息了，可是两个师兄不让他上床，最后他只好钻进了鹅窝，在一堆干草上过了夜。三天的时间到了，来了一辆六匹马拉的马车，这六匹马相当漂亮，看上一眼简直是无比的享受。仆人还拉了第七匹马，这就是给那位贫穷的磨坊小工的。有一位高贵的公主从车里走出来，走进磨坊，这位公主就是那只小花猫，汉斯已经伺候她七年了。她问磨坊主他的笨徒弟在哪儿？磨坊主回答，我们不能让他待在这磨坊里，他太脏了，他正在鹅窝里睡觉呢。

公主让他们立刻把他找来，于是他们把他带了出来。他使劲扯着那件小外套想掩住自己的身体。仆人们打开豪华的衣橱，替他洗干净，装扮起来。收拾完毕后，他变成了最英俊的国王。这时公主想看看师兄们带来的马，发现一匹是瞎马，另一匹是瘸马。她命令仆人把第七匹马牵来，磨坊主见了这匹马说这么好的马从没进过他的院子。“这是给你第三个徒弟的。”公主说。“那他就应该拥有这间磨坊。”磨坊主答道。可是公主却说把马留在这儿，磨坊还属于磨坊主，然后她拉着忠实的汉斯上了车，一同离开了那里。他们先到了那座小房子，这房子是他用银工具盖的，可现在变成了一座大宫殿，里面的东西全是金的和银的。然后她嫁给了汉斯，汉斯从此很富有，一辈子不愁吃喝，也再没有人说傻瓜不能成为重要人物了。

细节16：妈妈常讲的故事（2）——《“藏”在卷心菜里的小青蛙》

熊奶奶从地里摘来一棵卷心菜。熊奶奶手拿菜刀，刚想把刀切下去，只听到卷心菜发出叽叽咕咕的声音。熊奶奶吓了一跳，卷心菜怎么会有声音？是自己耳朵出毛病了？她再仔细听，卷心菜真的在叽叽咕咕说着话。

熊奶奶喊了起来：“天哪，卷心菜在自言自语呢！”

她侧着耳朵听了半天，也不知道卷心菜在说些什么。她跑出门外，喊来了河马先生。河马先生竖起耳朵听了半天，也不知道卷心菜在说些什么。

熊奶奶又去找来兔子先生。兔子先生竖起一对长耳朵听了半天，他说：“卷心菜先生一定说的是外语，我没学过。”这时，有位青蛙大婶走过这里，也来好奇地听听，突然，青蛙大婶尖叫起来：“哦，我的宝贝，我的可怜的宝贝。”

兔子先生闹不明白，忙问：“熊奶奶的卷心菜，怎么成了你的宝贝？你听懂里面说的外国话了吗？”

青蛙大婶说：“什么外国话，他根本不会说话。”河马先生说：“什么？你说卷心菜不会说话？”“不是的。”青蛙大婶说：“这卷心菜里面是我的小宝贝，他失踪两个月了，那时候刚从小蝌蚪变成小青蛙，只会叽叽咕咕叫，还没学会说话。”

熊奶奶一听可着急了，她赶快放下菜刀，用手把卷心菜叶子一叶一叶剥下来。卷心菜越来越小，越来越小。最后，在菜心里发现一只小青蛙，正在叽叽咕咕地叫着呢。原来，有一天，小青蛙在卷心菜的菜心里睡着了，睡啊睡啊，就让卷心菜给包了起来，一包就包了两个月。

熊奶奶为了庆祝青蛙大婶找到自己的小宝贝，赶紧用卷心菜熬了一锅汤，请青蛙大婶和她的儿子吃。小青蛙喝完汤，叽叽咕咕地叫着。青蛙大婶说："我的小宝贝在称赞熊奶奶做的卷心菜汤真好吃呢！熊奶奶，谢谢你了。"

青蛙大婶高高兴兴地领着儿子回家了。熊奶奶呢，从这以后，每逢切卷心菜，总要先拍打几下，再用耳朵听听，她想会不会还有会讲话的卷心菜呢……

细节 17：妈妈常讲的故事（3）——《阿凡提家的染坊》

阿凡提在镇子上开了个染坊，给附近的乡亲染布。有一次，镇子上新来了个小法官，住在一个财主家里，那财主便觉得十分光彩，到处炫耀。他向阿凡提吹嘘说："新来的法官老爷，是世上少有的聪明的法官老爷，他学识渊博，脑袋里充满了智慧。""有可能，"阿凡提说，"因为现在当法官的，办事情只看谁给的钱多，用不着智慧，所以智慧就都在他脑子里存起来了。"一听这话，财主生气地"哼"了一声，回去就告诉给了法官。

法官气急败坏，一心想找机会报复阿凡提一下。这一天，法官在财主家拿了一匹布，来到阿凡提的染坊，用蛮横的口气说："阿凡提，给我把这匹布好好地染一染，让我看看你有多么高的手艺！""你要染成什么颜色的，法官先生？""我要染的颜色普通。它不是红的，不是蓝的，不是黑的，也不是白的，不是绿的，又不是紫的，不是黄的，更不是灰的。明白了吧？当染匠的阿凡提！"法官不怀好意地说，"听说你的智慧不光存在脑子里，还会用，你能染出来吗？"跟在法官身后的财主，也狗仗人势地说："阿凡提，要染不出法官老爷要的颜色，法官老爷可不会轻易饶恕你！”阿凡提知道他俩是故意来寻衅闹事的，但仍毫不在意地把布接过来，说：“这有什么难办的呢，我一定照法官先生的意思染。”

“你真的能染？”法官看着阿凡提那不慌不忙、满有把握的样子，吃惊地说，“那么，我哪一天来取呢？你就照我说的那一天来取。”阿凡提顺手把布锁在柜子里，对法官说，“那一天不是星期一，不是星期二，也不是星期三，不是星期四，不是星期五，又不是星期六，连星期日也不是。到了那一天，我的法官先生，你就来取吧，我一定会使你满意的！”法官被说得没了主意，那个财主更傻了眼，他俩一块儿灰溜溜地退出了染坊。

细节18：做个心灵手巧的妈妈（1）——手工编织的妙用

有科学家曾作过这样的研究，他发现用筷子夹取食物时，会牵动肩、胳膊、手腕、手指等部位30多个关节和50多条肌肉，尤其是右利手者更是如此。这些关节的肌肉伸屈活动，只有在中枢神经系统的协调配合下才能完成。管理和支配手指活动的神经中枢在大脑皮层所占面积最大。

因此，准妈妈不妨在孕期用巧心思，给肚子里的胎宝宝做一些你平时没有时间做的手工编织，这也会使腹中的宝宝心灵手巧。当然，编制的内容可以五花八门，如：设计图案，给宝宝织毛衣、毛裤、毛袜或线衣、线裤、线袜；用钩针织婴儿用品；绣花；编织其他美术品，如壁挂、贴花等。

细节19：做个心灵手巧的妈妈（2）——十字绣

【小案例】

妙妙结婚后就辞去了原来的工作，在自家小区附近自己开了一间十字绣小店，生意十分火爆。结婚的第二年，妙妙发现自己怀孕了。当时，妙妙还在冥思苦想到底应该采用什么样的胎教方法呢？忽然她眼前一亮，自己的这些十字绣不就是很好的胎教素材吗？

刚开始的时候妙妙只能做一些手机链，后来水平慢慢提高到能做围兜、内衣。在欣赏优美旋律的同时一针一线地绣成一样作品，等到完工的时候会有一种极大的成就感。

此外，妙妙还把做好的十字绣镶在像相里送给朋友，这也让她的心情变得愉快起来。这种兴奋的感觉也同样会传递给胎儿。如今，妙妙的宝贝女儿已经两周岁了，不知道是不是她绣十字绣的缘故，妙妙的女儿对做东西、拆东西、剪东西这样的事表现出了很浓厚的兴趣。

可以说，妙妙女儿的表现与她在孕期绣十字绣关系很大。因为在绣十字绣时手指要不停地动，这样对胎宝宝的脑部发育大有好处。

同时，在一幅十字绣作品里往往要用到数十种颜色的丝线，所以在一针一线的编织过程中，孕妈妈的色彩感和调和颜色的能力也不知不觉得到了提高。孕妈妈若能在怀孕时多接触一些美丽的颜色和形状，生出的孩子也将拥有较高的审美能力。

不过，孕妈妈绣十字绣时，要注意以下几点：

注意休息，不要让自己太疲劳。刺绣使人眼光和神经都集中在了针尖那一点上，所以很容易产生疲倦的感觉；另一方面，孕妈妈也不适合长久保持刺绣的姿势。因此，孕妈妈最好把每次刺绣的时间控制在1个小时之内。

用心去绣。刺绣可以陶冶情操，宁静心态，是一种修身养性的过程，因此不可当成任务，过于要求形式。

在腰后垫一个垫子，在舒适的姿势下完成这项活动。

边绣边与宝宝聊天，可以说一说正在为其制作的东西，比如枕头、围兜和儿童被等，也可以说说对各种颜色的喜好。

细节 20：做个心灵手巧的妈妈（3）——陶艺

【小案例】

晓岚在怀孕 6 个月后辞掉了工作，做起了专职待产妈妈。为了打发时间，她经常去小区附近的一家陶艺店学做陶艺。在练习做陶瓷碗的过程中，晓岚切身体验了这项需要耐心与创作力的古老艺术，领悟到由此可锻炼平心静气，因此她认为陶艺对个人生活亦有一定修为，建议其他准妈妈也多去体验一下陶艺的乐趣。

其实，陶艺是一门综合创作的艺术，对培养宝宝的艺术素质很有帮助。此外，学陶艺是手、眼、脑协调互动的过程，宝宝的智力发展起源于动作，而学陶艺的过程不仅可以开发宝宝的智力，还可以发展他们的感知力、观察力和创造力。

因此，孕妈妈赶紧也去玩一回泥巴吧，再做个漂亮的小陶艺作品，等宝宝出生后送给他当纪念，是不是很有意义呢！

孕 6 月胎教重点
——点燃胎宝宝的求知欲

进入孕 6 月，胎宝宝大脑发育到了高速时期，孕妈妈一定要以身作则，保持旺盛的求知欲，使胎宝宝不断接受刺激，促使大脑神经和细胞更好的发育。

因此，孕 6 月的胎教重点就是求知胎教。因为孕妈妈与胎宝宝中间有着神奇的信息传递，胎宝宝能随时感知母亲的思想。如果怀孕时母亲既不思考也不学习，对胎儿的大脑发育将极为不利。

【小案例】

姗姗在得知自己怀孕后，整个人别提有多高兴了，满脑子想的都是孩子的未来，仿佛看到了他那漂亮、英俊的“小脸”，同时又担心自己是否能够尽到一个母亲的职责。

为此，姗姗抱着生个好宝宝、做个好妈妈的愿望，经常看些有关教育孩子的书刊，包括《妇女百科全书》、《优生优孕优育100问》、《年轻的妈妈须知》、《父母必读》、《为了孩子》等，这让她进一步懂得了一些孕期保健知识及科学育儿知识，懂得了婴幼儿生理心理特征、护理知识，以及婴幼儿心理学、教育学，为宝宝从胎儿期就获得良好的生长条件奠定了基础。

总之，姗姗的最大感触就是，孕妈妈一定要为自己制定一个良好的读书计划，多读好书，只有充实了自己，才能更好地进行胎教。

常听说：“读一本好书，就像是与一位精神高尚的人在谈话。”之所以这样说，是因为书中精辟的见解和分析，丰富的哲理，风趣幽默的谈吐，会使人精神振奋，耳目一新。孕妈妈相对休息时间较多，所以闲暇时应该多读书，母子都会受益匪浅。

为此，孕妈妈应该多读轻松、幽默、使人向上的作品，包括《居里夫人传》、《木偶奇遇记》、《克雷诺夫寓言诗》、《三毛流浪记》、《塞外风情》、《长江三日》、《伊索寓言》、《西游记》、《儒林外史》、《钢铁是怎样炼成的》，以及安徒生、格林童话等。

也就是说，孕妈妈一定要勤于动脑，读一本好书，看一篇好的文章。这样不仅使精神获得一次净化，还能心情开朗，精神振奋。同时，也能对深居腹中的胎宝宝起到潜移默化的渗透作用。有条件的话，孕妈妈可以看一些美术作品，去美术馆也是不错的选择。在孕妈妈理解和鉴赏的过程中，美的体验同时也传达给了腹中的宝宝。

准妈妈必读的书（1）——《荷塘月色》

文学和音乐一样，容易对人的情绪产生影响，将优美的文学作品以柔和的语言传达给胎宝宝，是培养孩子的想象力、独创性以及进取精神的最好教材。如孕妈妈慢慢吟诵朱自清的《荷塘月色》，那优美的意境、宁静的情韵，不仅会起到摆脱烦恼情绪、改善精神状态、促进身心平衡的作用，也能优化胎内环境，使胎儿出生后性格良好，情绪稳定。

准妈妈必读的书（2）——《伊索寓言》

一些儿童文学作品，如《伊索寓言》、《克雷诺夫寓言》等，欣赏过程中会使自己回到童年时代，产生童心和童趣，无形之中培养了孕妇的爱子之心。《木偶奇遇记》等写得生动有趣，即幽默又富于感情色彩，不仅能化解孕期的烦乱心绪，而且有助于领悟儿童的心理特征，使自己成为一位称职的母亲。

当然，欣赏文学作品时不要废寝忘食，通宵达旦，这样不仅达不到怡情养性的目的，反而会累及身体。

孕6月的营养方案

准妈妈多吃些强化胃肠功能的食物

进入孕21～24周后，妈妈的“足阳明经脉”控制着胎儿的生长，这条经脉所对应的器官是胃。因此，如果能够强化母体的肠胃功能，就可以促进胎儿的筋骨形成和骨髓造血机能。

为此，准妈妈应该这样做：

多吃些强化胃肠功能的食物，如葛根、生姜、糯米、黏玉米、牛百叶、羊肉、母鸡、鲫鱼、梭鱼、黄花鱼、橘子、大枣、柿饼和韭菜等；

保证优质蛋白的供应，如坚持食用牛奶、乳制品、肉类、鱼类、豆类等；

要选择含丰富铁质和维生素的食物，并注重补充维生素 A、矿物质和纤维质等其他营养成分；

摄入足量的糖分和脂类以不断地获取必需的能量；

多吃海藻类食物，因为其不仅可以缓解便秘，还对胎儿的成长有一定的促进作用；

减少盐分的摄取量。对于经常吃咸菜和虾酱等腌制品的人而言，注意避免因摄取过多盐分而带来的不良影响，是一件非常重要的事情。过量食用盐分之后，人体会出现以高血压为主的各种不良症状，会给心脏带来沉重的负担。另外，大量饮水会使孕妈妈浮肿加重。因此，准妈妈每天摄入的盐分不要超过 5 克。

多摄入高蛋白食物

根据营养学家的推荐，孕妇在孕早、中、晚期，蛋白质的摄入应适量增加。在孕早期，孕妇蛋白质的摄入量可增加到 80 克 / 天；在孕中期，蛋白质的摄入量可增加到 90 克 / 天；在孕晚期可增加到 95 克 / 天。

那么，如何才能保证蛋白质的摄入量呢？

一般来说，除正常膳食外，以每勺蛋白质可提供 8 克纯蛋白计算，孕妇在孕早期每天可另外补充一勺半的蛋白质粉，可分两次食用；在孕中期，孕妇每天可食用大约两勺半的蛋白质粉，可分两次到三次食用；在孕晚期，每天可食用三勺蛋白质粉，分三次，一次一勺即可。当然，每天蛋白质的补充并没有很严格的规定，可根据自己日常饮食中食物蛋白质的含量，稍稍调整蛋白质粉的食用量。

常见食物蛋白质含量一览表

食物名称	蛋白质含量/100克	食物名称	蛋白质含量/100克
燕麦	15.6	莲子	16.6
黄豆	36.3	蚕豆	28.2
猪肉（瘦）	16.7	猪心	19.1
猪肝	21.3	豆腐皮	50.5
猪肾	15.5	猪皮	26.4
花生	26.2	猪血	18.9
核桃	15.4	牛肉（瘦）	20.3
羊肉（瘦）	17.3	鲢鱼	17.0
兔肉	21.2	鸡肉	21.5
鸡肝	18.2	鸭肉	16.5
海参（干）	76.5	鸡蛋	14.7
龙虾	16.4	注：蛋白质含量单位为（毫克）	

准妈妈要警惕缺铁

从孕 4 月开始，孕妈妈就进入了怀孕中期。这期间为了促进胎儿大脑发育，最好的做法就是，维持高蛋白的摄人量，并预防缺铁。上面已经介绍了如何补充蛋白质，下面就来介绍如何补充铁质。

通常情况下，我们比较熟悉的是，贝类含铁量最为丰富，芹菜和菠菜里也同样含有大量的铁。

此外，巧克力也是含铁的食物，但铁与钙存在着互相制约营养作用的现象，所以最好不要同时食用巧克力和牛奶。

各种含有铁质的食物及相应的摄入量一览表

食物名称	含铁量/100克	每餐的摄入量	
		食用量（克）/每餐	含铁量（毫克）
猪肝	16	50	8
牛肝	10	50	5
牡蛎	9	50	4.5
干荞麦	5	100	5
牛腿肉	3.6	100	3.6
茼蒿	3.5	100	3.5
菠菜	3.5	100	3.5
芹菜	7.5	30	2.5

6月胎教一家“三口”各自在做什么

准妈妈：体重增加让孕妇有吃力的感觉。腿部的负担加重，腰部和背部也常常感觉不适。每天睡觉以前做一做按摩，让紧绷的肌肉都松弛下来。孕妇乳房变大，还有可能分泌乳汁，已经为哺乳作好了准备。体温还可能上升，可以多喝一些饮品，但是不要喝碳酸类饮料，因为后者当中的糖分和香料会影响钙的吸收。孕妇要从现在开始逐渐养成良好的习惯。

准爸爸：随着妻子身体的变化，准爸爸变得忙碌起来，他需要做的就是给妻子提供最好的照顾。准爸爸胎教的实质就是与准妈妈一起为迎接健康的孩子出生做好准备。每天晚上准爸爸都应该给妻子肿得厉害的腿做一会儿按摩。此外，轻轻抚摸孕妇隆起的腹部可以给她带来心理上的安全感，并保持夫妻两人亲密的交流。

胎宝宝：除了胎动更加明显之外，胎儿还渐渐获得了保持身体平衡的能力。听力明显变得更加发达了，几乎能够敏锐地感觉到从母体以外传来的声音。胎儿的视网膜也发育到了一定的程度，时而还会发现胎儿做出皱眉或哭泣等表情。

孕6月胎教备忘卡

孕21周

胎教注意事项：高龄孕妇和从事站立工作的孕妇静脉瘤症状可能比较严重；食欲可能发生较大变化，不用忧虑。

孕22周

胎教注意事项：孕妈妈腹部的妊娠纹可能比较明显，需要预防贫血和养成按摩乳房的习惯。

孕23周

胎教注意事项：要警惕铁质缺乏，摄入高蛋白食物，限制盐的摄取量，避免过度疲劳。

孕24周

胎教注意事项：进行第四次产检；有规律的运动，选择低脂肪的产品，保持均衡的饮食。

胎教备忘

求知胎教：孕妈妈一定要勤于动脑，读一本好书，对深居腹中的胎宝宝起到潜移默化的渗透作用。

音乐胎教：美妙的音乐能陶冶人的情操，给人以心智的启迪，还能调节人的情绪或减轻心理压力。

联想胎教：准妈妈在怀孕期间要经常设想孩子的形象。

孕7月 第七章 胎教的16个细节（25周～28周）

细节1：宝宝像个“小老头”

到了孕7月，胎宝宝已经长到了41～44厘米，体重也达到了1600～1800克。从外形来看，胎宝宝的身体发育已经基本完成，肌肉发达，皮肤红润，只不过脸部仍然布满皱纹，全身覆盖着一层细细的绒毛，样子像个“小老头”，但身体比例已较为匀称。

这期间，胎宝宝需要更大的空间来自由生长，妈妈的子宫基本上被他占满了。胎宝宝的头部应朝下，才算正常的胎位。大致上，胎宝宝已经具备了生活于子宫外的能力，但孕妈妈仍需特别小心。妈妈要：

保证充足的睡眠。因为睡眠中妈妈的脑垂体会不断产生促进胎宝宝生长的荷尔蒙；多吃些动物性食品和豆类食品，并保证食物的多样化；学会腹式呼吸，它可将充足的氧气输送给胎宝宝；避免拿重东西，向高处伸手，突然站起来等动作；应每天早晨喝牛奶，多喝水，多吃水果及纤维多的食物，以防止便秘。

细节2：保持充足睡眠成了一个难题

孕妈妈的肚子越大，越不容易入睡，尤其是第一次怀胎。当孕妈妈躺下休息时，肚子里的宝宝也会跟着改变姿势或增加活动量，从而影响孕妈妈的睡眠。不仅如此，有的孕妈妈也怕睡觉时挤压到腹中的宝宝，所以也不容易入睡。

然而，这时保证充足的睡眠对孕妈妈和胎宝宝来说都是非常重要的。因为怀孕中后期的孕妈妈行动不便，很容易疲劳，所以更应该多休息，就如常言所说“善睡的孩子长得大”，在妊娠中，善睡的孕妈妈也可帮助腹内胎儿快速成长。

为此，越是到了妊娠后期，孕妈妈越要注意睡眠时间和质量。因此，为了让孕妈妈睡得安心、睡得香甜，就要这样做：

保持正确的睡姿。由于心脏位于左侧，所以人的睡眠姿势以右侧为好，因为这样可以减少对心脏的压力。然而，对孕妈妈来说，情况正相反，应采取左侧卧的姿势。这样，不但有利于孕妈妈将来的分娩，而且有利于胎宝宝的生长发育。不过，整晚只保持一种睡眠姿势是不太可能的，可以左右侧卧位交替。

选择舒适的卧具。对于准妈妈来说，过于柔软的床垫，比如席梦思床并不合适。棕床垫或硬板床上铺9厘米厚的棉垫最好，并注意枕头松软，高低适宜。

保持良好的室内环境。室内温度最好保持在17℃～23℃，湿度保持在40%～60%为宜。还可配合使用室内空气净化器，经常进行室内空气净化和消毒。

送给准妈妈的温馨Tips

为了让准妈妈睡得更好，临睡前的准备工作也十分重要。具体需要注意：

临睡前不要喝过多的水或汤；

晚餐避免食用蜂蜜，饮用果汁、香精、色素等高糖食物；

睡前两小时喝杯牛奶；

睡前吃适量的点心，能防止隔日醒来头痛；

睡前3小时做适量的运动。

细节 3：如何远离孕期浮肿

到了妊娠中后期，很多准妈妈浮肿的情况往往会加重。尽管怀孕第17～24周也会出现全身浮肿、腹部隆起和呼吸困难的现象，但浮肿出现得最为明显和频繁的阶段还是在怀孕第7个月以后。那么，这个阶段的准妈妈应该如何消除浮肿的影响呢？

坚持适量饮水和低盐饮食。这一时期要保证孕妈妈每一顿都吃饱，但不要吃太咸的食物。每天保持摄入水分1500毫升左右．并在此基础上根据身体是否浮肿来相应调整。除了白开水以外，孕妇也可饮用大麦茶和果汁等来补充水分。

可以采取一些饮食疗法加以调整。如把鲤鱼的腹内掏空，其中放入一把红豆后熬汤服下，或者把桑根皮和红豆按照同样的分量混合烧煮后饮用。这些方法对于消除严重浮肿有很好的效果。

细节 4：三种简单的按摩方法解决孕 7 月的麻烦事

解决孕7月失眠的按摩方法，正确做法为：

Step1：用热水泡脚，5分钟左右即可；

Step2：在脚底中央的涌泉穴反射区挤压2～3次，每次4秒即可；

Step3：用大拇指使劲按位于大脚趾中央位置的大脑反射区，4～5次即可；

Step4：用大拇指反复擦拭并按摩小肠反射区；

Step5：左手按压右脚，右手按压左脚；

Step6：用右手大拇指在左脚脚底上每隔4秒钟挤按1次，并使按下的点连接起来呈“U”状。记得在直肠反射区多挤按1次，这一动作在晚上睡觉之前应重复4次。

解决孕7月呼吸困难和胸部疼痛的按摩方法，正确做法为：

Step1：用热水泡脚10分钟左右即可；

Step2：在脚底中央的涌泉穴反射区挤压3次，每次4秒钟；

Step3：在脚背上按照从上到下的方向进行整体的滑动按摩。

解决孕7月静脉瘤的按摩方法，正确做法为：

Step1：用大拇指按涌泉穴3次，每次4秒钟。

Step2：向着对角线方向的输尿管反射区滑动按摩，重复9次左右

Step3：用大拇指挤压膀胱反射区3次，每次4秒钟。

Step4：用大拇指和食指握住脚腕，然后从下部向膝盖方向摩擦。重复4～5次，以达到按摩脚内侧、外侧和后侧的效果。

细节5：嗅觉胎教——嗅一嗅花香

一说到嗅觉，大家就会想起用鼻子去闻。这就对了，有没有嗅觉，就要先了解一下胎宝宝鼻子的发育情况。其实，胎宝宝的鼻子早在妊娠第2个月就开始发育，到了第7个月，鼻孔就能与外界相互沟通。但是，由于被羊水所包围，所以他虽然已经具备了嗅觉，却无法一展身手，自然其嗅觉功能也就不可能得到较大的发展。

尽管如此，胎宝宝的嗅觉一出生就能派上用场，新生儿在吃奶时能闻出母体的气味，而且以后只要他一接近母亲就能辨别出来。

【小案例】

漂亮妈妈金喜善女儿的照片一被发布出来，就让很多妈妈羡慕不已，“好漂亮、好健康的孩子啊！”妈妈都发出这样的感叹。那么，金喜善是如何对宝宝进行胎教的呢？其中之一就是芳香胎教。她说：“每闻到一种香气，妈妈能对这种味道加以详细的描述，这本身就是一种非常好的胎教方式。雨后的清风、淡淡的茶香、刚出炉的烤面包、新鲜的青菜……深深地吸一口这些醉人的香气，相信肚子里的宝宝也会高兴地‘咯咯’笑呢！还可以一边散步一边进行花香胎教。散步时深深吸一口气，感觉让肚子充满空气，通过子宫有规律地收缩轻轻挤压胎宝宝的皮肤，这样可以刺激胎宝宝大脑的发育。大自然的声音和味道都是给胎宝宝最好的礼物哦！”

研究表明，花草的芬芳可以唤醒妈妈的五感六觉，重要的是要选用对孕妈妈和胎宝宝健康有益的花草。这样不仅会对宝宝大脑的发育产生积极的影响，而且还会对宝宝心理和情绪的稳定有好处。孕妈妈赶紧行动吧！嗅一嗅花香，在芳香中放松自己，轻松地获得健康，从而也生一个漂亮、聪明的宝宝出来。

送给准妈妈的温馨Tips

对孕妈妈十分有益的花香：

常春藤：有净化空气的效果；

柠檬：具有促进消化的作用，很适合容易消化不良的孕妈妈；

迷迭香：提高记忆力，缓解头痛；

桉树：提高免疫力，预防感冒，适合不能随便吃药的孕妈妈；

非洲菊：促进血液循环，温暖身体；

玫瑰：有安神效果，帮助睡眠，可以在怀孕后期无法入睡时把它放置在枕边；

菊花：适合有眩晕症状的孕妈妈，还有明目效果。

细节 6：宝宝可不喜欢烟味

在国外，科学家们曾经做过这样一个研究，研究对象就是那些在孕前有过抽烟习惯的孕妇，以此来证明准妈妈吸烟对胎宝宝有什么样的影响。结果发现，胎宝宝在发觉妈妈想要抽烟之后，精神就会紧张，并以心跳增加的形态表现出来。也就是说，妈妈的抽烟尚未付诸行动，7个月的胎宝宝在意识到这项信息时，就能感知随之而来的生理症候，把抽烟将影响自己的信息先行反应出来。

准妈妈可要注意了，千万不要以为你的胎宝宝会对你的一些不良习惯或者嗜好无动于衷！他们如果能说话的话，一定会告诉你："妈妈，我可不喜欢烟味哦！"

细节 7：味觉胎教——促进胎宝宝味觉发育

感觉味道的"味蕾"在怀孕3个月时逐渐形成，直到出生之前慢慢完成，不过，在怀孕7个月左右时已大致完成。舌头的"味蕾"可以感觉苦、辣、酸、甜的味道。

也就是说，胎宝宝在7个月左右已经具有感觉味道的能力。你知道吗？胎宝宝也有偏好甜食、惧怕苦味的天性呢，当胎宝宝尝到甜味时会吸吮，尝到苦味时还会做出表示讨厌的吐舌头的动作。这是因为，胎宝宝对甜味与苦味的感觉发展的比较迅速。

由于基本的味觉系统已经形成，所以婴儿出生后马上可以分辨母乳及其他味道的差异。

【小案例】

都说孕妈妈在怀孕时的口味很奇怪，有时候会将一些意想不到的食物当做“美味”。阿芬就是这样一位准妈妈，她在怀孕7个月左右时，特别“钟情”于方便面，不用吃，闻着那味儿就觉着香，就是一天连吃三顿，她也不觉着生厌。当时丈夫觉得，只要她喜欢吃就给她多吃。结果，阿芬的儿子慢慢长大后，居然也喜欢上了“方便面”，什么蔬菜、肉类都不爱吃，只要一闻着方便面的味，就开始闹腾。不仅如此，儿子也跟阿芬当时怀孕时一样，对葱、姜、蒜敏感，只要菜里放上这几样，小脑袋摇得跟“拨浪鼓”似的。

育儿专家们建议，即将为人母的准妈妈，如果今后想少为孩子的饮食习惯担忧，想让孩子不那么讨厌绿色蔬菜的话，从现在开始，就应该多吃些蔬菜，即使你现在非常讨厌它。因为胎宝宝有了味觉，说明他们对食物已有了品尝能力。准妈妈所吃下的食物，将会给胎宝宝留下深刻的“印象”，而这种“印象”会左右胎宝宝长大后对食物的选择和接受程度。

因此，准妈妈请给胎宝宝做个好“榜样”，勇敢地向挑食和偏食的习惯挑战哦！

细节8：夫妻琴瑟和鸣：共同演绎歌唱胎教

音乐胎教不仅要听，而且要唱。因为：

准妈妈唱歌时产生的物理振动，能通过自身大脑的活动，使思维变成声波，进而传送给胎儿，这种良性刺激能使胎儿从中得到感情上和感觉上的双重满足；

准妈妈在自己的歌声中陶冶性情，是一种情绪的宣泄，使自己身心和谐愉快，获得良好的胎教心境；

准妈妈精神和身体放松时，各项机能提供正常养分、水分，这种状态有利于胎儿的健康成长；

准爸爸的参与不仅能起到良好的效果，还有利于增进夫妻间的情感，使全家沉浸在幸福的气氛中。

那么，如何进行歌唱胎教才更有效呢?

轻声哼唱。如果胎宝宝在腹内烦躁不安，胎动过于频繁时可采用此方法安抚宝宝。准妈妈用歌声轻抚胎宝宝全身，让胎宝宝静听你的歌声，从而达到母子之间心音的谐振。

纵情高歌。如果胎宝宝过于安静，胎动太少时可采用此方法唤起胎宝宝的注意。让胎宝宝随妈妈的歌声起舞，从而使胎宝宝感到妈妈在向他倾诉满腔柔爱与慈母衷肠。

除此以外，准爸爸、妈妈在歌唱过程的表现也会影响胎教效果。因此，在歌唱前，准妈妈要调整坐姿直至舒适放松的状态，保持心情愉快，在歌唱时要全身心投入，随着美妙的音乐展开联想，同时可以配合有规律的抚摸腹部等动作。而准爸爸在陪着准妈妈一起歌唱时，不妨牵着准妈妈的手，时而轻柔地抚摸胎宝宝轻轻哼唱，这种“爱的信号”是与胎宝宝交流情感的最好方法。

其中，比较适合夫妻合唱的歌曲包括:《摇篮曲》、《海滨之歌》、《美丽的梦神》、《茉莉花》、《乘着歌声的翅膀》、《感谢你》以及《大长今》等。

细节 9：不是所有的世界名曲都适合胎教

【小案例】

小苏怀孕后非常重视对胎宝宝进行胎教，她也听说听音乐对胎宝宝非常有益。于是，每天都要听一些音乐，而且但凡世界名曲就绝不放过，轮番欣赏。

小苏的做法总体来说没有什么问题，只是在选择什么样的音乐作为胎教素材上走入了误区。其实，很多准妈妈都有这样的想法，觉得世界名曲是高雅艺术，音乐胎教当然要给胎儿多听名曲。

其实不尽然，世界名曲有多种风格，悲壮的、凄凉的、热烈的、奔放的……不是每一种都能给胎儿听。只有那些温婉的、柔美的、舒缓的轻音乐才适合用做胎教音乐，从而达到母、胎共悦的目的。

送给准妈妈的温馨Tips

说到这里，不得不引出一个严肃的话题，就是准妈妈对胎教的一些误解，以及如何走出这些误区。通常情况下，准妈妈对胎教在这些方面有一些认识偏差，如：

误区一：胎教就是教胎儿。

科学观点：胎教的意义不是教胎儿学会什么，而是尽可能地给胎儿创造一种更加良好的发育环境，使胎儿的神经系统发育得更加完善。而良好的发育环境很大程度上与孕妈妈的身心健康有着直接的关系，所以，运动也好，音乐也好，不只胎儿需要，孕妈妈更加需要。

误区二：胎教要随时进行。

科学观点：胎儿的成长是日新月异的，只有了解胎儿每一阶段的发育特点，才能进行恰当的胎教。另外，如果胎儿的睡眠受到胎教的打扰，很容易引起他的烦躁不安，对他的发育只能适得其反。正确的做法是：在胎儿的不同成长阶段采取有针对性的胎教，同时根据胎动摸索出胎儿的睡眠规律，在他睡醒时进行胎教。

误区三：做足胎教，孩子出生后就好教了。

科学观点：一方面，接受过胎教的婴儿，如果出生后停止胎教时的刺激内容，那么胎教所产生的作用会逐渐消失。另一方面，胎教并不是真正意义上的教育，只是出生后教育的一个小小的前奏而已。

误区四：多补高蛋白，孩子准聪明。

科学观点：要想维持和发展大脑功能，蛋白质肯定不能少。不过，如果在主食或热量摄入不足的情况下，大量增加蛋白质的摄入量，大部分蛋白质非但不能被成功储存并运送给胎儿，其分解代谢中产生的大量尿酸、尿素还会增加孕妈妈肾脏负担。

误区五：腹部播音乐，胎儿听得清。

科学观点：放在腹壁上的传声器，会让音波进入母体子宫腔内。胎儿的耳蜗很稚嫩，如果受到高频声音的刺激，很容易遭到不可逆性的损伤。在进行音乐胎教时，传声器最好远离肚皮两厘米左右，音乐频率范围在500—1500Hz之间，且要使用无磁胎教传声器。

误区六：放音乐的时间越长越好。

科学观点：胎教音乐不宜过长，5 ~ 10分钟的长度是较适合的。超过这个时间，胎儿的听觉神经和大脑会疲劳。

细节10：胎教故事——准妈妈要培养高尚的情操

对于胎教，阿萍最大的感受就是，准妈妈一定要培养高尚的情操。正如有人所说："要散布阳光到别人心里，先得自己心里有阳光。"如果在孕期不注意这些生活中的细节，说话粗鲁，举止骄横，依然我行我素，忘记自己的身份，甚至出入歌厅酒吧，沉湎于藏污纳垢的场所，酗酒吸烟，终日打麻将、筑"方城"，吵架斗殴，邪心歹念，胎宝宝就不会受到良好的教养。出生后，如果仍然在这样的家庭环境成长，孩子很难得到正确的指导，非常容易成为难以教育的坏孩子。所以，当一位女性进入孕期后，就要时时刻刻想到自己将要肩负的母亲责任。

阿萍还说："结婚前，我的生活乐趣之一就是读书，尤其是读好书。我觉得孕妇应当根据自己的文化修养，经常阅读一些书籍。正如前苏联著名文学家高尔基所说的，‘要热爱书，它会使你的生活轻松；它会友爱地帮助你了解纷繁复杂的思想、情感和事件；他会教导你尊重别人和你自己；它以热爱世界、热爱人类的情感来鼓舞智慧和心灵’。”

因此，在整个孕期，阿萍读了很多好书，包括优美的散文、诗歌、童话故事等。其中，冰心、泰戈尔的诗文，特别是优美的世界著名童话故事，如《安徒生童话》、《格林童话》、《木偶奇遇记》、《爱的教育》等都是她比较喜欢读的。

其实，从胎教的角度说，一本好书，可以从中汲取丰富的精神食粮，使人精神振奋，同时也使人的情趣变得高雅起来，成为一个脱离了低级趣味的人，一个高尚的人，这些对于腹中的胎儿，也是一种非常特殊的教育。

细节11：行为是一种无声的语言

医学专家们研究证明，怀孕7个月以后，随着负责记忆功能的中枢神经逐渐形成，在胎儿周围发生的所有事情都有可能被其记住。所以身为父母，在胎儿7个月左右时就要特别注意自己的言行。

【小案例】

在国外曾经有一位名叫琼斯的母亲。她从发现自己怀孕起就遭受了一连串的打击。先是在怀孕两个月时，发现自己的丈夫有了外遇，并最终抛下她和未出生的孩子；接着在怀孕6个月时，她又被查出一侧卵巢患有癌前性囊肿，需要立即手术切除……在家庭负担巨大、经济来源被切断，甚至还要面临绝症威胁的情况下，医生和身边的朋友都建议琼斯做引产，不要生下这个孩子，而琼斯却毅然拒绝了。为了孩子，她作好了冒任何风险的准备。结果，琼斯生下了一个完全健康的胖儿子，而且儿子长大后成了一位非常坚强的小伙子。

美国南加利福尼亚大学心理学家梅边尼克耗时30余年，专门研究犯罪和家庭成员的关系。他研究了1447名丹麦男性，发现这批人中如果父母是经济犯罪分子，其孩子成为经济罪犯的可能性达20%～24.5%，如果父母是清白公民，那么这个比率将下降为13.5%。华盛顿大学医院的精神病科医生罗伯·克洛宁格经过大量的调查，也认为，如果父母是罪犯，出生后男孩即使给别人哺养，成长后比起亲生父母并非罪犯的人来，犯罪的可能要高4倍左右。克洛宁格还发现，父母亲如果其中一人是经济犯罪分子，那么他们的儿子很可能也成为经济犯罪分子；不过，女儿却并不是这样。然而，令人困惑的是，女儿往往患有头痛之类的毛病。

这些事例和研究一再说明，孕妈妈行为的好与坏会对胎儿乃至未来一生的行为产生重大的影响。也就是说，行为也是一种语言，只不过它是一种无声的语言。孕妇的行为通过信息传递可以影响到胎儿。

为此，孕妈妈应该清心养性，守礼仪，品行端正，以此给胎儿以良好的行为影响。

细节12：运动胎教——为胎宝宝供“氧”

孕7月时，胎宝宝的脑部发育需要大量的氧气作为营养补充，为此，孕妈妈应适当进行一些能够为胎宝宝大量供养的运动，如：

抬头呼吸。两脚分开，与肩同宽，将双臂缓缓地举向上方并用鼻子吸气，与此同时抬起自己的脚后跟。这样不仅可以提高孕妇保持平衡的能力，而且能增加氧气的供应量。

拉伸肩部。两腿分开，膝盖弯曲，跪坐，上半身前倾并让两手接触地面；尽可能地向前伸出双手，彻底地舒展自己的肩部。这项运动可以增加肩膀的柔韧性，并让整个身体松弛下来。

舒展背部。双臂上举，吸入空气再从口里慢慢吐出，上半身向前弯曲；注意保持背部挺直，脖子稍稍上抬，两眼凝视前方。待身体弯曲至与双腿构成直角之后再次吸入空气，弓起背部并慢慢地让上半身恢复原位。这样可以强化肌肉，并使孕妇的呼吸变得更畅通。

转动身躯。将右腿完全伸直，左腿弯曲起来并跨过右腿踩在地面上，此时开始扭动上半身并向后看；用右手揽住膝盖，左胳膊撑在地面上。上半身保持竖直，在保持有规律地呼吸的同时做上述动作，完成后再换另一侧重复做。这样可以很好的缓解背部肌肉紧张。

送给准妈妈的温馨Tips

孕7月运动胎教的注意事项：

在孕期不是所有准妈妈都适合做运动，如果曾有流产史，或者心脏、肾脏患有疾病，抑或怀的是多胞胎，以及前置胎盘，并出现不规则出血、宫缩等现象的，那么请千万不要随意做运动。另外，准妈妈运动要适度，控制运动量和运动时间，动作要轻柔、舒缓，不可过于激烈。

细节13：和胎宝宝一起做游戏

到孕7月，细心的准妈妈发现，通过抚摸已经能够分辨出胎宝宝的头和脊背。更神奇的是，胎宝宝如果“发脾气”，用力顿足，或者“撒娇”身体来回扭动时，妈妈如果用爱抚的动作来安慰胎宝宝，胎宝宝很快就会安静下来，并会以轻轻地蠕动来感谢妈妈的关心。

因此，这时准妈妈如果进一步与胎宝宝“玩耍”，效果会更好，从而促进胎宝宝肌肉的发育，并通过神经末梢传递到大脑，促进胎儿的发育成熟。需要注意的是，与胎宝宝“玩耍”的时间最好是在傍晚胎动频繁时，也可以在夜晚10点左右。不过，也不可太晚，以免胎宝宝兴奋起来，手舞足蹈，使妈妈久久不能入睡。每次的时间也不可过长，5～10分钟足矣。

具体来说，准妈妈常常与胎宝宝做的游戏不外乎这三种，如准妈妈在腹部轻轻地爱抚、触压、推动胎宝宝，从而让胎宝宝在母体内快乐地“散步”、“游戏”和“做体操”。正确的方法是：

孕妈妈仰卧后，尽量让腹部松弛，然后双手捧抚胎宝宝，用手指轻压轻起；

如能定时定量地同胎宝宝进行这种“玩耍”，胎宝宝就会作出反应。胎宝宝如果不高兴了，他就会顿足，孕妈妈应立即停止这种“玩耍”；

在开始一段时间里，胎宝宝只对孕妈妈同他“玩耍”作出响应，过了几周后，胎宝宝一接触孕妈妈的手就会主动要求“玩耍”；

可以配合轻松的乐曲。

细节14：通过光照来规律胎宝宝的作息

孕妈妈的子宫里虽然不是漆黑一片，但也是比较暗的。那么，是不是说胎宝宝在妈妈肚子里时就不能分辨白天、夜晚了呢？当然不是。那么，他们是如何分辨昼夜的呢？

胎宝宝待在有着厚厚腹壁的子宫中，不能用自己的眼睛感受到光，所以只好利用妈妈分泌的激素感受日夜的不同。也就是说，胎宝宝不是用眼睛来感觉明暗，而是用脑来感觉。妈妈所分泌的激素在妈妈感觉明亮时会减少，感觉黑暗时会增加。

因此，那些作息不规律，喜欢夜生活的妈妈要注意了。如果你过着昼夜颠倒的生活，会使胎宝宝无法分辨昼夜。任性的妈妈如长时间下去，会扰乱了胎宝宝的规律生活。而对出生后婴儿脑部的发育也会造成不良影响。

切记！准妈妈正常的生活规律也能促进婴儿脑部的发达。

通过前面6个月的相处，孕妈妈应该对胎宝宝的一些习惯有了基本的了解和认识，也应知道了胎宝宝的作息规律。当然，也有作息不太规律的胎宝宝，这就需要孕妈妈细心体察胎宝宝的情况，为胎宝宝规律作息。正确的做法为：

当胎宝宝觉醒时，用手电筒的微光照射孕妈妈腹部训练胎儿的昼夜节律，使胎宝宝夜间睡眠，白天觉醒，从而促进胎儿视觉功能的健康发育。准妈妈可定时每日照射腹部3次，同时告诉小宝宝现在是早晨或中午为你数胎动的时间。

也可以结合音乐胎教、对话胎教进行，选择胎宝宝觉醒、活跃的时候一边播放胎教音乐一边进行，在照射的时候妈妈可以和胎宝宝对话，如妈妈可以说：“现在是中午时间，外面的天气很好，微微的风很舒服，宝贝你感觉到了吗？”妈妈一边用手电筒的微光照射腹部，一边告诉胎宝宝，“这是手电筒发出的光，它好玩儿吗？你可以去抓住它。”

通过这样的练习，不仅可以规律胎宝宝的作息，还可以使宝宝在出生后仍然保持良好的作息，即夜晚睡觉，白天活跃。

细节15：名画欣赏（1）——《犹太新娘》

伦勃朗是欧洲17世纪最伟大的画家之一，也是荷兰历史上最伟大的画家。而《犹太新娘》正是伦勃朗所有作品中最出色、最深刻的一幅。整个画面充满温情，画中的新郎含情脉脉地看着心爱的妻子，一手搂着她的肩膀，另一手抚摸着新娘胸前的金链子，这是他们爱情的象征。

所有看到画作的人都能感到，新娘陶醉在幸福、甜蜜中。画中人物的情感真切朴实。人物的衣饰也描绘得非常细腻。伦勃朗对光影、色彩的运用以及变化多端的笔触耐人寻味。整幅画充满的浓浓爱意以及人物内心的宁静祥和使作品具有巨大的震撼力。

细节16：名画欣赏（2）——《睡莲 · 水景系列》

克劳德 · 莫奈是法国画家，印象派代表人物和创始人之一，也是法国最重要的画家之一，印象派的理论和实践大部分都有他的推广。1903—1908年，莫奈以睡莲为题材，画了48幅画，最后他把这些画取名为《睡莲 · 水景系列》。

在创作《睡莲 · 水景系列》时，莫奈的视力越来越差，白内障几乎使他失明，但他仍然坚持作画，在风格上更加简洁、抽象，在垂直的平面上描绘出波光粼粼的水面向远处延伸的视觉效果。淡蓝和深蓝的水形成衬底，那上面浮着几朵极浪漫的蓝得近乎深紫色的睡莲，一池翠绿的波，一池苍绿的叶，在倒影之中淡色的睡莲和浓艳的睡莲盛开着。

此情此景，让看过作品的人，无不沉迷于那一池蓝得深沉、蓝得忧郁、蓝得神秘的幽幽莲梦……

孕7月胎教重点
——用名画来培养宝宝的艺术细胞

这个时期胎宝宝初步形成的视觉皮质已能接受通过眼睛传达的信号，能够区分外部的明暗，并能间接体验孕妈妈的视觉感受。因此，孕7月的胎教重点就是视觉胎教。其实，关于简单的视觉胎教在孕4月时就已经开始，只不过，那时因为胎宝宝的视觉系统发育还不完善，所以效果有限。

从孕7月开始就不一样了，胎宝宝的视觉发达，脑神经也已经发达起来，具有了思维、感觉和记忆功能。这时候进行视觉胎教将会更有意义。

名画是最好的视觉胎教的素材

名画是艺术大师们全部才华的结晶，其艺术价值和精神价值同样值得肯定。因此，名画作为视觉胎教的素材再好不过。为此，孕妈妈应该这样做：

多欣赏那些一眼就可以了解画家基本意图的风景画，因为看到美丽的自然风景就如同倾听自然的声音一样，可以使情绪安定下来；

在欣赏一幅作品之前，先要了解一下作品的创作者的背景、创作意图等，之后再去进一步的鉴赏，这往往可以带来更多的感受；

一定要持之以恒，名画胎教和其他胎教一样，需要不断地坚持下去才有效果。另外，即使是同样一幅作品，每看一次都可能有不同的感受，昨天没有领悟的内涵也许会在今天的欣赏中产生新的感受，这种体验将带给你无比喜悦的感觉。

在观赏名画的同时进行一定的讲述也可以增强刺激的效果。怀孕6～7个月之后胎宝宝已具有了五感，而名画正具有能够有效刺激五感的胎教内容。胎宝宝的脑部在有所感受的时候才会快速发育，此时全面地刺激五感就能起到最大的帮助效果。

不懂艺术，还可以进行名画胎教吗

这可能是很多准妈妈的疑惑，因为毕竟艺术离我们的生活比较远，大多数妈妈都没有受到过系统的艺术熏陶，可能很多人也不懂得欣赏名画，那是不是说，这样就无法进行名画胎教了呢？其实不然，准妈妈一定要抛开这些负担，轻松、愉快的开始吧！其实，视觉胎教也是一种可以轻松掌握的方法。因为：

只要你对画作不反感，那么，就可以带着你的眼睛去欣赏，凭借着与生俱来的基本色感，任何人都可以从零开始对它们进行鉴赏。

对于鉴赏名画，最重要的并不是了解多少与之相关的背景知识，而是排除一切拒绝感和心理负担。因为无论采用多么好的胎教方法，如果孕妈妈在进行胎教的过程中感到有压力，就一定会产生负面影响。

多去参加画展，或者有时间就去美术馆逛逛，欣赏好的画作就和听到优美旋律、阅读感人的文字一样是一种美的享受。此时人的内心会变得安定，甚至会有一种被净化的感觉。

孕7月的营养方案

到了孕7月，准妈妈会发现，胎宝宝的成长速度明显快了很多，自己的肚子几乎是一天一个样子！不要担心，这是非常正常的。你应该做的是，为胎宝宝提供充足的营养，如加大钙、铁等营养物质的供给。所以，这个时期饮食一定要合理，以满足胎儿生长发育的需要。为此，准妈妈应该这样做：

营养充足，且保证食物的多样化

另外，这个时期的孕妈妈还需补气、养血、滋阴，所以营养一定要跟得上。如果营养不足孕妈妈往往会出现贫血、水肿、高血压等并发症，为此，准妈妈：

如果出现腰酸、小腹坠胀、宫缩频繁，可服桂圆鸡蛋羹；

如果发生水肿、高血压，应吃些红豆粥、冬瓜汤、鲤鱼汤等少盐、利尿的食物；

如果血蛋白低，可多吃些蛋黄、猪肝、红豆、油酥、菠菜等含铁量高的食物；

如果觉得消化不良，就要少吃或不吃不易消化的、油炸的、易胀气的食物，如白薯、洋葱、土豆等。

多吃利于胎宝宝肺功能发育的食物

在孕25 ~ 28周中，胎宝宝开始有了呼吸动作，当然并不会真的吸入空气，胎宝宝的肺部尚未发育完全。因此，妈妈所选择的食物必须有强化肺部的作用，并且能够对胎儿的皮肤、毛发和大脑的发育有所帮助。沙参的重要作用在于可以同时保护到肺部的阴气。除此之外，橘子、核桃和牛奶也是对孕妇的身体极其有益的食品，可将牛奶和米粥一起熬制后随时服用。

让胎宝宝来为你制定孕妇食谱

有时候准妈妈会觉得自己不知道该吃什么，该如何吃？其实，这时你不妨听听胎宝宝的意见。有人曾发现，当孕妈妈直接服葡萄糖时，可以观测到胎宝宝的心脏搏动次数有明显的增加。这说明胎宝宝有着强烈地摄取葡萄糖这种必需营养成分的愿望，所以才想通过自己活泼的表现表达出这种愿望。

这样看来，孕妈妈不能随随便便地决定自己的饮食内容，而要考虑其在滋补身体方面所能起到的作用。为此，孕妈妈要为了胎宝宝的健康选择最营养的食物，不要把方便食品或快餐食品当正餐。在没怀孕之前，孕妈妈可以随心所欲地选择吃什么，但是怀孕之后则是你和胎宝宝共同的选择，所以，在确定食谱时，一定要考虑一下胎宝宝的感受！

7月胎教一家“三口”各自在做什么

准妈妈：肚子越变越大，这让孕妇很难保持平衡。体重的增加使两条腿的负担越来越重，随着疲劳程度的增加，腿部的形状可能改变。此外，体积不断增加的子宫已经满满地占据了整个下腹部。拖着这样沉重的身躯恐怕连睡觉也成了一件困难的事情。所以，这一时期有的孕妇会被慢性疲劳症状困扰，有的人会感到胸部疼痛，或者出现由于胃部被扩大的子宫压追而引起的消化不良。

准爸爸：可以通过活跃的胎动而强烈地感受到胎儿的存在。应该从现在开始就和妻子一起为孩子的出生做准备，包括购置婴儿用品。

胎宝宝：随着脑部的不断发育，胎儿渐渐开始对自己的身体有了控制能力。这一时期胎儿的脑电波变碍十分发达，几乎接近新生儿。具体而言，就是能够在羊水中控制自己，并做出转身的动作。胎儿的感觉变得更加敏锐，并且会将自己心情愉快与否的信息传递给母体。

孕7月胎教备忘卡

孕25周

胎教注意事项：注意甲状腺是否正常，多补充营养品，尤其富含“碘”元素的食物，如海带等。

孕26周

胎教注意事项：孕妈妈要预防早产，饮食要以清淡为主，少吃脂肪、油和糖分高的食物。

孕27周

胎教注意事项：孕妈妈要适量补充维生素，进行舒展运动，缓解紧张的神经，但不可过于劳累。

孕28周

胎教注意事项：多喝水对消除浮肿有很大帮助；可以适当减少每天进餐的摄入量，缓解消化不良和心口疼痛。

胎教备忘

视觉胎教：名画是艺术大师们才华的结晶，其艺术价值和精神价值同样值得肯定。因此，名画作为视觉胎教的素材再好不过。

音乐胎教：为宝宝提供充足的营养，如加大钙、铁等营养物质的供给。

行为胎教：孕妈妈应该清心养性，守礼仪，品行端正。

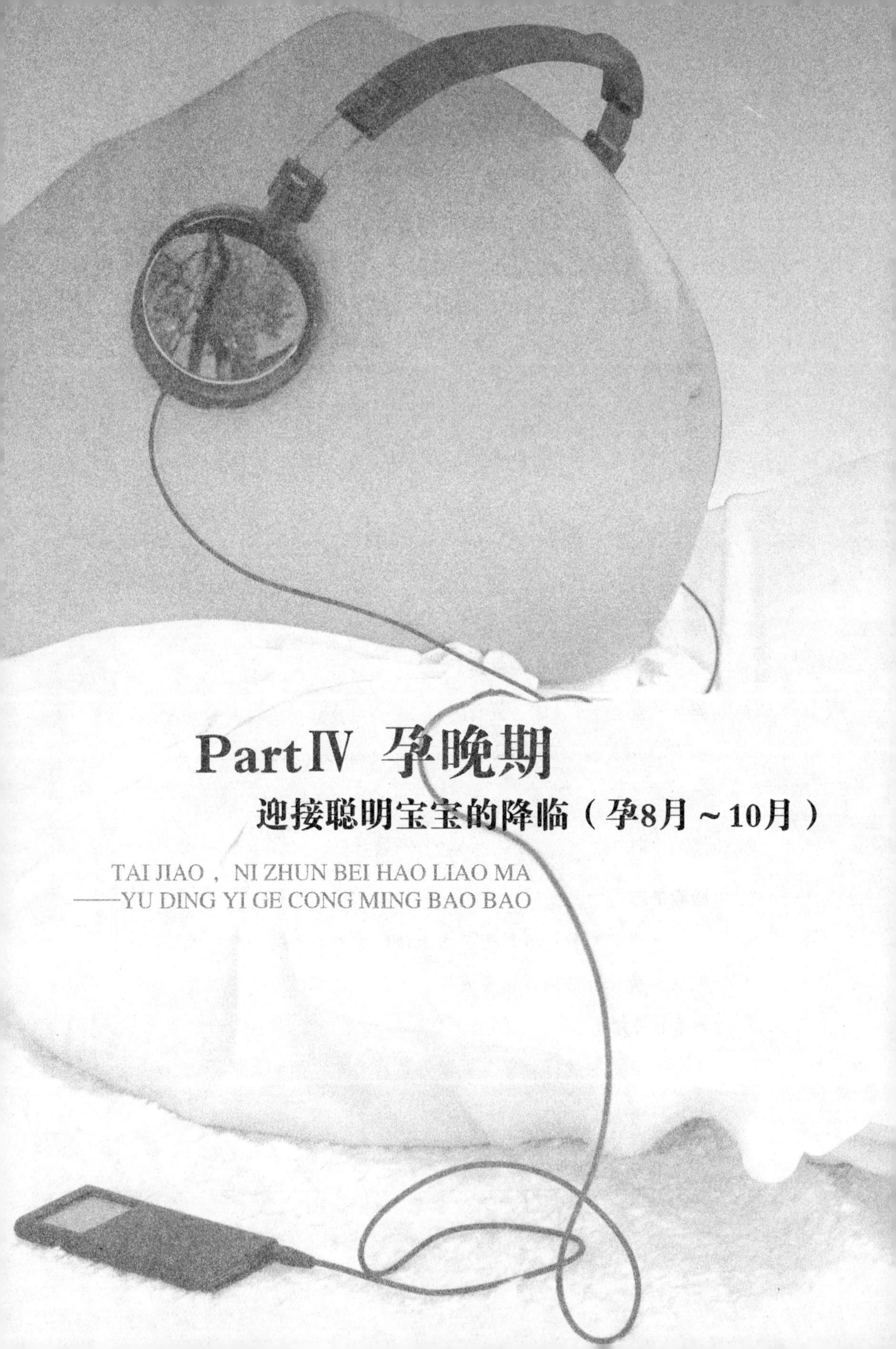

PartⅣ 孕晚期

迎接聪明宝宝的降临（孕8月～10月）

TAI JIAO， NI ZHUN BEI HAO LIAO MA
——YU DING YI GE CONG MING BAO BAO

孕8月

第八章 胎教的15个细节（29周～32周）

细节1：胎宝宝可以睁开眼睛了

到了孕8月，胎宝宝的身长约为40～44厘米，体重约为1700克左右，头围在30厘米左右，羊水量增加速度减缓，可胎宝宝生长迅速。这时胎宝宝的皮下脂肪已初步形成，看上去比原来显得胖一些了，不再像一个“小老头”了。手指甲也已很清晰。

这时，如果有光亮透过妈妈子宫壁照射进来，胎宝宝就会睁开眼睛，并把头转向光源，这说明胎宝宝的视觉发育已相当完善。此外，胎宝宝活动有力，听觉功能完善，对外界声音反应也灵敏。所以从这个月起，对话、朗读、音乐、语言等胎教显得越来越重要。

细节2：准妈妈千万不可提重物

【小案例】

阿雅怀孕8个月了，几天前一次提重物（其实也不是太重，就是去超市买的一些菜和副食），当时没感觉腰部拉伤或扭伤，只是有些累，但是一段时间以后直到现在，当久坐站起时或是弯腰时，腰部右侧的髋骨到臀部似乎总有一根筋被牵动，比较疼痛，阿雅十分担心。

医生指出，随着怀孕周数增加，准妈妈的肚子越来越大，子宫会对骨盆造成压迫，此时如果提重物，会增加腹部压力，有可能引发尿失禁、子宫收缩等，甚至伤到腰背部的韧带。所以，准妈妈应该避免提重物，以免造成伤害。

送给准妈妈的温馨Tips

原则上怀孕后准妈妈是不能提重物的，如果一定要提，就要注意方式，如：

要“蹲下抬重物”，蹲下并保持背部平直，用腿部的力量抬起重物，直立弯腰拿重物的动作是万万要不得的。

如果提的袋子过重，最好将袋子里的物品分别放在两个袋子里，左右手各提一个，减轻对身体一侧的负担。

细节3：家务也要尽量少做

【小案例】

曾经在某报纸上看到过这样一则消息：一个怀孕8个月的准妈妈在二楼的窗台上擦窗户，因为突然之间身体失去平衡，从二楼窗台上摔了下去。很快，受伤孕妇被救护车送入医院急救，经查为腰椎骨折。为了确保胎儿没事，医生随即给孕妇做了B超检查，所幸胎儿没有出现什么问题。

这样的事情别说发生在自己身上了，估计听到这个消息的准妈妈都会吓出一身冷汗的！前面也提到过，孕妈妈适当的做家务也是一种不错的运动方式和胎教方法。只是，到了孕晚期，准妈妈的身体行动不便，身体灵活性和协调性都大大下降，因此，千万不要去做一些难度较大的家务劳动，就连一般的家务劳动也要尽量少做，要做也要注意安全和方式，如：

晾衣服时，因为是向上伸腰的动作，需要肚子用力，虽然轻易不会引起流产，但是要特别注意，才不会发生问题。如洗的衣服太多，一件接着一件去晾，长时间站着会造成下半身浮肿，所以应该干一会儿歇一会儿；

为避免腿部疲劳、浮肿，能坐在椅子上操作的就坐着进行；

怀孕晚期应注意不要让灶台压迫已经突出的大肚子。

打扫地面时，则要双膝跪地来进行，且在短时间内完成。

细节4：洗澡时一定要小心哦

很多准妈妈发现，越到后期，洗澡就越困难。有些妈妈为了安全起见，决定减少洗澡次数。实际上这样与去洗澡的危害差不多。因此，孕后期保持清洁、卫生很关键，只要多注意些细节，就可以避免出现危险。为此，准妈妈要这样做：

尽量选择坐浴。因为到了孕中后期，准妈妈的肚子较大、重心不稳，容易滑倒，所以必须坐在有靠背的椅子上淋浴，以避免跌倒；

用温水冲洗乳房，动作要轻柔，不可用力牵拉乳房及乳头，不可用力搓揉，应以一手往上轻托乳房，另一手指腹顺时针方向轻揉，避免引起子宫收缩。准妈妈可在浴后抹些橄榄油，以使乳房皮肤滋润而有韧性，这样分娩后才经得起婴儿吸吮，否则易发生乳头皲裂；

千万不要赤脚洗澡，那样很容易滑倒；而选择洗澡时穿的鞋子时，一定要有较好的防滑功能；

在浴室里垫上一块防滑垫，再在地上铺块毛巾吸水，并且防滑垫要定期清洗，以免藏污纳垢；

在浴缸旁甚至浴室墙壁四周装上稳固的扶手，利于孕妈妈抓扶和进出浴室；

洗脸槽安装要稳固，避免因不稳固反而掉下来砸到脚，造成严重骨折；

洗澡时身边最好能有人陪护，可以大大减小发生意外的概率；即使防护不周，也能做到救护及时。

细节 5：通过按摩预防早产和各种产前不良反应

进入孕 8 月，准妈妈离预产期近了很多，所以这时的保健关键就是预防早产和缓解各种产前不良反应。在此，介绍一些简单的按摩手法，来预防上述问题。

孕8月用按摩预防早产

Step1：准爸爸与准妈妈相对而坐，准妈妈把脚放在准爸爸的膝盖上；

Step2：准爸爸用大拇指在准妈妈脚底中央的涌泉穴上用力挤压 2 次；

Step3：准爸爸用大拇指握住大脑反射区，然后进行揉搓按摩，重复 2 次；

Step4：在位于脚后跟的生殖腺反射区上按逆时针方向画圆，重复做 2 次；

Step5：准爸爸用大拇指和食指抓住妈妈的脚腕，然后柔和地进行左右转动；

Step6：食指、中指和无名指并拢，然后用指肚在准妈妈的脚踝周围按逆时针方向画圆。

孕8月用按摩缓解妊娠性浮肿

Step1：把毛巾敷在脚背上，用双手握住整个脚背，模仿掰开一个苹果的动作进行按摩，持续 1 ~ 2 分钟；

Step2：用一只手从脚腕出发往膝盖方向摩擦，就好像要让血液向上流动一样。持续 1 分钟，随后按摩另一只脚；

Step3：用大拇指在脚底中央位置的涌泉穴上轻轻按 3 下，每次持续 4 秒钟。

孕8月用按摩缓解早期阵痛

Step1：在脚底中央的涌泉穴上用大拇指缓缓按4～5次；

Step2：用大拇指对小肠反射区进行滑动摩擦，重复4～5次；

Step3：对生殖腺反射进行滚动按摩，重复2次，按摩时要顺着逆时针方向进行。

孕8月用按摩缓解手脚麻木

Step1：把手脚放在热水中浸泡10分钟；

Step2：用大拇指从里到外按摩涌泉穴反射区，并按逆时针方向旋转着进行；

Step3：用大拇指对小肠反射区进行摩擦；

Step4：用大拇指按压各个脚趾的顶端；

Step5：再将手和脚放到热水当中，不断地擦洗手脚，直到感觉发热为止。

细节6：播放节奏明快的乐曲

与前几个月不同的是，孕8月胎宝宝开始对节奏特别敏感，诸如与妈妈的心跳节律相似的音乐，他们都比较感兴趣，听了后会随之动起来。实践证明，胎宝宝出生后，对于这种具有明快节奏适合胎教的音乐特别喜欢，往往会停止哭闹，很快地安静下来。

为此，从孕8月开始，孕妈妈可以着重听一些节奏明快、流畅的音乐。如：

《午夜的月光》

《午夜的月光》是奥地利音乐大师莫扎特的作品，剔透的声音，如苍穹般纯净，如雪般圣洁，成为每个人向往已久的心灵栖息地。在夜晚来临时，准妈妈拉开窗帘，静静地躺在床上，听着这首《午夜的月光》，不觉之中像是皎洁的月光洒满了屋子。

《玩具王国》

《玩具王国》充满着无限的童趣，听着它就好像亲身走进了一个玩具王国，积木、卡丁车、洋娃娃，琳琅满目。这首活泼的音乐，充满着无限的童趣。各种音效，仿佛带领你回到了儿时，坐在地板上，摆弄着各式各样的玩具，一脸幸福满足的微笑，是一首能让妈妈和宝宝都快乐的乐曲。

《摇篮曲》

勃拉姆斯是德国古典主义最后的作曲家，他为了祝贺法柏夫人次子的出生，创作了这首平易可亲、感情真挚的《摇篮曲》。法柏夫人是维也纳著名的歌唱家，1859 年勃拉姆斯在汉堡时，曾听过她演唱的一首鲍曼的圆舞曲，当时勃拉姆斯深深地被她优美的歌声所感动，后来就利用那首圆舞曲的曲调，加以切分音的变化，作为这首《摇篮曲》的伴奏，仿佛是母亲在轻拍着宝宝入睡。

准妈妈伴着乐曲，不由自主地就会哼唱出“安睡安睡，乖乖在这里睡，小床满插玫瑰，香风吹入梦里，蚊蝇寂无声，宝宝睡得甜蜜，愿你舒舒服服睡到太阳升起”的旋律，那恬静、优美的旋律本就像妈妈无尽的爱，在乐曲声中与小宝宝对话。

《在山魔王的宫殿里》

格里格是挪威著名作曲家，19 世纪下半叶挪威民族乐派代表人物。在《培尔 · 金特》组曲中的《在山魔王的宫殿里》描写了这样一个场景：主人公在山中与妖王之女调情，并在妖王的威胁之下同妖女结了婚。这一场点出全剧的主题，即人与妖之间的区别，是最具幻想性的第二幕的真正核心。整首作品节奏明快，最适宜宝宝体会音乐的力度与节奏感。

如果有条件的话，在谈话或播音乐时，可将小型扩音器放在妈妈腹部的下方，便于胎宝宝清晰地感受到。

细节 7：胎教故事——只爱讲英语的孩子

在法国巴黎曾经发生过这样一件趣事。

一个名叫奥迪尔的小男孩得了一种“怪病”——不爱讲话。奥迪尔的父母怀疑孩子患上了孤独症，所以带他到医院治疗。

开始，语言中心的心理医生用法语和奥迪尔交谈，他毫无反应，经过一段时间的治疗和观察，偶尔发现了一个奇怪的现象：每当有人同奥迪尔讲英语时，奥迪尔的兴趣就出现了，表示出既爱听又喜欢开口和别人交谈，这时病就好了。

为此，医生找来奥迪尔的父母了解情况，问他们在家里是否经常讲英语，可他们的回答是，在家里几乎不讲英语；医生又问他们曾经什么时候讲过英语，此时患儿的母亲突然回忆起，自己在怀孕期间曾在一家外国公司工作，因为那里只允许用英语讲话，所以她在怀孕时一直是讲英语。

听到这里，医生才恍然大悟地说：“胎儿意识的萌芽时期是怀孕后 7～8 个月，这时胎儿的脑神经已十分发达！”这样，终于为孩子的反常现象找到了一个合理的解释。

细节 8：妈妈和宝宝进行轻柔的谈话

到了孕 8 月，准妈妈应该在前几个月对话胎教的基础上，继续有计划地和胎宝宝进行对话，也可结合实际生活出现的各种事情，不断扩大对话的内容和对话的范围。此时，和胎宝宝讲话，不必考虑他能否听懂，只要声音和缓轻柔，胎宝宝就能感受到，并产生一种安全感。

其次，8个月后的胎宝宝能够区别高低声音，这时，准爸爸更要经常跟胎宝宝说说话，一旦胎宝宝出生，就会十分自然地对父母的声音产生亲切感。

此外，面对着分娩即将来临的事实，主动与胎宝宝进行沟通也很重要。比如妈妈可以告诉胎宝宝："我的小宝宝，不久以后你就要出来了，妈妈好盼望这一天。你一定很想和妈妈见面吧，是吗？"或者与丈夫一起对胎宝宝说："爸爸妈妈为了迎接你的诞生，已经准备了整整10个月。外面的世界很美丽，你一定喜欢的。"

细节9：通过语言胎教提高胎宝宝的情商

语言胎教就是让准爸爸、妈妈用亲切、生动、形象的语言与胎宝宝对话，维系父母和孩子的亲情，时刻牢记胎宝宝的存在，并经常与之沟通。

可以说，语言胎教是胎教中最重要和最基本的不可忽视的环节，准爸妈的行为会对胎宝宝大脑带来有效的刺激。绝不能把和胎宝宝讲话看做是负担而懒得去做。而要通过和胎宝宝一起感受、思考和进行这一天的生活，使母子间的纽带更牢固，并培养胎宝宝对妈妈的信赖感及对外界的感受力和思考力。

实践证明，语言胎教可以加深孩子出生后与父母的感情，有利于培养孩子健全的人格，提高孩子的情商。

那么，如何才能做好语言胎教呢？

在进行语言胎教时，一定要体现形象性和形象美的要求。只有形象、声音、情感三者统一在一起，形象才能生动。也只有准妈妈感到语言胎教的有趣和快乐，胎宝宝才能感觉到美好的信息，胎宝宝的心灵才能留下美好的痕迹。

做好语言胎教要遵循的3个原则

原则一：语言讲解要视觉化。在进行语言胎教时，不要照着画册上的文字给宝宝念，而是要结合着图画，把每一页的画面细细地讲给胎宝宝听，把画的内容视觉化。胎宝宝虽然不能看到画册上画的形象或外界事物的形象，但妈妈用眼睛看到的东西，胎宝宝可以用脑“看”到。

原则二：将形象与声音结合。就像电影一样，既有精美绝伦的画面，又有绘声绘色地声音，二者结合起来才能给人以视觉和听觉上的震撼，从而与作品产生共鸣。语言胎教也一样，准妈妈要先在头脑中把所讲的内容形象化，然后用动听的声音将头脑中的画面向胎宝宝描述。如此一来，你就和胎宝宝一起进入你讲述的世界。你所要表现的中心内容，也就通过形象和声音输入了胎宝宝的大脑里。

原则三：把形象和情感融合。为什么有人读《卖火柴的小女孩》时，让人听来干涩、毫不动容，而有人读出来却让人听的声泪俱下，恨不得赶紧拿件棉衣为小女孩披上呢？这就是不加入感情和加入感情的差别。一直干巴巴的讲，自然收不到好的效果，要创造出情景相生的意境才有感染力。

选好语言胎教的素材——童谣

相比较文学作品，童谣更适合作为胎教的素材来使用。因为节奏明快、语调流畅、旋律优美，不仅能发展胎宝宝的听觉器官，更能培养胎宝宝的乐感。如下面两则小童谣就十分适合用来给胎宝宝进行语言胎教。

胎教童谣（1）——鸡公公

鸡公公，挺挺胸，它说一口吃个龙，

什么龙？不是龙，原来是条毛毛虫。

大家知道捂嘴笑，羞得鸡公冠子红。

胎教童谣（2）——动物叫

小猫怎么叫，喵喵喵；

小狗怎么叫，汪汪汪；

小鸡怎么叫，叽叽叽；

小鸭怎么叫，嘎嘎嘎；

小羊怎么叫，咩咩咩；

老牛怎么叫，哞哞哞；

老虎怎么叫，噢噢噢；

青蛙怎么叫，呱呱呱。

细节10：妈妈常讲的故事（1）——《蝴蝶》

一只蝴蝶想要找一个恋人。自然，他想要在群花中找到一位可爱的小恋人。因此他就把她们都看了一遍。

每朵花都是安静地、端庄地坐在梗子上，正如一个姑娘在没有订婚时那样坐着。可是她们的数目非常多，选择很不容易。蝴蝶不愿意招来麻烦，因此就飞到雏菊那儿去。法国人把这种小花叫做“玛加丽特”。他们知道，她能作出预言。她是这样作的：情人们把她的花瓣一片一片地摘下来，每摘一片情人就问一个关于他们恋人的事情：“热情吗？——痛苦吗？——非常爱我吗？只爱一点吗？——完全不爱吗？”以及诸如此类的问题。每个人可以用自己的语言问。蝴蝶也来问了；但是他不摘下花瓣，却吻起每片花瓣来。因为他认为只有善意才能得到最好的回答。

“亲爱的‘玛加丽特’雏菊！”他说，“你是一切花中最聪明的女人。你会作出预言！我请求你告诉我，我应该娶这一位呢，还是娶那一位？我到底会得到哪一位呢？如果我知道的话，就可以直接向她飞去，向她求婚。”

可是“玛加丽特”不回答他。她很生气，因为她还不过是一个少女，而他却已把她称为“女人”；这毕竟有一个分别呀。他问了第二次，第三次。当他从她那得不到半个字的回答的时候，就不再愿意问了。他飞走了，并且立刻开始他的求婚活动。

这正是初春的时候，番红花和雪形花正在盛开。

“她们非常好看，”蝴蝶说，“简直是一群情窦初开的可爱的小姑娘，但是太不懂世事。”他像所有的年轻小伙子一样，要寻找年纪较大一点的女子。

于是他就飞到秋牡丹那儿去。照他的胃口说来，这些姑娘未免苦味太浓了一点。紫罗兰有点太热情；郁金香太华丽；黄水仙太平民化；菩提树花太小，此外她们的亲戚也太多；苹果树花看起来倒很像玫瑰，但是她们今天开了，明天就谢了——只要风一吹就落下来了。

他觉得跟她们结婚是不会长久的。豌豆花最逗人爱，她有红有白，既娴雅又柔嫩，她是家庭观念很强的妇女，外表很漂亮，在厨房里也很能干。当他正打算向她求婚的时候，看到这花儿的近旁有一个豆荚——豆荚的尖端上挂着一朵枯萎了的花。

“这是谁？”他问。

“这是我的姐姐，”豌豆花说

“乖乖！那么你将来也会像她一样了！”他说。

这使蝴蝶大吃一惊，于是他就飞走了。

金银花悬在篱笆上。像她这样的女子，数目还不少；她们都是板平面孔，皮肤发黄。不成，他不喜欢这种类型的女子。

不过他究竟喜欢谁呢？你去问他吧！

春天过去了，夏天也快要结束了。现在是秋天了，但是他仍然犹豫不决。

现在花儿都穿上了她们最华丽的衣服，但是有什么用呢——她们已经失去了那种新鲜的、喷香的青春味儿。人上了年纪，心中喜欢的就是香味呀。特别是在天竺牡丹和干菊花中间，香味这时候已经没有了。因此蝴蝶就飞向地上长着的薄荷那儿去。

“她可以说没有花，但是全身又都是花，从头到脚都有香气，连每一片叶子上都有花香。我要娶她！”于是他就对她提出婚事。

薄荷端端正正地站着，一声不响。最后她说：“交朋友是可以的，但是别的事情都谈不上。我老了，你也老了，我们可以彼此照顾，但是结婚——那可不成！像我们这样大的年纪，不要自己开自己的玩笑吧！”

这么一来，蝴蝶就没有找到太太的机会了。他挑选太久了，不是好办法。结果蝴蝶就成了大家所说的老单身汉了。

这时到了晚秋季节，天气多雨而阴沉。风儿把寒气吹在老柳树的背上，弄得它们发出飕飕的响声来。如果这时还穿着夏天的衣服在外面寻花问柳，那是不好的，因为这样，会受到大家的批评。的确，蝴蝶也没有在外面乱飞。他趁着一个偶然的机会溜到一个房间里去了。

这儿火炉里面生着火，像夏天一样温暖。他满可以生活得很好的，不过，“只是活下去还不够！”他说，“一个人应该有自由、阳光和一朵小小的花儿！”

他撞着窗玻璃飞，被人观看和欣赏，然后就被穿在一根针上，藏在一个小古董匣子里面。这是人们最欣赏他的一种表示。

“现在我像花儿一样，栖息在一根梗子上了，”蝴蝶说。“这的确是不太愉快的。这几乎跟结婚没有两样，因为我现在算是牢牢地固定下来了。”

他用这种思想来安慰自己。“这是一种可怜的安慰，”房子里的栽在盆里的花儿说。“可是，”蝴蝶想，“一个人不应该相信这些盆里的花儿的话。她们跟人类的来往太密切了。”

细节 11：妈妈常讲的故事（2）——《小红帽》

从前有个可爱的小姑娘，谁见了都喜欢，但最喜欢她的是她的奶奶，她要什么奶奶就给她什么。一次，奶奶送给小姑娘一顶用丝绒织的小红帽，戴在她的头上正好合适。从此，姑娘再也不愿意戴任何别的帽子，于是大家便叫她“小红帽”。

一天，妈妈对小红帽说：“来，小红帽，这里有一块蛋糕和一瓶葡萄酒，快给奶奶送去，奶奶生病了，身子很虚弱，吃了这些就会好一些的。趁着现在天还没有热，赶紧动身吧。在路上要好好走，不要跑，也不要离开大路，否则你会摔跤的，那样奶奶就什么也吃不上了。到奶奶家的时候，别忘了说‘早上好’，也不要一进屋就东瞧西瞅。”

“我会小心的。”小红帽对妈妈说，并且还和妈妈拉手作保证。

奶奶住在村子外面的森林里，离小红帽家有很长一段路。小红帽刚走进森林就碰到了一只狼。小红帽不知道狼是坏家伙，所以一点也不怕它。

“你好，小红帽，”狼说。

“谢谢你，狼先生。”

“小红帽，这么早要到哪里去呀？”

“我要到奶奶家去。”

“你那围裙下面有什么呀？”

“蛋糕和葡萄酒。昨天我们家烤了一些蛋糕，可怜的奶奶生病了，要吃一些好东西才能恢复过来。”

“你奶奶住在哪里呀，小红帽？”

“进了林子还有一段路呢。她的房子就在三棵大橡树下，围着核桃树篱笆。你一定知道的。”小红帽说。

狼在心中盘算着：“这小东西细皮嫩肉的，味道肯定比那老太婆要好。我要讲究一下策略，让她俩都逃不出我的手心。”于是它陪着小红帽走了一会儿，然后说：“小红帽，你看周围这些花多么美丽啊！干吗不回头看一看呢？还有这些小鸟，它们唱得多么动听啊！你大概根本没有听到吧？林子里的一切多么美好啊，而你却只管往前走，就像是去上学一样。”

小红帽抬起头来，看到阳光在树木间来回跳动，美丽的鲜花在四周开放，便想："也许我该摘一把鲜花给奶奶，让她高兴高兴。现在天色还早，我不会去迟的。"她于是离开大路，走进林子去采花。她每采下一朵花，总觉得前面还有更美丽的花朵，便又向前走去，结果一直走到了林子深处。

就在此时，狼却直接跑到奶奶家，敲了敲门。

"是谁呀？"

"是小红帽。"狼回答，"我给你送蛋糕和葡萄酒来了。快开门哪。"

"你拉一下门闩就行了，"奶奶大声说，"我身上没有力气，起不来。"

狼刚拉起门闩，那门就开了。狼二话没说就冲到奶奶的床前，把奶奶吞进了肚子。然后她穿上奶奶的衣服，戴上她的帽子，躺在床上，还拉上了帘子。

可这时小红帽还在跑来跑去地采花。直到采了许多许多，她都拿不了啦，她才想起奶奶，重新上路去奶奶家。

看到奶奶家的屋门敞开着，她感到很奇怪。

她一走进屋子就有一种异样的感觉，心中便想："天哪！平常我那么喜欢来奶奶家，今天怎么这样害怕？"她大声叫道："早上好！"可是没有听到回答。她走到床前拉开帘子，只见奶奶躺在床上，帽子拉得低低的，把脸都遮住了，样子非常奇怪。

"哎，奶奶，"她说，"你的耳朵怎么这样大呀？"

"为了更好地听你说话呀，乖乖。"

"可是奶奶，你的眼睛怎么这样大呀？"小红帽又问。

"为了更清楚地看你呀，乖乖。"

"奶奶，你的手怎么这样大呀？"

"可以更好地抱着你呀。"

"奶奶，你的嘴巴怎么大得很吓人呀？"

"可以一口把你吃掉呀！"

狼刚把话说完，就从床上跳起来，把小红帽吞进了肚子，狼满足了食欲之后便重新躺到床上睡觉，而且鼾声震天。

一位猎人碰巧从屋前走过，心想："这老太太鼾打得好响啊！我要进去看看她是不是出什么事了。"

猎人进了屋，来到床前却发现躺在那里的竟是狼。"你这老坏蛋，我找了你这么久，真没想到你竟在这里！"猎人说。他正准备向狼开枪，突然又想到，这狼很可能把奶奶吞进了肚子，奶奶也许还活着。猎人就没有开枪，而是操起一把剪刀，动手把呼呼大睡的狼的肚子剪开了。他刚剪了两下，就看到了红色的小帽子。他又剪了两下，小姑娘便跳了出来，叫道："真把我吓坏了！狼肚子里黑漆漆的。"

接着，奶奶也活着出来了，只是有点喘不过气来。小红帽赶紧跑出去搬来几块大石头，塞进狼的肚子。狼醒来之后想逃走，可是那些石头太重了，它刚站起来就跌到在地，摔死了。

三个人高兴极了。猎人剥下狼皮，回家去了。奶奶吃了小红帽带来的蛋糕和葡萄酒，精神好多了。而小红帽却在想："要是妈妈不允许，我一辈子也不独自离开大路，跑进森林了。"

细节12：如何教胎宝宝学"数"和"字"

首先要制作一些卡片，即把数字和一些笔画简单、容易记忆的字制成颜色鲜艳的卡片，卡片的底色与卡片上的字分别采用反衬度鲜明的颜色，如黑和白、红和绿等。训练时，孕妈妈应精力集中，全神贯注，就像教小学生识字一样，一边念一边用手沿着字的轮廓反复描画。

每天抽出时间定时进行。这样，久而久之，将有助于孩子识字能力的培养。虽然胎宝宝不能像大孩子一样，坐在那里好好的听，也不能一出生就写个字出来，但是，妈妈的训练可以促进他潜意识的记忆。

细节 13：剪几个彩色的“图形板”

到了孕 8 月，胎儿的感官都已发育成熟，视觉、听觉、触觉等都已具备，孕妈妈可以开始进行图形教育。

用鲜艳的彩色硬纸，剪成几个不同颜色的正方形、长方形、三角形、圆形等图片。

孕妈妈深情地告诉胎宝宝：“宝宝，你看妈妈手里拿的是黄颜色的正方形，正方形是 4 个边一样长，4 个角，都是直角。你看咱家的餐桌是正方形的，地砖也是正方形的。宝宝，你再看这个，这是绿颜色的长方形，长方形是两个边长两个边短，4 个角也都是直角。你看客厅里放的茶几，书房里的写字台，它们的桌面都是长方形的。”

然后再把三角形和圆形也都如此讲一讲。胎宝宝边听边受母体脑电波的刺激，就会初步记得这几个形状的特点，从而达到胎教的目的。

细节 14：名画欣赏（1）——《苍莽幽翠图》

《苍莽幽翠图》是我国著名绘画大师张大千先生的代表作之一，其在构图上，采用平远、深远、高远并用，峰峦冈埠，坡陀沙渚，起伏变幻无穷。溪、桥、茅舍、钓艇、行人，章法严谨，结构奇突。林木葱郁，疏密有致，山川浑厚，草木华滋。

整幅图画，大气磅礴，空灵澹宕，充分展示了张大千先生的绘画风格，是歌颂祖国山河的长诗，是描写祖国山河的文学巨著，是一部气势宏大的弘扬祖国山河的交响乐章。

细节15：名画欣赏（2）——《向日葵》

《向日葵》是荷兰著名画家，被誉为后印象派三大巨匠之一的梵高的作品。《向日葵》是在阳光明媚灿烂的法国南部所作的，16朵形态各异的向日葵，或绚烂或枯萎，或隐或现，以淡黄色为背景，以深黄色为向日葵的主色调，另有几朵含苞未放，以淡黑色点缀花蕊，颜色上给人一种强烈的对比，画面总体上阳光是那样的明媚，天空是那样的广阔，给人一种明亮而又强烈的生命力，让人感到生活充满希望。

孕8月胎教重点
——为宝宝树立“美学”概念

孕8月时，胎宝宝基本上就是个独立的“小人儿”了。独立主要是指胎宝宝初步的意识萌动已经建立。所以，从这时起，对胎宝宝心智发展的训练可以较抽象、较立体的美学胎教法为主。美学胎教要求孕妈妈通过看、听体会生活中一切的美，将自己的美的感受通过神经传导输送给胎儿。

为此，准妈妈要：

多看一些优美的图画，多读一些优秀的文学作品。如可选择那些立意高、风格雅、个性鲜明的作品，尤其可以多选择一些中外名著。有条件的话，孕妈妈还可以看一些著名的美术作品，比如中国的山水画、西方的油画等，在欣赏美术作品时，调动自己的理解力和鉴赏力，把美的体验传导给胎宝宝。

多听一些好的音乐。这一时期孕母在欣赏音乐时，可选择一些主题鲜明、意境饱满的作品，它们能促使人们美好情怀的涌动，也有利于胎宝宝的心智成长。

多一些生活体会和感悟。如孕妈妈面对大自然中的自然美，会从中产生出美好的情怀，这样也是一种不错的胎教。

孕 8 月的营养方案

进入孕 8 月后，胎宝宝所需的营养素大致与孕中期相同，只要略微增加即可。不过，在这个时期胎宝宝发育有两个显著特征，胎宝宝的脑细胞和脂肪处于增殖的敏感期，所以，更要注意补充蛋白质、卵磷脂和丰富的维生素，以促进胎儿智力的发育。对脂肪和糖类食品要限制，以免热量过多，使胎宝宝长得过大，影响分娩。

具体而言，需要准妈妈多吃的食物包括以下这些：

多吃粗纤维、新鲜水果及蔬菜，可以加快肠蠕动，缓解便秘；

多吃核桃、花生、芝麻、葵花子等，这些食品富含不饱和脂肪酸，可减少日后孩子皮肤病的发病率；

多吃肝、木耳、青菜、豆豉等富含维生素 B12、叶酸的食物，可减少出生后贫血的发生；

多吃富含 B 族维生素、维生素 C、维生素 E 的食物，可增加食欲，促进消化。

8月胎教一家"三口"各自在做什么

准妈妈：随着胎儿体积变大，孕妈妈越来越有压迫感。孕妇由于膀胱受到压迫还会产生尿失禁的症状，受激素影响会出现腰部疼痛等不良反应，对每一个处于这个阶段的孕妈妈而言都是一个艰苦的阶段。

准爸爸：这一时期孕妈妈真的非常辛苦，丈夫一定要给予最大的帮助。这种帮助不仅是给孕妈妈按摩，还包括处处关心孕妈妈。有时孕妈妈会感到非常疲惫不由自主地想一直躺着不愿活动，这时丈夫应该主动提出散步，让孕妈妈得到必要的锻炼。怀孕后期仍然保持一定活动量，有利于分娩。此外这一阶段子宫较为敏感，所以一定要尽量节制性生活。丈夫分担孕妈妈的辛苦，才是最大的帮助。

胎宝宝：到了怀孕的第8个月，即使是早产，胎儿存活的可能也非常高。此时出生的婴儿在外表上已经和足月儿极为相似，其听觉和视觉几乎完全发育成熟，第30周胎儿已经能够通过脑电波而产生感情，胎儿身体修长，大约40厘米。随着身体渐渐变大，胎儿活动的空间越来越狭窄，所以胎动的幅度比起过去有所减小。如果仔细观察，还可以看见胎儿为了适应出生以后的环境而进行呼吸练习。

孕8月胎教备忘卡

孕29周

胎教注意事项：孕妈妈要小心、小心、再小心！如多次出现阵痛应该到医院去检查，少食多餐。

孕30周

胎教注意事项：不要提重物，适当的进行家务劳动，洗澡时一定要注意安全，小心摔伤。

孕31周

胎教注意事项：要保证充分的休息，若有睡眠障碍属于正常现象，不可因此而过于紧张。

孕32周

胎教注意事项：控制体重，以防“巨大儿”出现，影响顺利分娩，还要适当外出行走和做运动。

胎教备忘

美学胎教：孕妈妈通过看、听体会生活中一切的美，将自己的美的感受通过神经传导输送给胎儿。

语言胎教：妈妈用亲切、生动、形象的语言与胎宝宝对话，维系父母和孩子的亲情，时刻牢记胎宝宝的存在。

营养胎教：多吃一些有助于脑细胞和脂肪增殖的食物。

孕9月

第九章 胎教的18个细节（33周～36周）

细节1：胎宝宝皱皱的小脸儿开始变红润了

进入孕9月，胎宝宝的体重接近2800克左右，身高也长到了46～50厘米。这时胎宝宝的指甲也长长了，可能会超过指尖。两个肾脏已发育完全，肝脏也已能够处理一些代谢废物。这时每当胎宝宝在准妈妈腹中活动时，他的手肘、小脚丫和头部可能会清楚地在你的腹部凸现出来，这是因为此时的子宫壁和腹壁已变得很薄了。这也会让更多的光亮透射进子宫，使胎宝宝逐步建立起自己每日的活动周期。

除此之外，经过第8个月的生长，胎宝宝的皮下脂肪进一步增多，皮肤的厚度增加，原来皱皱的小家伙变得红润起来，脸上和腹部的胎毛变少。

你知道吗？这时你的宝宝已经是个漂亮的“小人儿”了！准妈妈是不是有点激动呢？

细节2：准妈妈要考虑停止工作了

那些从怀孕起一直坚持工作的准妈妈，从什么时间开始休产假较为合适呢？当然，这要结合你自己的身体状况和工作性质来决定，如：

假如准妈妈的工作环境相对安静、清洁，危险性比较小，或是长期坐在办公室工作，同时准妈妈的身体状况良好。那么，在预产期的前一周或两周回到家中静静地等待宝宝的诞生就行；

假如准妈妈的工作需要长期使用电脑，或在工厂的操作间、暗室等阴暗嘈杂的环境中，那么建议准妈妈在怀孕期间调动工作或选择暂时离开待在家中；

假如准妈妈的工作是饭店服务人员、销售人员，或每天工作至少有 4 小时以上行走的，则应在预产期的前两周半就离开工作回到家中待产；

假如准妈妈的工作运动性相当大，则应提前一个月开始休产假，以免发生意外。

上面这些原则只是从大的范围提出了建议，由于存在个体上的差异，有的准妈妈还需要结合自己的职位特点来决定休假时间，以下数据仅供参考。

准妈妈开始休假时间一览表

职　　位	休假开始日期	职　　位	休假开始日期
秘书、工作较轻松的职员	40孕周	教师、管理人员	40孕周
间断地举重物（22千克以下）	40孕周	偶尔举重物（22千克以上）	30孕周
经常弯腰（达10次/小时）	28孕周	长时间站立（每天长于4小时）	24孕周
重复举重物（11～22千克）	24孕周	重复举重物（11千克以上）	20孕周
爬梯或杆（每天多于4次）	20孕周	/	/

细节 3：胎宝宝也会做梦，这是真的吗

前面我们曾经提到过，准妈妈在怀孕后经常会多梦，医生解释这其实很正常。当然，大人做梦是比较好理解的，但是准妈妈知道吗？胎宝宝也会做梦！

关于这一点，有科学家曾经做过相关实验。他们通过对孕9月胎儿进行脑电波测试发现，胎儿大脑电波会发生交叉并引起做梦。尽管科学家们无法了解那是一些怎样的梦境，但是胎儿会做梦这一事实已经被明确地证实了。

那么，孕妈妈和准爸爸此时应该给予胎宝宝怎样的帮助呢？其实只要仔细想想自己做梦的情况就可以找到正确的答案。在心情舒畅、愉快的日子里，我们往往会在睡熟后进入美好的梦境。相反，在心情沉闷的时候我们不仅很难入睡，还常常会进入到乱七八糟的复杂梦境当中。胎儿的所有经历都是通过母亲获得的，所以母亲只有在生活中保持平和安定的心态才能对胎儿的梦境产生好的影响。

试想：孕妈妈在梦里见到即将要出生的胎宝宝，而胎宝宝则梦到不久将要见到爸爸妈妈，这是一件多么美好的事情啊！

为此，孕妈妈就要在产前好好调整自己的情绪，避免紧张、忧虑等不良心态，要让自己放松，以平和、宁静的心态期待宝宝的到来！这样，孕妈妈和胎宝宝就都可以有一个美梦，都攒足了力气，为分娩作好准备。

细节4：准妈妈如何解决便秘难题

可以说，便秘的问题在整个孕期的不同阶段都有表现。而到了孕9月，这种情况可能变得更加突出。这是为什么呢？因为增大的子宫压迫胃部，使得孕妇消化功能减退，所以很容易发生便秘。此时的准妈妈一定要合理安排饮食，如：

尽量做到少食多餐。因为此时的孕妇胃部受压，一次吃不了太多的东西，所以可以分几次吃，每次少吃些；

多摄取一些新鲜果汁，如胡萝卜泥和柠檬汁。这样不但可降低含盐量，又能促进消化，保持均衡的营养；

多吃些薯类、海藻类和含纤维素丰富的蔬菜类，可以很好地防止便秘；

控制脂肪的摄入量，如少吃动物性脂肪，使膳食中的饱和脂肪酸（动物性脂肪）与不饱和脂肪酸（植物性脂肪）之比值为1或小于1；

多吃低热量食物，少用或不用糖果、点心、甜饮料、油炸食品以及脂肪含量高的食品。这一点对于那些体重过重的孕妈妈尤其必要；

多吃一些能够增强体力的食物，以便为即将到来的分娩贮存体力。

送给准妈妈的温馨Tips

需要特别强调的是，孕妈妈便秘时不能随意使用泻药，特别是在怀孕晚期。因为大多数泻药都有引起子宫收缩的可能，易导致流产或早产。有些泻药还有一定的毒副作用，影响胎儿的生长发育，如大黄、火麻仁、番泻叶、麻仁润肠丸等。

细节5：准妈妈为什么会尿频

从孕9月开始，准妈妈的体重大约以每周250克的速度增长，这主要是因为胎宝宝在出生前的最后7～8周内体重增长很快，这段时间胎宝宝增长的体重大约是前几个月最大体重的一半还要多。

因此，准妈妈现在会感到尿意频繁，偶尔也会出现尿黄的现象，这是由于胎头下降，压迫膀胱的缘故。只要没有尿急、尿痛等现象，这种尿频属于正常的孕期现象，无须治疗，也不会对胎儿造成不良影响。

而一旦出现这些不正常现象，那就应该积极应对了。具体做法为：

保持外阴部清洁、干爽，用中性皂液清洗外阴；

内衣内裤用天然材料，如棉、丝等制品；

多饮水、多排尿，尽量不憋尿，减少膀胱压力；

睡眠和休息应取左侧卧位，减少增大的子宫对输尿管的压迫。

细节6：通过按摩缓解孕晚期出现的病征

在孕晚期，孕妇可能出现的病征包括妊娠期糖尿病、记忆力下降、由压力过大造成的抑郁症等。因为在孕期无法用药，因此按摩是一个不错的选择。

孕9月用按摩治疗妊娠期糖尿病

Step1：用热水浸泡双脚，以不少于20分钟为宜；

Step2：用力挤压涌泉穴，2次；

Step3：用拇指和食指揉搓大脑反射区，重复2次；

Step4：按摩生殖腺反射区，重复2次；

Step5：用大拇指和食指抓住孕妇的脚腕，然后柔和地进行左右转动式按摩；

Step6：食指、中指和无名指并拢，然后用指肚转动按摩孕妇的脚踝；

Step7：用大拇指挤压胰脏反射区，3次，每次持续4秒钟。

孕9月用按摩治疗记忆力减退

Step1：用大拇指按压涌泉穴，2～3次，每次4秒钟；

Step2：用一只手从脚腕出发向膝盖方向摩擦，就好像要让血液向上流动一样。两手交叉分别对两只脚进行按摩，持续1～2分钟；

Step3：用拇指和食指捏住大脑反射区，然后用转圈的方法进行按摩，重复2次。

孕9月用按摩治疗抑郁症

Step1：用大拇指揉按涌泉穴，4～5次，按时力度要适中；

Step2：从上向下滑动摩擦小肠反射区，重复 4 ~ 5 次；

Step3：按摩生殖腺反射区，重复 2 次；

Step4：用一只手抓住自己的脚，另一只手将 5 个脚趾一起向后扳动。

细节 7：怀孕 9 个月胎位不正怎么办

【小案例】

李丹怀孕 33 周后，医生告诉她胎位不正，胎儿呈臀位，也就是通常所说的“坐胎”，这使原本打算自然分娩的李丹不免紧张起来，心中充满了不少疑惑，也不知道该如何是好?

据统计，大约有 3% 的准妈妈可能在怀孕 9 个月时被诊断为胎位不正。那么，什么是胎位不正呢?

通常，正常的胎位应该是胎头俯曲，枕骨在前，分娩时头部最先伸入骨盆，而那些身体其他部位，如臀、脚、腿部甚至手臂朝下，就被称为胎位不正。在孕期，胎位不正不会对孕妈妈和胎宝宝带来不良影响，但它是造成难产的常见因素之一。不过，胎位不正并不是无法矫正的，现代医学完全有办法进行处理。

因此，准妈妈不用因此而担忧，只要按时产检，及时向医生咨询即可。

细节 8：如何生个善于交际的宝宝

如今，人们越来越重视人脉在工作和生活中的作用，可以说，你的交际圈子有多大，你未来的发展空间就有多大！因此，能不能生一个性格独立、受人欢迎、爱好交际的宝宝，就成了每个孕妈妈最为期待的事情。剑桥大学孤独症研究中心的西蒙·科恩教授曾主持过这样一个研究，他们选取了100名儿童作为研究对象，其中年龄小的在妈妈肚子里还没有出世，年龄大的已经7岁。

研究人员发现，如果妈妈在怀孕的时候感受到压力并且无法放松，那么生出的孩子在社交、交流和语言等方面的发育就会受到影响，严重的还可能患上孤独症。

研究进一步显示，这些受到母亲压抑情绪影响的胎儿出生后会表现得比正常宝宝呆板。出生24小时后，他们对鲜活的人物仍不感兴趣，只对机械物体感兴趣；12个月后，他们不像其他同龄孩子一样能够和父母进行眼神交流；18个月时，他们不会说话，或者只能说零星的词语，而其他孩子此时已经能说600个单词了；到了上学以后，他们则表现得更加孤立，不太容易和小朋友玩到一块。

也就是说，准妈妈如果能避免压力，放松心情，那么生出来的宝宝就可能更擅长交际，从而成为社会明星。

准妈妈看到了吧！即将临产了，千万不要陷入分娩忧郁症之中哦！

细节9：什么是社会胎教

前面所讲的胎教方法，其主体都是准妈妈和准爸爸，但是孕妇在整个孕期并非孤立生活着，而是处于一个社会环境中。在漫长的280天中，时刻需要被保护。因此，周边人群的细心照顾同样也是十分必要的。

这就是为什么要倡导社会胎教的意义所在。比如，工作中的同事应该尽可能地给孕妇最好的理解和照顾；婆家的亲戚则要在各方面都多加注意，争取将孕妇的压力减至最小。在面对孕妇时，周围的人一定要记住，她是一个怀有充满希望的小生命的人，记住自己的言行举止有可能对两个人的未来产生影响。

这样想的话，大家就能变得更加小心起来，只有身边的每个人都为培育健全美好的生命而贡献一份力量，才能称得上是真正的“社会胎教”。

也就是说，社会胎教的实施者是周围的人群，而不是孕妈妈或者准爸爸！这也是在告诉孕妈妈，千万不要觉得自己怀孕后就变得孤立无援了，其实，你周围的每一个人，很可能是素昧平生的陌生人都在关心着你呢！

这样想的话，还有什么好郁闷、好忧郁的呢？

细节10：名画欣赏（1）——《梦特芳丹的回忆》

孕晚期，准妈妈越来越强烈地感觉到腹中小生命的存在，母爱的感觉愈加深刻，此时期可重点选择一些母子题材的作品，或者是描绘可爱儿童的作品以及家庭生活的温馨画卷。如法国杰出画家柯罗的代表作《梦特芳丹的回忆》，画中朦胧清幽又细腻如纱的湖光山色和草地上采花的妈妈和小孩，给人以似真似梦的感觉，抒情而富有诗意，优雅而富有韵律，仿佛是记忆中很久以前定格的一幅照片，很容易勾起每个准妈妈儿时美好的回忆！

细节11：名画欣赏（2）——《花园和少女》

【小案例】

芸在怀孕期间经常去看一些名画，尤其是喜欢欣赏莫奈的作品。有一天，她在看莫奈的《花园与少女》时，不知不觉就被画里的梦幻花园所吸引，她在心里想：“等宝宝出生后，我一定要给他也打造一个像画里的花园，让他在里面尽情地奔跑和嬉闹……”正想着，宝宝似乎与她有了心灵感应，轻轻地动了几下。芸当时激动不已，心想，宝宝也和她一样沉浸在了美丽的氛围之中。

的确，一幅美丽的图画，足以让人展开丰富的联想。而这些联想又会被富于想象力的大脑放大并传递给胎宝宝，从而促使胎宝宝的心灵健康成长。

细节 12：名画欣赏（3）——《西斯廷圣母像》

拉斐尔是意大利杰出的画家，和达·芬奇、米开朗琪罗并称“文艺复兴三杰”，也是“三杰”中最年轻的一位。他的作品博采众家之长，形成了自己独特的风格，代表了当时人们最崇尚的审美趣味，成为后世古典主义画家不可企及的典范。《西斯廷圣母》就是其最具盛名的代表作之一。

整个作品给我们呈现了这样一个意境：温柔美丽的圣母踏着云朵渐入我们的视线，圣子的眼神中有孩童的懵懂清澈，却又不乏睿智，画面下方的小天使童稚可爱，圣母形象柔美圣洁，表现了母爱的幸福与伟大。这一切使观者的心灵仿佛受到了洗涤、净化和提升。

细节 13：名画欣赏（4）——《伞》

雷诺阿是法国画家，最初与印象画派运动联系密切。在所有印象派画家中，雷诺阿也许是最受欢迎的一位，因为他所画的都是漂亮的儿童、花朵、美丽的景色，特别是可爱的女人。这些都会立刻把人吸引住。《伞》是雷诺阿最迷人的作品之一，作品中生动地描绘了雨天人物的表情、动作及繁忙的都市气息。透过雨伞呈现了拥挤路上摩肩接踵的烦恼，宛如一场雨伞的群舞，使人仿佛听到了伞面上叮咚的雨点声。

因此，孕妈妈在欣赏时，一定要仔细体会画面中雨伞的表现及韵律，还有小女孩那童稚清澈的眼神。

细节 14：名画欣赏（5）——《格里姆家的子女》

马奈是 19 世纪印象主义的奠基人之一，《吹笛的男孩》就是他的代表作之一。画中一个正在吹笛的近卫军鼓笛队的少年：黑色的上衣，红色的裤子，闪亮的铜纽扣，微倾的身躯，跷起的指头，人物形象呼之欲出，甚至令人仿佛听得见笛孔中飘出的乐音。画家着力于用比较概括的色块建立一种画面的明亮背景，使画中人物的深色形体更加栩栩如生地凸现出来。

孕妈妈是不是都在想，自己的宝宝一定也像画中男孩一样漂亮呢！

细节 15：胎教儿歌让胎宝宝快乐成长

【小案例】

苏蕾很注重对胎宝宝进行胎教，为此她听了很多世界名曲。不过，最近她又听邻居大姐说，用儿歌来做胎教音乐效果很好，大姐家宝宝当时就是听了不少儿歌，等到宝宝出生后，哭闹时，只要让其听那些儿歌，宝宝就不哭了。

那么，儿歌真的适合做胎教音乐吗？从音乐的角度来看，儿歌是民歌的一种，是儿童文学最古老也是最基本的体裁形式之一，具有内容浅显、思想单纯，篇幅简短、结构简洁，语言活泼、节奏明快的特点，深受儿童的喜爱。此外，儿歌优美的旋律、和谐的节奏、真挚的情感，可以给人带来美的享受和情感的熏陶，不但深受儿童的喜欢，很多成年人也很喜欢。如果孕妈妈经常听儿歌，不但可以让她们情不自禁地憧憬孩子出生后的美好时光，也会勾起自己儿时的欢乐时光，在听、唱儿歌中获得愉快的情感享受，这是儿歌的独特魅力所在。

适合孕期听唱的儿歌很多，如《春天在哪里》、《打电话》、《两只小羊要过桥》、《拍手歌》、《两只老虎》、《大头歌》、《让我们荡起双桨》、《跷跷板》、《数鸭子》、《三个和尚没水喝》、《小燕子》等，具体选择可以根据孕妈妈个人的喜好来决定。

胎教儿歌（1）——《猫咪的胡子》

我笑猫咪不像话，
生来就想当爸爸。
猫咪趴到我耳边，
跟我说句悄悄话：
没有胡子像娃娃，
老鼠见了不害怕！

胎教儿歌（2）——《红月亮》

小弟弟，画月亮，画好月亮拍手唱；
我的月亮红又红，好像太阳一个样！

细节16：胎教诗歌让宝宝极富诗书气质

诗的意境和韵律，都是如抒情音乐一样可以令胎宝宝和孕妈妈安定镇静的灵丹妙药。作为文学大厦的一块基石，优美的诗歌也是一把可以开启胎宝宝智慧心灵的万能钥匙。

胎教诗歌（1）——《春晓》

春眠不觉晓，处处闻啼鸟。
夜来风雨声，花落知多少？

胎教诗歌（2）——《梅花》

墙角数枝梅，凌寒独自开。
遥知不是雪，为有暗香来。

胎教诗歌（3）——《夜宿山寺》

危楼高百尺，手可摘星辰。
不敢高声语，恐惊天上人。

胎教诗歌（4）——《江上渔者》

江上往来人，但爱鲈鱼美。
君看一叶舟，出没风波里。

胎教诗歌（5）——《小池》

泉眼无声惜细流，树荫照水爱晴柔。
小荷才露尖尖角，早有蜻蜓立上头。

细节 17：运动胎教——缓解孕后期胎儿变大的不适感

从孕 8 月开始，随着宝宝身体快速的发育，孕妈妈会产生很多不适感。在孕 9 月比较明显的不适包括：骨盆会产生明显的疼痛，会阴部有压迫感，小便次数频繁，胸闷和呼吸困难，静脉曲张等。除了可以通过改变生活习惯来缓解这些问题外，较为有效的方法就是进行运动。如：

紧缩阴道

Stepl：吸气的同时慢慢地从肛门用力尽力缩紧阴道，注意不要把力量分散到其他部位；

Step2：呼气的同时慢慢放松下来，吸气时数到“6”，呼气时数到“8”，重复5次之后改向一侧躺下休息。

分腿运动

Step1：在平躺的姿势下将膝盖向上举，用嘴慢慢呼气的同时，按住膝盖并抬起上半身；

Step2：用鼻子吸气并恢复平躺姿势，重复5次之后改向一侧躺下休息。

找平衡

Step1：两腿分开站立，用鼻子吸气的同时高举双臂；

Step2：一边吐气一边放下双臂降到与肩同高，一条腿保持不动并尽力寻找平衡感，另一条腿稍稍向前抬起；

Step3：再次呼吸之后将腿放下，变换方向，重复这一动作。

脚腕运动

两手自然地撑住地面，双腿向前舒展，待腿部完全放松之后碰撞两脚腕。多次重复这一动作。

腿部运动

Step1：平躺以后把双腿举起并靠在墙壁上，一条腿慢慢放下后再重新抬起；

Step2：再换另一条腿进行这一动作。重复5次左右之后改向一侧躺下休息。

细节 18：准爸爸陪妻子一起练瑜伽

【小案例】

丽华从怀孕初期就开始练习孕妇瑜伽，并一直坚持到了怀孕后期。由于她的丈夫也是瑜伽爱好者，所以他们常常在家一起练习，并围绕身体和瑜伽等话题进行了大量的讨论。许多人都说在怀孕之后与丈夫的关系似乎变得疏远了，但可能是由于瑜伽的关系，他们两人之间反而有了许多新的话题，关系也变得越发亲密起来。

不仅如此，丽华 36 岁才怀孕，本来孕前就有很多担忧，怕因为年龄太大会影响胎儿，也怕遇到难产等情况。不过，通过几个月的瑜伽练习后，丽华的这些恐惧感一点点消失了。丽华的瑜伽教练还给她讲了许多呼吸的要领，告诉她呼吸是自然的镇定剂，只要掌握呼吸就可以让一切都变得轻松起来。于是，她非常努力地练习用鼻子吸气，再用嘴呼气的正确呼吸方法。

很快，丽华到了预产期，在分娩的时候，丽华说自己居然没有出现很剧烈的阵痛，很快，一个健康、漂亮的小公主出生了！

孕 9 月胎教重点
—— 用音乐来巩固胎教成果

我们知道孕 9 月胎宝宝的视觉、听觉、味觉、触觉和痛觉等感觉与脑干紧紧相连，大脑的脑干机能也相当发达，对外来刺激能够积极地作出反应。因此，不妨在这个月里把音乐胎教当做重点来进行。

对于音乐胎教的内容主要以前面几个月的乐曲为主，另外再增加几个新曲目即可！

《拉德斯基进行曲》

老约翰 · 施特劳斯是奥地利作曲家，被誉为“圆舞曲之父”、维也纳圆舞曲的奠基人之一。《拉德斯基进行曲》是施特劳斯最著名的代表作，大概是世界上最为人们所熟悉的进行曲，经常作为通俗的管弦乐音乐会的最后一首曲目。《拉德斯基进行曲》以其脍炙人口的旋律和铿锵有力的节奏征服了广大听众，成为流传最为广泛的进行曲。好了，孕妈妈赶紧开始欣赏吧，让胎宝宝在激情澎湃中感受无限活力吧！

《四季 · 春》

从巴洛克时期至今，众多西方古典作曲家当中灌录唱片次数最多的不是巴赫的哪部作品，也不是贝多芬、莫扎特、柴可夫斯基的作品……而是巴洛克时期的意大利作曲家维瓦尔第的小提琴协奏曲《四季》。

《春》就是《四季》的第一个曲目。乐曲为人们呈现的是这样一个场景：春天来了，无限欢欣。小鸟唱着欢乐之歌来迎春。微风轻拂清泉，泉水叮咚流淌。天空乌云笼罩，电光闪闪，雷声怒号。雷鸣电闪转瞬即逝，鸟儿重又婉转歌唱。在鲜花盛开的草地上，在簌簌作响的草丛中，牧羊人在歇息，忠实的牧羊犬躺在一旁。伴随着乡间风笛欢快的音响，在可爱春天的晴朗天空下，仙女们与牧羊人翩翩起舞。

多么美好的一天，准妈妈在欣赏这首乐曲时，一定要用心灵去体会作曲家所要表达的春天生机盎然的景象，乐曲的情绪是欢快的，色彩是明亮的。

《梦幻曲》

《梦幻曲》是德国著名音乐家舒曼的作品，舒曼自幼便显露出音乐、诗歌、戏剧等多方面的才华，创造出了众多脍炙人口的佳作。《梦幻曲》是《童年情景》组曲中的一章，那是一个关于天国、天使的童话般的梦，一个关于理想般如诗如画的幻想，充满了浪漫梦幻的旋律，使人不觉中被引入轻盈缥缈的梦幻世界。当准妈妈疲倦的时候听听《梦幻曲》，可以帮助你和宝宝安然入睡。

《维也纳森林的故事》

《维也纳森林的故事》是约翰 · 施特劳斯的代表作之一。在一个春天的早晨，在蓝色的多瑙河畔，远处群山起伏，田野一望无际，构成一幅大自然美丽的图画。一曲《维也纳森林的故事》，一切宛如人间天堂。孕妈妈，假日的清晨，迎接这美丽的森林吧！

《自新大陆》

德沃夏克的《自新大陆》e小调作品95号创作于1893年。当时，德沃夏克在美国纽约音乐学院任院长。这部交响曲通过鲜明的音乐形象和真切的情感，充分地表达了作者身处美洲“新世界”的种种感受和对遥远的祖国——捷克故乡的深切思念。这里既有对美国繁忙紧张的资本主义大都市生活的直接印象，也有阅读描写美洲印第安人生活的诗歌的深刻感受，作品的中心内容是倾吐作者对捷克乡土的无限怀念之情。

如果准妈妈此时正为宝宝即将到来而感到手足无措，或者急躁，那么就来听听《自新大陆》，用它优美的旋律来抚平你和宝宝焦躁的心情吧！

孕9月的营养方案

孕9月，胎宝宝已经具备呼吸和吸吮乳头的生存能力，即使这时出生，存活率也可达到95%。不过，这时孕妈妈还是不能掉以轻心，毕竟足月出生的宝宝会更健康、更聪明。这时，孕妈妈的“足少阴经脉”控制着胎儿的生长，这是一条与肾脏有关的经脉。所以强化孕妈妈的肾脏机能可以促进胎宝宝的性器官发育，并使骨骼变得结实起来。总而言之，这一时期的饮食宗旨就是帮助胎儿获得完整健全的身体。

为此，孕妈妈要多吃：

五味子、橘子、山莓、栗子和黑豆等，这些不仅对孕妇的肾脏有补养作用，而且在保护胎儿的“精血”方面也大有好处；

含有大量维生素C、维生素K、B族维生素、叶酸和铁元素的食物，如酵母、瘦肉、动物肝脏、牛奶、奶酪、鸡蛋黄、鱼卵、蛤蜊、鱼、紫菜、白菜和菠菜等，可以有效应对分娩时所发生的出血状况；

维生素E含量丰富的食物，小麦胚芽、葵花子油和羊肉等，可以预防流产、早产等危险情况的出现。

9月胎教一家“三口”各自在做什么

准妈妈：子宫膨胀到了极限，孕妈妈感觉呼吸困难，胸部难受，心跳加速，排尿次数明显增多。如果发生尿失禁也用不着过于担心，因为这多半是一种暂时性的症状。某些孕妈妈食欲出现下降，也有一些人会受到便秘或痔疮的困扰。腿部经常会发生浮肿，腹部可能有发胀和堵塞的感觉。因此孕妈妈要尽量避免久站或长时间保持一种姿势，还要有意识地减轻各种压力。

准爸爸：准爸爸一定要多为孕妈妈着想，对其进行无微不至的照顾。随着孕妈妈的身体变得越来越笨重，此时再提出任何性要求都是不合适的。准爸爸应该尽可能地抽时间陪在孕妈妈身边，与其一起练习按摩和调整呼吸的方法，还可以购置婴儿用品，与孕妈妈一起作好迎接孩子到来的准备。

胎宝宝：胎儿身体的各个器官除肺部尚未发育完成外，其他均发育完成，此时出生完全可以存活。脸部的表情更加丰富，有时皱眉，有时微笑。由于胎儿的身躯过大，此刻在子宫中几乎无法再移动。此外，胎儿还会向下调整自己的头部，已经作好了随时来到这个世界的充分准备。

孕9月胎教备忘卡

孕33周

胎教注意事项：孕妈妈体重增加；并且开始非常喜欢收拾屋子；需要了解早期羊水破裂的征兆。

孕34周

胎教注意事项：可做按摩或涂抹药膏减轻胸部发胀引起的疼痛；食用烤土豆、花菜和酸奶降低胆固醇。

孕35周

胎教注意事项：乳房胀至最大限，身体变重；需要摄取大量维生素和矿物质为母乳喂养作准备。

孕36周

胎教注意事项：孕妈妈体重增加，胎动次数明显减少。进行第7次产检，注重对乳房的按摩。

胎教备忘

音乐胎教：不妨在这个月里把音乐胎教当做重点来进行。对于音乐胎教的内容主要以前面几个月的乐曲为主，反复聆听。

社会胎教：孕妈妈身边的每个人都要为培育健全美好的生命贡献一份力量。

按摩胎教：缓解孕晚期会出现的各种病征。

孕
10
月

第十章
胎教的 18 个细节（36 周～40 周）

细节 1：10 个月胎宝宝的模样

准妈妈是不是有点激动呢？终于到了孕 10 月了，这意味着妈妈马上就能看到宝宝了！不过，这个时候还是要耐心地等待一下哦！

到了孕 10 月，宝宝的身高已经达到 48 ～ 50 厘米，体重为 3000 克左右，皱纹已消失，变成了淡黄色的胖乎乎的胎宝宝，头盖骨变硬，指甲也长到超出手指，头发长 2 ～ 3 厘米。细毛几乎看不见了，胎脂在后背、屁股、关节等处已达稍许可以看到的程度。

这时，胎宝宝也没闲着，他也在积极地为体外生活作准备呢！比如让自己的中枢神经系统更加成熟，以及掌握其他一些应付环境的最基本能力。

细节 2：临产前如何提高睡眠质量

孕妈妈临产前的紧张情绪一样会影响到自己的睡眠质量，比如很多孕妈妈因为精神上有很大的负担，所以会导致失眠。其实，不必为此烦恼，要减轻心理负担，用积极的心态去面对分娩，如果实在睡不着，可以看一会儿书，或聊一会儿天。转移一下注意力，心平气和自然能够入睡，这样才能保证睡眠的质量。

医学研究证明，临产前一个月内，夜间睡眠少于 6 小时的准妈妈，分娩过程比睡眠7小时以上的准妈妈要长。另外，睡眠少于6小时的孕妇剖腹产概率更大。

因此，在临产前准妈妈更要睡得好、睡得香，正确的做法为：

尽量在晚饭前喝足水，以减少夜间如厕次数；

睡前吃些小点心，避免夜间肚子饿或恶心作呕；

用足够多枕垫来保证睡眠舒适；

午餐后尽量少吃含咖啡因的食物；

把卧室布置得舒适，保持睡前心情愉悦，养成良好睡眠习惯；

采用左侧卧位的姿势睡觉，其好处前面已经说过；

应多去户外走动，尤其在早晨出门感受晨光，这样也有助于睡眠；

睡觉适当按摩腿部或将脚垫高，可以缓解腿部抽筋或疼痛。

细节3：孕妈妈在产前如何作好角色转换的心理准备

很多准妈妈在升级为妈妈后，却没有表现出更多的喜悦，相反，有的甚至变得有点消极了。比如，她会对亲朋友好友对宝宝的疼爱和关注表现出不满等情绪。难道是妈妈不想让别人亲近自己的宝宝？当然不是。

这是因为，妈妈会从心里觉得，探视的亲友表面上来慰问她，事实上个个都是来看孩子，“他们认为宝宝是奇迹，却把制造这一奇迹的人完全忘却。”更有心理不平衡的新妈妈认为：“早知道孩子会占去老公和公婆的全部注意力，我宁可不生这个孩子。”

因此，从孕38周起，准妈妈就要为生产后的这种角色转换和心理变化作好准备。在怀孕期间，孕妇最脆弱，因此全家的关注焦点落在孕妇身上，是十分必要的；而在生产过后，全家的关注点有所转移也很正常。

准妈妈要从积极层面上去理解这种变化，比如，丈夫和公婆乐意照料宝宝，正好可以让产后虚弱的自己腾出时间来好好休息，恢复健康。千万不可用“闹别扭”的方式来吸引丈夫和公婆的关注，不妨将自己的委屈讲出来，让丈夫和长辈知道，“月子婆”需要的不仅仅是催乳汤，也需要精神关爱的“心灵鸡汤”。

细节 4：如何进行助产呼吸练习

助产呼吸练习不仅能够减轻宫缩疼痛，而且可以使分娩顺利进行。那么，如何进行助产呼吸训练呢？实际上，因为每个产程的侧重点不一样，呼吸练习的方法也不同。

助产呼吸练习一览表

产程	方法及步骤	注意事项
第一产程呼吸练习	❀ 当宫缩疼痛开始时，深深地吸一口气，然后慢慢地呼出 ❀ 以5秒钟为标准，心中默默地数1、2、3、4、5，让自己有一种将气体储存在腹中的感觉 ❀ 然后把气一点一点慢慢地呼出，从嘴里或鼻里呼出都可，呼气时间是吸气时间的2倍 ❀ 按照这样的方法反复做4～5次后，呼吸要逐渐变得短而浅一些，直到呼吸恢复自然状态 ❀ 孕妇继续轻微呼吸，待感到宫缩减弱为止 ❀ 再连续做4～5次深吸气、慢呼气的练习，每次逐渐加深，直至宫缩停止	往外呼气时不要用嘴吹气，一定要向外送气。在临产第一产程结束时，孕妇宫缩加强，可能会出现呼吸被抑制，甚至挤压的感觉，但若按上述方法去做，就会得到缓解
第二产程呼吸练习	❀ 当宫口开全时，孕妇需要进行屏气呼吸，孕妇在做这个练习时，应采取仰卧、双膝弯曲、两腿分开、头和双肩抬高的姿势，孕妇在每次宫缩开始时，深深吸气，并用力向下屏气，以推挤胎儿前进 ❀ 当宫缩结束时，吸气应缓慢，并且加重，然后慢慢呼气，直到下次宫缩开始	在胎头露出来时，孕妇采用张嘴短促的哈气呼吸，即“哈”、“哈”，不可发出声音，身体也不可用力，练习时应该以30秒为一次宫缩时间，逐渐增加训练，直到能达到以60秒为一次宫缩为止

细节 5：为顺产作准备

随着预产期的临近，每位准妈妈都应该积极行动起来，为顺产作充分的准备。虽然肚子越来越大，身子也是越来越沉，但是在一些生活细节上也不要放松，要严格按照科学的要求来做。

合理饮食，控制体重

专家建议，要减少分娩风险、促进顺利分娩，孕妈妈整个孕期体重增长最好不要超过 25 斤，因为巨大儿也会增加分娩风险。

从心理上开始重视起来，比如经常提醒自己："如果现在胖得太多，产后瘦身就要付出更多的辛苦"。减肥对于每个女性而言，都是十分痛苦的事。准妈妈应时时警惕自己，千万不要陷入减肥的深渊中。

拒绝零食。逛超市买菜时，只买必需品，克制自己购买零食的冲动。

选择在家里和朋友见面。这样不但可以方便自己的饮食选择，而且还可以避免吃的过量。

动手准备婴儿用品。着手制作、准备婴儿用品，时间便在即将为人母的快乐心情中度过，让孕妈妈根本无暇吃点心。

自己动手做点心。为了怕发胖，许多孕妈妈即使肚子饿，也不敢吃东西。不妨自己动手做些不发胖的低脂、低糖、含丰富纤维的点心满足口欲。

送给准妈妈的温馨Tips

很多准妈妈想，如果实在不能顺产，就干脆剖腹产算了，控制体重实在是件麻烦事！其实，对剖腹产的妈妈来说，过胖的体重也是不可取的。因为过于肥胖，皮下脂肪太厚，剖腹产后的刀口愈合起来往往很困难。

及早纠正睡眠姿势，减少后期的子宫压迫

前面我们已经提到过，孕期的最好睡姿是左侧卧位。从科学理论上讲，左侧卧位的睡姿，可以避免子宫对胎儿的压迫，减少胎儿缺氧的概率。不仅如此，正确的睡姿对于顺利分娩也有一定的意义。

研究证实，分娩和怀孕后期采取仰卧位，非常不利于子宫和胎儿的血液循环，妊娠的中期和后期，由于增大的子宫可压迫下腔静脉和腹主动脉，前者导致流回心脏的血液减少，孕妇有可能发生低血压；后者则能使双侧肾动脉血流不足，子宫动脉流经胎盘的血液量减少，这会造成孕妇肾脏的损害，对胎儿也将构成巨大的威胁，这决不是无依据的。

最近研究人员利用血管扫描仪对16名健康、无并发症的足月胎产妇（宫口已开了3～4厘米）进行脐动脉血流测定，明显看到当孕妇仰卧时脐动脉阻力增高，而侧卧位时阻力即下降。

因此，正确的孕妇睡眠姿势应该采取侧卧位，在臀部下可垫一些柔软的小物件，如小枕头、毛巾或泡沫塑料等，侧卧至少倾斜30～40度，即身体长轴平面和床的平面呈一个30或40度的锐角。

合理的运动，有助于分娩

临近预产期，准妈妈最关心的就是胎宝宝入盆了没有，因为只有胎头入盆了，才能保证顺利分娩。而合理的运动则可以协助胎头顺利入盆，如饭后散步、漫步等步行运动。另外，专门的孕妇操对顺利分娩也有积极的意义，其强度不大，主要是一些特定的伸展类运动。孕妇操不仅可以帮助孕妇增加活动量，而且能增加孕妇的骨盆宽度，增强孕妇的肌肉锻炼。这不仅可以帮助孕妇尽量顺产，而且对于产后的恢复也很有帮助。

时刻注意，胎心监护

到了孕10月，胎盘已经成熟，子宫对胎儿的压迫危险时刻存在着。所以准妈妈在家里对胎心的计数尤为重要。因为越到后期，往往越会出现胎儿缺氧窒息的情况。

那么，什么是胎心呢？

所谓胎心，是指胎儿在子宫内心脏跳动的声音，音色清脆，节律整齐，通过听胎心可了解胎儿健康情况。

一般在怀孕 7 周左右，就可以用 B 超设备看到胎儿心跳；怀孕 12 周左右，多普勒胎心仪可检测到胎儿心跳。在孩子出生前，胎心音是联系胎宝宝和外界的唯一桥梁，是胎儿健康的重要指征。

通常情况下，正常胎心跳动为每分钟 120 ～ 160 次，听上去应当是规则的、无间隙的。如每分钟胎心跳动超过 160 次，或少于 120 次，或心跳不规则，时快时慢，跳跳停停，中间有间隙等均属不正常。

【小案例】

今年 29 岁的罗女士怀孕后特别注意胎宝宝的健康问题，于是，到了第 10 个月时，她干脆自己买了一个胎心听诊器，早晚各监听胎心一次。

预产期临近前的一天，罗女士觉得宝宝的胎动比较频繁，就赶紧用胎心听诊器听一听，结果吓了一跳：胎儿心跳超过 160 次 / 分，比正常的 140 次 / 分高了不少。

她赶紧收拾东西去了医院，医生检查后发现胎儿羊水过少，需要马上剖腹产。幸好罗女士入院及时，否则后果不堪设想。

的确，正确的胎心监护对宝宝的安危非常重要。不过，胎心监听是个有技术含量的活，并非人人都能正确操作。

因此，胎心监护还是要以医生和医院的为准，但孕妈妈也不要过于紧张。

细节 6：准妈妈分娩心理必修课（1）——提前了解分娩的应激反应

什么是分娩应激反应？它是指产妇对内外环境中各种因素作用于身体时，所产生的非特异性反应，主要表现为：

过于关注怀孕过程，如经常担心妊娠不顺利，担心胎儿发育不正常。研究表明，对怀孕表现出消极态度，对胎儿状况太担心的孕妇，在孕期容易发生并发症，分娩时也常常更危险；担心分娩不顺利，害怕手术，害怕分娩时的宫缩痛；害怕陌生的分娩环境，害怕周围产妇痛苦的呻吟或嚎叫，害怕医务人员冷漠的面孔或语言刺激；为胎儿性别烦恼，担心分娩后遗症，担心胎儿不能存活，担心产后无人照顾及经济费用等。

虽然分娩是一个自然生理过程，可它对人类却往往是一件重大的应激事件，尤其是第一次做妈妈的女性，非常容易出现复杂的心理变化，对分娩产生不良的影响。

因此，准妈妈更应该关注自己的心理变化和情绪状态，在产前积极加以调适，这样有助于提高自然分娩的安全性。

细节 7：准妈妈分娩心理必修课（2）——了解分娩时的生理和心理反应

现在大多数准妈妈都是第一次生产，医学上称为初产妇。初产妇由于缺乏经验，对分娩产生恐惧心理是在所难免的。其实，这大可不必，只要在分娩之前多学习一些相关知识，就能很好地避免这种反应。其中，比较重要的就是，了解分娩时的生理和心理变化。

那么，孕妈妈在分娩时，在心理和生理方面会出现哪些反应呢？

孕妈妈在分娩时的心理变化

焦虑、恐惧、抑郁。适当的焦虑可提高个体适应环境的能力，而过度焦虑则不利于适应环境，易导致子宫收缩乏力，是增加助产率和产后出血的一个可能因素；不良的情绪反应可使痛域下降，加重疼痛。紧张—疼痛综合征可使产程延长，同时减少子宫血流，使胎儿缺氧；心理承受能力下降，自我评价下降，缺乏自信；使产妇分娩的自控力降低或丧失。

孕妈妈在分娩时的生理变化

血压升高，心率加快，呼吸增加，血糖升高，肌肉紧张等；

内分泌系统发生变化，尤其是垂体—肾上腺皮质系统，使得肾上腺素分泌增加，导致子宫收缩乏力，影响产程的顺利进展。

细节 8：准妈妈分娩心理必修课（3）——认识分娩的过程

自然分娩需要经历三个阶段，称为三个产程。产妇只有充分了解分娩中各个产程的特点，并在分娩前开始积极做好心理准备，分娩时才能充满信心，积极与医护人员配合。

第一产程：宫口扩张期，是指从产妇出现规律性的子宫收缩开始，到宫口开大 10 厘米为止。这一阶段时间很长，一般初产妇 8 ~ 12 小时，经产妇 6 ~ 8 小时。在这个过程中，产妇的自我调适非常重要，想象宫缩时宫口在慢慢开放，阴道在扩张，胎儿渐渐下降。同时要自我暗示，“我很顺利，很快就可以见到我的宝宝了”，这对帮助产妇顺利分娩十分有益。

第二产程：胎儿娩出期，是指从宫口开全到胎儿娩出为止。这一阶段初产妇约需 1 ~ 2 小时，经产妇 1 小时以内。在这个过程中，产妇应学会宫缩时正确屏气向下用力，调动腹直肌和肛提肌的力量，帮助胎儿顺利娩出。宫缩间歇时停止用力，抓紧休息。当胎头即将娩出时要张嘴哈气，避免猛劲使胎头娩出过快，造成会阴撕裂。

第三产程：胎盘娩出期，是指从胎儿娩出到胎盘娩出的过程，一般在 10 ~ 20 分钟左右。胎儿娩出后不久，随着轻微的疼痛胎盘剥离排出。胎盘排出后，要检查产道有无裂伤并缝合伤口。此时的孕妇自觉腹内空空，产道如释重负，身心疲惫不堪，但内心充满了幸福及自豪："我终于顺利地把小宝贝带到这个世界了！"

细节 9：准妈妈分娩心理必修课（4）——了解分娩的方式

目前，分娩分为三种形式，包括自然分娩、无痛分娩与剖腹产。那么，三种分娩方式哪一种对妈妈和宝宝更有利呢？

认识自然分娩

自然分娩是指胎儿通过阴道自然娩出（即分娩出来），不用施行药物或助产手术。在正常情况下，自然分娩对母亲的伤害最小。自然分娩中，孕妇的第一次宫缩即是对胎儿的第一次实实在在的按摩，对日后小孩皮肤感官系统的形成很有帮助。而且，通过正常产道的挤压，可以使胎儿把吸入肺里的羊水吐出，可以减少婴儿娩出后发生窒息的危险性。

认识无痛分娩

无痛分娩其实是自然分娩的一种方式。是指在自然分娩过程中，对孕妇施以药物麻醉，使其感觉不到太多疼痛，婴儿从产道自然娩出。无痛分娩相对来说也较安全，对于母亲本身几乎没有什么影响。但对于胎儿来说，由于配合维生素的使用，容易增加产钳娩出，即用钳子将婴儿头或双侧颈骨之位用力拉出。这会在一定程度上引起胎儿颅内出血或发生智力障碍、手脚麻痹，因此现在一般都不采用这种方式。

认识剖腹产

剖腹产则是指不通过产道将胎儿取出。方法有好几种，但目前大部分采取腹式剖腹产，即切开产妇的下腹部和子宫的方法。剖腹产原本是为了将母子从危险中抢救出来不得不采用的方法。然而，现在有一种不良倾向，就是不少产妇在临产前即使能自然娩出，也要求施行剖腹产，她们认为阴道分娩太痛苦，而且还会使阴道松弛。其实，剖腹产毕竟是手术，有手术就会有风险，对于母子来说，都会有不利的影响。

细节10：准妈妈分娩心理必修课（5）——学习减轻分娩疼痛的方法

十月怀胎，一朝分娩，这对每个女性来说都是既幸福又恐惧的事情。其实，分娩时的疼痛是客观存在的，不可避免的，只不过，如果能掌握一定的方法，这种疼痛在一定程度上是可以缓解，甚至是可以减轻的。那么，如何才能有效的减轻分娩的疼痛呢？增强分娩的信心，保持良好的情绪；自我积极地暗示，如想象宫缩时宫口在慢慢开放，阴道在扩张，胎儿渐渐下降，同时自我暗示："我很顺利，很快就可以见到我的宝宝了。"

肌肉松弛训练、深呼吸、温水浴、按摩、改变体位等；分散注意力，如看自己最喜欢的照片或图片，看书、看电视、听音乐、交谈；合理地宣泄，如哼哼、呻吟、叹气等。

细节 11：准妈妈分娩心理必修课（6）——获得周围人的支持

在分娩过程中，孕妇最需要的是身边人的安慰和鼓励，因此，在孕妇进行分娩时，周围的人要做好产妇的坚实后盾，多多为她提供帮助和理解。正确的做法包括：

产前丈夫、公婆及父母等家庭成员要进行有关心理卫生知识的学习，处理好与孕妇之间的关系。

对生男生女均持正确的态度，让孕妇有一个充满温馨和谐的家庭环境，感到舒适安慰，心理负担减轻，全身心投入到分娩准备中去。

家人应多关心、鼓励孕妇，并督促其定期检查，强化客观支持对孕妇的作用。

丈夫要带着妻子去熟悉分娩环境及医护人员，可通过各种途径，如播放录像、参观、咨询和交流，设法使孕妇熟悉医院，熟悉分娩环境和医护人员，减少入院分娩的紧张情绪。

细节 12：产前走一走，生育更顺溜

【小案例】

在国外，有医疗机构曾经做过这样的实验，他们对 1678 例孕期为 37 ~ 40 周的健康产妇的资料进行了分析，她们分娩的都是单胞胎、头先露、自然分娩，且未用催产素及硬膜外麻醉。这些产妇在临产前分走动组（771 例）和没有走动组（907 例）两组。走动产妇是指“分娩过程中至少一半时间处于直立移动状态”。没有走动产妇大部分时间是坐着或卧着，很少直立或走动。

结果发现，与未走动产妇相比，走动产妇间歇胎儿监测率较高（75%：55%），镇静止痛剂的使用率低一些（21%：27%），自然分娩率高（97%：94%），但剖宫产率却少了近一半（2.7%：5.5%）。走动对母亲及胎儿都没有不良影响。产前走动的产妇心情也更愉快些，自我感觉也舒服。当对参加走动组的妇女进行询问，是否愿意在将来的分娩中走动，99%的人回答"是"。

在我国，很多产妇在临产前都习惯卧床待产，或者很少下地走动。其实这样做对于今后的分娩并无益处。因此，临产孕妇应适量行走，这样对母亲及胎儿更有利。

细节13：情商胎教更能"制造"天才

【小案例】

日本有一位母亲，培养出了4个天才儿女，她写了一本叫《胎儿都是天才》的书。书中，她并不主张努力去培养什么天才儿童，而是强调家长的爱心对胎儿的重要性。从一个小小的生命"落户"在妈妈身体中的那一瞬间，他就在努力地"学习"，为出世而作准备。这时候，妈妈满怀爱心地去教授胎儿各类知识与行动的"课程"，胎儿出生后自然而然地就会成长为健康聪明的宝宝。

其实，这位日本妈妈的观念非常正确。胎教与未来的幼儿教育一样，不要灌输知识，而要培养宝宝在未来人生中的一种健康心态。现代幼儿教育的一个最新的理念不是一直在强调说，情商胜于智商吗？这样，何不在宝宝还在腹中时，就开始教给他这方面的技能呢？

对于大多数年轻准妈妈而言，平时要忙于工作。因此，不必刻意花时间进行专门的胎教，只要在平时的生活中保持平和愉悦的心态就好。最好夫妻双方积极配合，给肚子里的宝宝创造一个良好的氛围，让宝宝从未出世时就生活在充满爱与信任的世界里。

为此，准妈妈、爸爸可以在繁忙的工作之余这样做：

尽量多地创造两人与腹中宝宝相处的时间，多和胎宝宝说说话，告诉他你们有多爱他；

准爸爸、妈妈一起谈论开心的话题时，不要把胎宝宝落在一边，也让他加入进来；

夫妻间发生争执或者矛盾时，双方都要有“退一步海阔天空，忍一忍风平浪静”的相互体谅、相互谦让的精神，尽量给胎宝宝创造一个和谐的氛围；

工作忙碌的准妈妈要时常与胎宝宝对话，告诉他你现在工作的重要性和必要性，得到胎宝宝的理解。

这样的心理培养将十分利于宝宝情商的培养，有助于提高宝宝在未来竞争社会中为人处世的能力。所以说，胎教时情商要重于智商。

细节14：氧气造就“天才儿童”

南非优生学教授哈印兹曾做过这样一个实验：把孕妇的身体放入樽形装置中，使孕妇腹部周围的空气减少为大气压的1/5，从而减少腹壁给胎儿的压迫。这样使流入胎儿脑内的血流量增加。由于血流量的增加，供给胎儿的氧气也就充足了。

结果，采用这种方法的母亲生出的孩子在13个月时能接听电话，在满18个月时普通的孩子只会说6句左右的话，而这种孩子却会说200多句话。

因此，哈印兹教授得出了这样的结论，即在妊娠的最后十天，每日只要实行30分钟的氧气添加法，就可以制造大量的天才儿童。

当然，这种方法必须与胎教相结合才能取得惊人的成果。对于天才儿童制造法可靠性的进一步验证还需要一些时间，因此还不能马上实行，但有一点已经确定，那就是怀孕妇女多到大自然中呼吸新鲜的空气，增加吸氧量确实对胎儿大脑发育有显著的效果。

细节 15：将胎教进行到底（1）——自然分娩好处多

研究结果表明，采用自然分娩法生出的婴儿比采用剖宫产生出的婴儿智商高两点。

因为婴儿在经过母体的产道时，身体上的各个组织都受到了挤压的刺激，而剖宫产手术则不能达到这样的效果。可以说，自然分娩是孕妈妈送给胎宝宝的最后一个胎教礼物。

具体而言，自然分娩主要有以下四大好处。

自然分娩，虽经过十余小时的产痛，但孩子一生出来，立刻觉得十分轻松，很快能下地活动，大小便自如，饮食、生活也能很快恢复正常，可以有充沛的精力照顾自己的宝宝。由于恢复很快，也容易早下奶，能很好地进行母乳喂养。

自然分娩住院时间短，母婴产后最多三日就可出院，受到家人的照顾，更有利于产后的恢复。产后还可以及早进行锻炼，也有利于体形的恢复。

自然分娩可免受剖宫产手术带来的痛苦与弊端，如麻醉的风险，手术的出血、创伤，术后的肠胀气等。

从长远来看，自然分娩后产妇容易选择避孕方法，如可以早放避孕环，而且一旦怀孕，需做人工流产时，不必担心刮宫引起子宫瘢痕部位穿孔等问题，而且也不会发生由于腹部手术引起肠粘连、腹壁切口的子宫内膜异位症等问题。

细节 16：将胎教进行到底（2）——准爸爸陪产

经过 280 天耐心的等待，终于快要迎来自己的宝宝了。这时不论是爸爸还是妈妈都会表现出极大的喜悦之情。然而，就在这之前，还有一个巨大的考验等待着妈妈，那就是分娩。很多孕妈妈在即将进产房时，都希望能够有丈夫陪在身边。

其实，丈夫陪产，不仅对妻子是莫大的鼓舞和安慰，更是一种很好的胎教方式。

因为这对妻子的感情、心理都是一种安慰，有利于减轻妻子的痛苦，加快产程。同时，在目睹妻子经受分娩的痛苦后，可以对丈夫的心理产生刺激，从而进一步升华对妻子的爱。此外，目睹孩子的艰难出生过程，也可以增强丈夫对家庭的责任感。

因此，如果可能，丈夫要尽量陪产。丈夫参与进来，与孕妇一起承担痛苦，可以使分娩过程中始终持续着积极氛围，这对孕妇和宝宝都是非常重要的。

细节 17：如何预防产后“昏迷症”

【小案例】

阿岩在十月怀胎时还好，但临到分娩前的几天却显得格外紧张，吃不好、睡不好。分娩过程虽较为顺利，但分娩后的头两天却一直处于晕迷之中。主要表现为嗜睡、精神恍惚，对问题的反应总是答非所问，且对一些简单的事物都分辨不清。为此，阿岩的丈夫十分紧张，不知道该如何解决。

阿岩的这种情况，在医学上被称为“产后认识功能短暂缺失”，是一种与产前过分紧张有关的生理现象。产前及产程中过分紧张，产后就会感到身体疲惫不堪，睡眠增多。另外，如果产前及产程中过度精神紧张，会引起机体 β－内啡肽大量生成，这些 β－内啡肽会抑制大脑皮层功能，从而使产妇的记忆功能和分析功能明显减退，导致产妇出现认知功能方面的短暂缺失，从而出现产后晕迷现象。

一般情况下，出现这种现象并无大碍，随着产后的休息、精神放松及 β－内啡肽体内水平的下降会自行恢复正常，所表现出的晕迷天数也不会超过 4 天，所以不用特殊治疗。只要加强护理、注意观察、预防并发症即可。

虽然问题并不严重，但是能避免还是最好的。那么，如何才能有效避免产后出现“昏迷症”呢？

做法是：

做好分娩前的精神心理指导，克服恐惧、焦虑等心理障碍，缓解或减轻紧张情绪，同时保证充分休息及合理饮食，以保持充沛体力和精力；

对精神过度紧张的产妇，尤其是初产妇最好采用无痛分娩或陪伴分娩，以减轻产妇的痛苦和紧张，避免分娩过程中 β－内啡肽的大量分泌。

正所谓，“心病还需心药医”，预防这种由心理原因导致的病症，最好的办法就是心理调适。

细节 18：通过按摩缓解产后不良症状

孕妇在产后会出现各种各样的不良症状，这时最好的办法就是采用按摩的方法来加以调整和缓解。

用按摩缓解产后忧郁症

Step1：用双手握住脚背，模仿掰开一个苹果的动作进行按摩，重复 4 ~ 5 次。

Step2：用大拇指和食指依次抓住 5 个脚趾，并逐个向上提拉。

Step3：握住脚底部，重复 4 ~ 5 次。

Step4：用大拇指在子宫反射区，依照逆时针方向画圆。

Step5：用两手的大拇指从左右两侧对应着挤压涌泉穴，3 次，每次 4 秒钟。也可以用一个大拇指进行按摩。

用按摩解决产后肥胖问题

Step1：把毛巾敷在脚背上，用双手握住脚背，进行按摩，以 1 ~ 2 分钟为宜。

Step2：从脚腕出发向膝盖方向摩擦，两只脚轮流进行按摩，持续 1 ~ 2 分钟。

Step3：用大拇指轻按涌泉穴，3 次，每次 4 秒钟。

用按摩促进乳汁分泌

Step1：在脚底中心的涌泉穴上按 4 次，每次 3 秒钟。

Step2：滑动按摩输尿管反射区，重复 9 次左右。

Step3：挤按膀胱反射区，3 次，每次持续 4 秒钟。

Step4：一只手抓住自己的脚，另一只手将五个脚趾一起向后扳动。

孕 10 月胎教重点
——勇敢妈妈孕育坚强宝宝

每个准妈妈估计到了这时候都没有心情再做胎教了，因为她们或多或少都会感到恐惧，犹如大难临头，烦躁不安，呻吟，甚至惊慌，无所适从……这种情绪其实大可不必，“瓜熟蒂落”是一种自然规律，根本不必太过于紧张。

况且，这种无谓的消极情绪不仅容易消耗分娩体力，造成宫缩无力，产程延长，而且对胎宝宝的情绪也会带来较大的刺激。因此，在可能的情况下，孕妈妈还是应花一些精力来做些胎教，因为胎儿发育越趋向成熟，大脑功能也越发达，胎教的效果也越好，所以母亲一定要利用好这段时间为胎儿上好最后一课。

可以说，准妈妈的承受能力、勇敢性格，也会传递给胎宝宝，也是未来孩子性格形成的最早期的教育。所以孕妈妈要尽量做到心理放松，全身也会随之放松，配合医生的指导，为孩子的顺利出生创造条件。

具体可以通过以下两方面来实现，如：

调整心情，排除临产前的紧张、恐惧情绪

那么，孕妈妈如何才能有效地排除临产前的紧张、恐惧等不良情绪呢？

要学会及时地转移注意力。比如，孕妈妈花些时间为即将出生的宝宝编织一件小衣服，或漫步于环境优美的大自然中，去看夺目的彩霞、如洗的晴空、郁郁葱葱的树木以及五彩绚丽的花朵……

多去做些有益的户外活动，如可以和准爸爸一起去钓鱼，这可以使孕妈妈紧张的情绪得到排遣和放松。

按时去做分娩前的最后一次产检，并向医生学习一些生产、分娩的常识。

帮未来的宝宝布置一个可爱的婴儿房，以迎接可爱的宝宝的到来。

当孕妈妈感到内心十分焦虑时，准爸爸要及时给予抚慰和安抚，比如准爸爸可以给孕妈妈讲些幽默诙谐的小故事或者笑话，来调节孕妇紧张消极的情绪。

亲人不要给孕妈妈施加无形的压力，尤其不应该顾虑即将诞生的婴儿的性别，免得给孕妈妈带来沉重的心理负担，使分娩不顺利。

可以说，孕妇任何不良的情绪，对腹中的胎宝宝和将来的分娩都十分不利，所以孕妈妈一定要排除这些不良的情绪。

开开心心，精心布置“小窝窝”

小宝宝从呱呱坠地到逐渐成长，到可以坐、爬、走的这段时间里，父母要做的就是为宝宝提供一个良好的生活、学习环境。而如何为宝宝布置一个舒适的“窝”，也是考验新爸爸、新妈妈创意和耐心的一件事情。

具体而言，为宝宝布置“小窝窝”需要遵循以下三个原则。

原则一：爸爸妈妈的房间如果足够宽敞，还有足够的空间在大床的旁边再放一张婴儿床，那么，就暂时把婴儿房设在父母的卧室里，这样在睡觉时可随时掌握宝宝的动静。

原则二：如果主卧室不宽敞，那么，就让宝宝暂时和爸爸妈妈睡在一个大床上。需要注意的是，要保证床足够大，这样才能给小宝宝一个独立的空间。爸爸妈妈在睡眠中一定要多加小心，注意睡眠中翻身或是挥手的动作不要太大，以免打到宝宝。另外，为了防止棉被盖住宝宝的口鼻，必须替宝宝准备一套婴儿被具。

原则三：榻榻米式的设计最具有安全、舒服如大床的活动空间，是值得推荐的方式，不但适合宝宝的成长速度，而且柔软的材料，对已学会爬、刚要开始练习走路的宝宝来说是非常合适的。宝宝有了适度的活动，才能刺激肠胃的营养吸收更顺畅，从而有利于宝宝的身心发展。

送给新妈妈的温馨Tips

为避免宝宝在活动时碰触到家具的尖锐边角，可以在上面粘贴各式各样的护套，保障宝宝的安全。另外，也可把房间内不必要的家具挪开，空出一个活动范围，并在地板上铺上1厘米高的泡沫垫，让正在学习爬行的小宝宝有足够安全的空间。

孕 10 月的营养方案

在孕 10 月，准妈妈应多吃富含维生素 K、维生素 C 的食物，而且食物要容易消化吸收。菜肴制作上应以切、煮、蒸、焯等烹调方法进行深加工，以减少胃的负担和便于吸收。

另外，这一时期的饮食目标是，营养充足而不发胖。为此，准妈妈要遵循以下几个原则，这样才能让即将分娩的准妈妈的体重不会过度超标。

原则一：早餐要吃得好，中餐要吃得饱，晚餐要吃得少。

原则二：吃生菜、水果时尽量不加沙拉酱。

原则三：吃肉时应去皮且不吃肥肉，只吃瘦肉部分。

原则四：浓汤类只吃汤中的固体食物，少喝汤。

原则五：以水果取代餐后甜点。

原则六：以开水或不加糖的饮料及果汁，来取代含糖饮料及果汁。

原则七：注意食物的种类及吃的分量。

原则八：尽量用煮、蒸、炖、凉拌、红烧、烤、烫、烩、卤的烹调方式。

原则九：煮饭、买菜前，先算好吃饭人数及分量，避免吃下过多剩菜。

原则十：少用油炸、油煎的烹调方式。

10月胎教一家“三口”各自在做什么

准妈妈：产期越来越近，子宫的分泌物也增多，而且身体笨重易出汗，这时应该勤洗澡。身体清爽了，心情自然也就舒畅了。应加以注意的是，尽量不要到公共浴池洗澡，以免发生感染和危险。

准爸爸：在妻子临产的前一个月，丈夫就要订一个周密的计划并开始着手准备了：清扫布置房间。在妻子产前应将房子清扫布置好，如果是冬季，一定要注意房子的保暖性，要保证房间的采光和通风情况良好，不用的东西要清理出去，尽量使屋内清爽、干净，让母子生活在一个清洁、安全、舒适的环境里。

胎宝宝：胎儿此时已经做好了来到这个世界的一切准备，急不可待地等着那个特殊时刻的到来。此时的胎儿正为出生后的呼吸作着大量的准备。胎儿还会从母体当中汲取各种抗体以增强自己的免疫力，肠道中充满了胎便，这些粪便会在出生之后的几天内排泄出来。

孕10月胎教备忘卡

孕37周

胎教注意事项：进行第八次产检；保持良好的饮食习惯；强化阴道肌肉的提肛运动和轻微的舒展运动。

孕38周

胎教注意事项：进行第九次产检；有过早产经历的孕妇应严格禁止性生活；注意分娩征兆。

孕39周

胎教注意事项：胎儿位置下降可能造成孕妇行走困难。进行第十次产检为母乳喂养作准备。

孕40周

胎教注意事项：了解分娩阵痛，学习相关的分娩心理课程，了解分娩常识，为顺产作好准备。

胎教备忘

情商胎教：胎教与未来的幼儿教育一样，不要灌输知识，而要培养宝宝在未来人生中的一种健康心态。

临产胎教：准妈妈的承受能力、勇敢性格，也会传递给胎宝宝，也是未来孩子性格形成的最早期的教育。

饮食胎教：多吃容易消化吸收的食物。

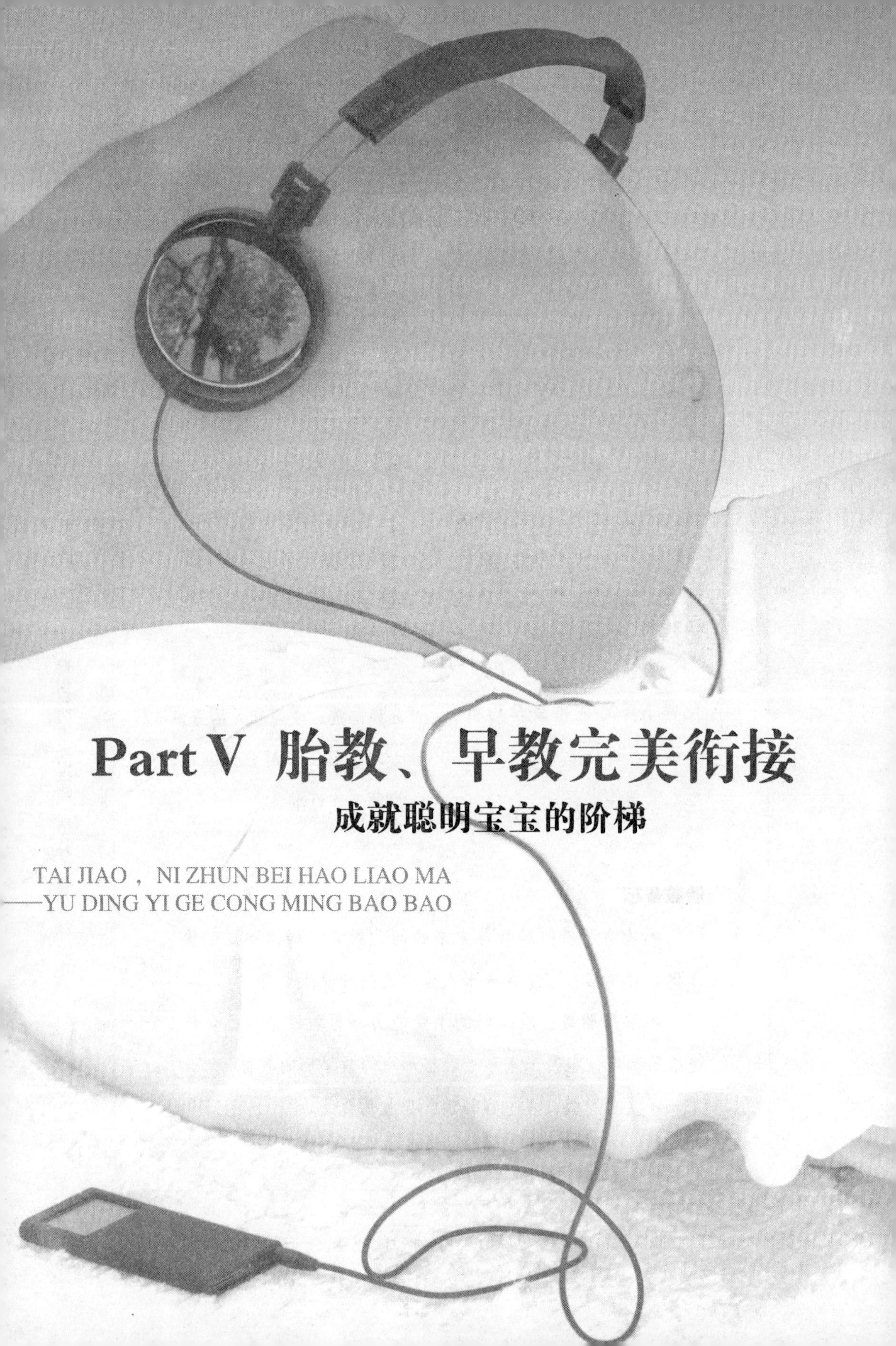

Part V 胎教、早教完美衔接

成就聪明宝宝的阶梯

TAI JIAO ，NI ZHUN BEI HAO LIAO MA
——YU DING YI GE CONG MING BAO BAO

细节1：胎教是早教的前奏和基础

杨阳的女儿现在已经快1岁了，回忆起怀孕的十个月，杨阳最大的感触，也是最值得骄傲的就是，她几乎每天都用胎教仪在固定时间给腹中的宝宝听音乐。孩子的父亲也积极参与，每天抽出时间用话筒和未谋面的孩子进行交谈，亲切地呼唤她的乳名："朵朵（杨阳女儿的乳名），爸爸在和你说话呢！今天乖不乖啊？"有时孩子在腹中乱蹬乱踢时，只要爸爸抚慰一下，说"宝宝乖，不要闹，妈妈已经很辛苦了，你要体谅啊！"孩子就会放缓动作，安静下来。

结果当杨阳的女儿出生后，她对胎教时的音乐作出了反应：只要妈妈一放胎教音乐，她就兴奋地踢蹬小腿、挥舞小手"跳起舞"来，并且早早地对"朵朵"这个名字作出了反应，而到了8个月时，特别喜欢看书。杨阳认为，这都是胎教和早教的功劳。

虽然胎教的好处很多，但是仅有胎教是不够的，因为"胎教"是"早教"的前奏和基础，"早教"则是"胎教"的延续和发展，只有两者结合起来，才会为孩子的培养打下扎实的基础。

细节2：早教早认识（1）——为什么要早教

毋庸置疑，和胎教一样，早教的目的也是为了培养一个健康、聪明的宝宝，以便让宝宝在面对未来更激烈的竞争时能够游刃有余，不败下阵来。

除此之外，之所以进行早教，是因为越小的宝宝成长速度越快，而每个宝宝的发展也会存在或大或小的差异。刚出生的宝宝就像海绵一样，能够不断吸收外界给予的东西。

细节3：早教早认识（2）——早教从什么时候开始

【小案例】

科学家曾经对刚出生的宝宝进行过一项有益的研究，他们发现，宝宝出生时大脑并不是一片空白的，每个神经轴的突触都会在刺激中产生联结。大脑中的神经在受到刺激后，树突状的细胞会产生联结、延伸，若是没有适当的刺激，脑神经就会原封不动地摆在那里。这项研究最大的成就就是，证明了宝宝需要获得更早期的脑部刺激。

因此，早期教育最好从一出生就开始，一直延续到宝宝3岁为止，在这个阶段中，主要着重于开发宝宝的多元感官能力、生活自理能力、和他人相处的方式，以及基础的学习能力等，而不是要提升宝宝的认知能力，并不是像一般大众所认为的，早期教育便是要教出天才儿童。

细节4：早教早认识（3）——早教的方向是什么

在生活中，有的父母看到别人家的小孩两岁就会认字，而自家的孩子却什么都不懂，就觉得十分受挫，认为是自家孩子智商没有别人高。其实，两岁宝宝能认字，那是因为这个宝宝的家长可能在宝宝还是婴儿时期，就开始不断地和宝宝说话，看到什么就和宝宝说什么，无形之中，这便成了宝宝的经验，到了宝宝会表达的时候，宝宝看到那些熟悉的形状便会和以前的经验做联结。

因此，宝宝很早就会认字只是过去充分刺激的结果，并不是因为家长在宝宝1岁时就拿着字卡要宝宝开始学着认字，也不是人家孩子智商有多高。

专家也指出，如在3岁前给予宝宝足够的感官、语言刺激，并且提供充分的肢体动作练习，那么在进入幼儿园之后，宝宝便有足够的行动能力去探索，且精准的感官能力也能让他大量接收到外界的人、事、物的信息；此外，良好的沟通能力也有助于和别人相处。

因此，宝宝早教的方向应该是协助宝宝建构各种感官能力，让宝宝在未来能够轻松学习，而不是让他不断地认字、学算术、学外语，这样反而给了宝宝过多的压力，使宝宝早早便对学习失去兴趣。

送给新妈妈的温馨Tips

在协助宝宝建构学习的基础能力时，最重要的一点是要加入“爱”。凡事都必须以爱为基础，如果没有爱，当然不能尽心尽力地照顾、教育宝宝。满足宝宝的生理需求便是爱的基本表现，如宝宝肚子饿了、尿布湿了，都要给予立即的满足，更要弄清楚宝宝为什么哭。常常给宝宝拥抱以及肢体上的接触，能让宝宝感受到：“我是被爱的。”在心理需求被充分满足之后，宝宝才会愿意主动探索。

细节5：儿童认知发育与早期教育

专家指出，婴儿早期对周围环境的认识和适应性就是以后智力的由来。小婴儿早期认知活动主要建立在感知和运动的基础上，是儿童在探索活动中能动地发展起来的。比如：

新生儿出生24小时后即对刺激声有反应；

新生儿2周时可集中听力；

1个月的婴儿可注视人脸或鲜艳的玩具；

2个月时目光能跟随移动的物体90度；

3 ~ 4 个月时会辨别声音的方向，头转向有声音的方向，目光能追寻活动的物体或人 180 度，听到悦耳的声音会微笑；

6 个月时目光可以跟随落地的物体；

8 ~ 9 个月时能看到小物体；

12 个月时能听懂自己的名字；

18 ~ 24 个月时开始初步有了时间知觉，如天黑了要睡觉、天亮了要起床等。

因此，0 ~ 6 个月的婴儿要多进行视觉、听觉和触觉刺激，对他抚摩、说话，让他追视移动的玩具或人脸，寻找声音；6 ~ 12 个月的婴儿则在感知觉和运动训练的基础上加强他对人类语言的理解。

细节 6：成功早教 = 体验 + 游戏

宝宝会唱歌，是由于得到了音乐方面的体验；宝宝会给娃娃穿衣服，是从妈妈给自己穿衣的过程中得到体验；宝宝会购物，是在跟爸爸妈妈去超市的反复体验中学会的……游戏是 0 ~ 3 岁宝宝的天性和任务，一直贯穿于宝宝的成长经历，而从生活中得到的体验则像是哈里 · 波特的魔法球，可以把宝宝由一个事事需要人照顾的小婴儿，变成一个“小能人”。

因此，成功的早教就是体验加上游戏，而不是硬性的灌输和正规的课堂学习。

那么，在让宝宝体验的过程中需要注意哪些事项呢?

重复性。让宝宝反复做同一种体验的作用非常重要，它可以强化宝宝对某一事物的印象。

一致性。对于重复的结果要保持一致性。

适龄性。对于宝宝来说，到什么年龄就应该做什么年龄该做的事。

而游戏方面则要在尊重孩子天性的基础上，父母参与其中，对其进行积极的引导，并且及时给予适当的帮助和鼓励。

细节7：如何发掘宝宝潜质（1）
——妈妈要坚信自己的宝宝是与众不同的

很多天才从小就表现出与众不同的一面，在别人看来，这种与众不同是一种怪异的行为。

【小案例】

爱因斯坦在很小的时候，被周围的人视为个性古怪、桀骜不驯的多动儿。但是他的父母却不这么认为，因此才使得爱因斯坦长大以后仍然延续了这种与众不同的人格特质。

他在十七岁那年进入瑞士联邦理工学院，除了物理和数学以外几乎不去上课，整天泡在实验室中，经常和老师争辩，让人觉得没有礼貌，所以毕业后应征回母校任职而被拒绝，后来进入瑞士联邦专利局做一名审查专利的公务员，造就了他对创造发明的独立判断能力。

可想而知，如果当时爱因斯坦的父母绞尽脑汁来控制他的多动现象，那么他就会变成行动迟缓、反应迟钝、爱睡懒惰的小孩。恐怕世界上就再也没有爱因斯坦了。

作为父母，一定要信任自己的宝宝，千万不要因为别人认为宝宝在某方面表现异常，就勒令其改正言行，这势必把天赋扼杀殆尽。

因此，父母首先要善于理解自己的宝宝，从宝宝的角度出发，看看他们的世界。

相信宝宝具有与众不同的能力，从不表现出对宝宝的怀疑，就是父母挖掘宝宝潜力的最关键的一点。

细节 8：如何发掘宝宝潜质（2）—— 重视宝宝的聆听能力

刚出生不久的婴儿还不能开口说话，对于妈妈的问话肯定无法回应，对于妈妈日常讲述的事情也无法表达自己的观点。因此，很多妈妈从思想上默认了这一点，认为孩子还小，还不能开口说话，所以就对其“置之不理”，如自己和丈夫谈论一些开心的事情时，冷落了身边的小婴儿，也不再像胎儿时期，经常和宝宝对对话、聊聊天……

其实，虽然多数情况下宝宝并不能和妈妈对话，但是妈妈一定要意识到，宝宝正在聆听，要不时地与宝宝进行交流，同时注意交谈的数量和质量，多使用手势、表情、背景、父母爱语。

表面上好像是“对牛弹琴”，可是宝宝会对其感兴趣的物品与词句进行联想记忆，并日积月累，在1岁左右形成脑内丰富的语言地图，例如，当听到脚步声，就知道是妈妈回家了，虽然不会讲，但是知道不同词的不同意思，这为开口流利地讲话奠定了基础。

细节 9：如何发掘宝宝潜质（3）—— 用微笑回应宝宝的要求

还记得吗？在胎儿时期，我们曾说过，妈妈的微笑也是对胎宝宝最好的胎教。如今，这一点同样重要，而且更应该被重视。因为这时的宝宝不再像胎儿时期，需要用“脑”去感受妈妈的微笑，他直接可以看到妈妈的笑容，可以听到妈妈的笑声。

因此，父母这时候一定要注意不时用微笑去鼓励宝宝表达自己的要求，并随时用语言表述它。当孩子发出声音时，应不断点头并向他微笑；当宝宝真正说出或尝试表达时，父母要及时地去微笑、鼓掌、拥抱宝宝，去鼓励他的进步。

细节 10：如何发掘宝宝潜质（4）—— 鼓励宝宝咿呀学语

【小案例】

天琪刚刚做了妈妈，在怀孕期间，她就十分注重对宝宝进行胎教。宝宝出生后，她更是把孕期的一些胎教方式延续下来了。比如，从宝宝出生的那一刻起，只要她醒着，天琪就一刻不停地和她讲话，“珠珠（天琪女儿的乳名），妈妈给你穿裤裤，小腿伸出来。”“珠珠，你听，窗外的小鸟叫得多好听，它们都等着你长大和它们一起玩耍呢！”每当这时，只要天琪一说话，珠珠就会盯着她的脸看，渐渐地她也会发出“咿咿、啊啊”的声音，仿佛听懂了似的。

如今珠珠快 9 个月了，只要发现原来“看过”的书，便兴奋地扑过去拿，小嘴里也会“叽叽咕咕”说个不停，这些看似简单的动作，其中包含了早教的成果。

当宝宝口中喃喃自语，发出“o-o-o”这样的音时，父母可以重复并拉长其发音“o-o-o-o-o-o-o-o”。这种相互交流有助于语音的形成，延长语音能强化宝宝正在形成的语音，这时积极地鼓励宝宝发更多的音，也有助于宝宝语言能力的发育。

细节 11：如何发掘宝宝潜质（5）
—— 培养宝宝良好的生活习惯

专家建议，父母培养孩子“吃、喝、拉、撒、睡”的习惯要从出生开始。比如，孩子一满月，父母就培养“把尿尿”的习惯。喝完东西，过一会儿就吹口哨让他解手。刚开始，孩子不一定有此感觉，坚持一段时间后，他就会对口哨声产生条件反射：有尿、屎就排泄，身子向上一挺则表示尿完了或没有排泄。

可以说，家庭是人最早接受习惯培养的课堂，家庭中的所有成员都是宝宝形成好习惯的老师。从孩子呱呱落地开始，在父母为孩子喂奶、把尿、哄睡觉时，都可以有意无意地培养习惯。

细节12：如何发掘宝宝潜质（6）——早早地教他“爬”

俗话说，“二抬四翻六会坐，七滚八爬周会走”，这是宝宝大动作的发育过程，每个宝宝都会经历这些阶段。但是，现在宝宝会爬的越来越少了。其实，宝宝的动作行为发育是需要成人有意识训练的。

【小案例】

梅子的儿子出生两个月时，她每天让他“趴”一会儿，孩子小脸通红大哭起来，长辈们看得心疼不已，“别做了，孩子刚喝完奶会吐的”，“太晚了，让孩子早点睡吧”。如此一来，早晚都练不成，其实，看到孩子这副模样，梅子自己心里也难受，可她仍按早教讲座中的要求去做，耐心说服家人，每天让孩子练几分钟“趴”着玩，没多久，儿子学会了“翻身”，这对他而言，真是个大进步。近7个月时，梅子就尝试用他心爱的玩具引他爬，这次他却不配合，常常没用几下力就趴下“固守阵地”不肯再努力了，当时她自己都快泄气了，后来发现还是自己教的方式有问题，不仅要引他产生“爬”的欲望，还要用手在他腹部托一把，用手掌顶住他的两个脚掌，让他借助推力向前爬，这样耐心地训练两三个星期后，孩子自己也摸着要领了，想爬的时候常撅起小屁股，两腿轮流伸缩用劲蹬地，双手反复抓东西借力或撑着上身向前挪，看着孩子这一点一滴的进步，梅子心中说不出的高兴，比自己获奖还兴奋！

虽然开始时仅仅是笨拙地匍匐爬行，但是对宝宝来讲，仍然很有意义。爬行时，宝宝的手臂不但支撑体重，而且需学习交替向前，每个手臂都需要支持上身体重，这样一来，臂力就得到了很好的锻炼。同样，下肢交替支持腹部以下的重量，下肢的肌肉也得到锻炼机会。

不仅如此，爬行使婴儿主动移动自己的身体，扩大运动接触的范围。这样能促进宝宝认知能力的发展，利于宝宝思维和记忆的锻炼。

因此，要发掘宝宝的潜质，就要让他早早地学会“爬”哦！

细节13：宝宝的亲子游戏（1）——婴儿抚触

对于抚触妈妈应该并不陌生，因为在胎儿时期这就是一种很好的胎教方式。到了婴儿时期，它同样是一种十分有益于孩子健康、聪明的亲子游戏。具体来说，婴儿抚触有以下几个好处：

能够培养宝贝优良的性格。在抚触按摩过程中，宝贝与父母进行着心与心的交流，在这种温馨平和、没有吵闹、爱意融融的氛围中，宝贝的心灵会受到同化，被爱心填得满满的，这样的宝贝性格开朗、活泼大方、平易近人；

能够提高宝贝自身的主动认识。在抚触中，宝贝通过肌肤的触觉神经，将身体发出的信息传达到大脑，体会到自己的存在，逐渐对自己的身体有了一个大致的认识；

使宝贝更具爱心。宝贝因为被爱，才懂得怎样去爱。若从宝贝降生的第一天起，就对他们进行爱的抚触，这会令他们更具爱心，更加勇敢、独立、自信；

让宝贝身体更棒。如果出生后常给他们做抚触或按摩，能帮助宝宝尽快地适应新环境。另外，抚触与按摩还能有效地增强食欲，达到增加体重的目的；抚触与按摩也可以促进胃酸分泌、加强胃窦收缩和消化道功能；

改善宝贝睡眠。抚触与按摩过程中，温馨舒适的环境，可以令情绪激昂的宝贝安静下来，宝贝会在不知不觉中进入梦乡；

提高宝贝的交际能力。宝贝在语言交流能力不发达的情况下，可以通过抚触或按摩与亲人进行非语言性的情感交流，在这一过程中，他们的交际能力得到了锻炼。

送给新妈妈的温馨Tips

虽然抚触的好处多多，但是许多初为人父人母的家长们，不敢触摸新生儿，担心不小心伤害到孩子娇嫩的身体，由此产生了惧怕接触宝宝的心理障碍。虽然出生不久的婴儿身体比较脆弱，但也不至于动不得，只要讲究方式方法，依然可以享受到与宝宝肌肤接触时的幸福感觉。如果担心伤害婴儿，待婴儿长到4～5周大时，再为其作按摩，因为这时父母已经习惯了接触宝宝，他们已经知道，尽管婴儿非常柔弱娇嫩，但不会轻易被捏碎，给予一定的按摩不会对孩子造成伤害。

细节14：宝宝的亲子游戏（2）——学抬头

婴儿的运动发展遵循首尾规律的进程，即顺着从头至脚，抬头→翻身→坐→爬→站→走这一趋势逐渐成熟的。因此，从宝宝出生后1～2个月开始，父母就可以和宝宝进行“抬头游戏”了。

【小案例】

李女士从满月后就开始教宝宝玩“抬头游戏”。刚开始，每次的抬头练习总是与洗澡过后的抚触同时进行，效果不是很明显。无意中，一次爸爸偷懒，把宝宝放在胸前以节省体力，却发现宝宝喜欢在这时抬头东张西望，提前学会了“抬头小游戏”。

实际上，整个“抬头游戏”的核心动作就是：将宝宝抱在妈妈的胸腹前（和妈妈面对面）。妈妈慢慢地斜躺或平躺在床上，此时宝宝便自然而然俯卧在妈妈的胸腹部，扶宝宝的头部至正中，并将宝宝的两手臂置于其头的两侧，轻轻和宝宝说话。因为宝宝想要看妈妈的脸，就会努力抬头看。

刚开始，一天做一次即可，每次时间也不要太久，有1～2分钟足矣。如果宝宝做这个游戏不哭闹的话，可适当增加游戏次数。最好在两次喂奶之间，宝宝情绪好的时候做这个游戏。如果宝宝哭闹，先暂停游戏。

“抬头游戏”的好处是，练习颈部肌肉力量，使其能支撑头部重量。

细节15：宝宝的亲子游戏（3）——小鸟，小鸟，啾啾，啾啾

亲子游戏最大的特点就是，要求父母帮助宝宝有效开启认知新事物的能力，使得宝宝一步一步学习领会新的知识和经验。而观察是认知的前提和基础，那么，父母应该怎样引导宝宝进行观察呢？

正确的做法是：

抱起宝宝，看着宝宝的眼睛；

在宝宝的眼前晃动食指，以吸引宝宝的注意力；

当吸引了宝宝注意力的时候，向左晃动食指，可以看到宝宝的目光也随之移动；

向右晃动食指，并观察宝宝的目光是否继续跟随移动；

边晃手指边说：“小鸟，小鸟，啾啾，啾啾。小鸟，小鸟，啾啾，啾啾……”

起初，宝宝的目光也许只能跟随手指很短的一段时间，但是，只要每天坚持做这个游戏，就会看到宝宝在不断地进步。

（注：上述游戏适合于0 ～ 3个月宝宝进行）

送给新妈妈的温馨Tips

可以说，宝宝的观察能力是注意力形成的开始，同时也会促进宝宝认识世界能力的提高。随着宝宝的眼珠不停转动，宝宝的想象力、思维力也随之开始。因此，新爸爸和新妈妈一定要在这方面下足功夫，千万不要嫌麻烦，或者因为宝宝进步缓慢而停止不做，那样的话，进步就是“零”。

细节16：宝宝的亲子游戏（4）——妈妈和宝宝一起踢踢腿

妈妈和宝宝进行的“踢腿游戏”分为四个步骤，每个步骤都是一个关键动作，下面妈妈和宝宝就一起开始玩吧！

让宝宝仰面躺着。

握住宝宝的脚踝使膝盖弯曲。

伸直宝宝的腿，一条腿一条腿地做，重复做几次“踢腿动作”。

接下来两条腿一起做，一起“踢”。

在此过程中，妈妈的嘴也不要闲着，可以为宝宝哼唱他喜欢的音乐或者儿歌。

这样边唱歌边做这个练习，会使宝宝觉得更有趣。此时，可以按照这个曲调来唱：“做操，做操，我们在做操。拿个小玩意敲一敲，给小狗一根骨头。做操让你身体棒。”

（注：上述游戏适合于3 ～ 6个月宝宝进行）

送给新妈妈的温馨Tips

踢腿游戏最根本的目的就是让宝宝分清左右、前后，而这些正是宝宝逻辑思维的隐形显现。再者，在3～6个月，是训练宝宝平衡协调能力的关键时期，只有平衡感逐渐增强，才会使传递给宝宝大脑的信息越来越准确。

细节17：宝宝的亲子游戏（5）——挑玩具

玩具无疑最能勾起宝宝游戏的兴趣，因此，父母不仅要让玩具成为宝宝童年最棒的玩伴，而且还要让玩具成为开发宝宝心智的最佳“钥匙”。下面这个“挑玩具”的游戏就是这样的。

具体而言，“挑玩具”分为6个步骤，如下所示。

让宝宝坐在一把高脚椅子上。

从宝宝喜欢的玩具中挑选三种一个字名称的玩具，例如球、车和铃。

拿起球说“球”，拿起车说“车”。

铃也这样做。

让宝宝拿起球，再拿起车，之后拿起铃。

这样重复几次，让宝宝把这些词和相应的玩具联系起来。

（注：上述游戏适合于6～9个月宝宝进行）

送给新妈妈的温馨Tips

宝宝的语言能力是宝宝思维力提高的结果，同时也是宝宝自信力的有力表达。而“挑玩具”游戏是有效提高宝宝语言理解力和表达力的好方法之一。

细节 18：宝宝的亲子游戏（6）—— 躲猫猫

在爸爸、妈妈小的时候都曾玩过“躲猫猫”的游戏，这也是爸爸、妈妈生活的年代里最受欢迎的游戏之一。如今的小宝宝一定也会喜欢这个有趣的游戏。

和宝宝一起坐在地板上，给宝宝一件心爱的玩具。

让宝宝玩一会儿玩具，然后问宝宝是不是该轮到你玩儿了。

如果宝宝同意了，就拿过玩具并盖上一块布，这些都应在宝宝很容易够到的范围里做。帮宝宝找到玩具，然后重复这个游戏。

问“玩具在哪里”或者类似的问题，让这个游戏充满神秘感。

用不同的玩具或物品玩几次这个游戏，直到宝宝明白玩具藏在哪里，并且能够取回它为止。

通过与宝宝玩“躲猫猫”的游戏，可以帮助宝宝认识到，每件东西即使不在视线范围内了，它也还是存在的，从而让宝宝在游戏中提高认知思维，培养宝宝对世界的好奇感。

（注：上述游戏适合于 9 ~ 12 个月宝宝进行）

细节 19：宝宝的亲子游戏（7）—— 铃儿响叮当

整个游戏其实很简单，可以分为以下几个步骤。

将小铃铛系在宝贝的小手和小脚上，当宝贝移动手脚时，铃铛就会随之发出响声。

根据发出响声的部位是宝贝的手或脚，用手握住这个部位。

轻轻对宝贝说，“手，宝贝的手”，“脚，宝贝的脚”。

反复进行几次，宝宝发现自己只要一动手脚就会有铃铛响，他的活动兴趣就会提高，就会逐步学习用自己的力量去控制一些事物。

摇动摇铃给宝宝看，让他模仿学习。

这个游戏主要是为了锻炼宝宝的听觉，当爸爸妈妈在与宝宝做这个游戏时，一定要注意观察宝宝的表情，尽量在宝宝精神好、注意力集中的时候进行。如果发现宝宝已经分心，注意力转到别的东西上去，则暂时停止。

送给新妈妈的温馨Tips

到3个月时，宝宝的听力有了明显的发展，在听到声音后，头能转向声音发出的方向，并表现出极大的兴趣。当成人与他说话时，他会发出声音来表示应答。因此，在日常生活中，应多和孩子说话，适当让孩子听一些轻松愉快的音乐，将有利于孩子的听觉发展，也有利于孩子语言的发展。

细节20：宝宝的亲子游戏（8）——认识美好的大自然

选择在风和日丽的上午，父母带着宝宝到附近的公园散散步，让宝宝观察眼前出现的人和事物，并缓慢清晰反复地说给他听。这时宝宝会兴致勃勃地东看西看，目不暇接。开始时，每周1～2次，以后逐渐增加至2～3次，可结合日光浴、空气浴进行。

这个游戏的目的是发展宝宝的视觉，开阔宝宝的眼界，启迪宝宝的心智。

恒温的环境或室内的空间对婴儿的刺激是有限的，而室外的自然环境非人为所能创造，是多元化的，因此并不需要去设限接触自然的年龄。不过，父母要特别注意的是，因为小宝宝的视觉及温度调节能力还未成熟，要避免带宝宝到极寒、极热或光线很刺眼的地方。

因此，只有在舒适安全的自然环境下，父母才可以带小宝宝出门。如果宝宝4～6个月大能趴着的话，也不一定要一直抱着，建议父母可以在草地上放置毛巾或毛毯，让他自由接触草地，亲近自然。

细节 21：宝宝的亲子游戏（9）—— 挑水果

水果不仅味道鲜美，其外形也都十分漂亮，凭借其味美、形美的特点足以引起宝宝对其的兴趣。因此，我们为年轻的父母设计了一款专门以水果为主题的亲子游戏。

这项游戏所需要的道具十分简单，就是我们生活中常见的各种水果，如苹果、香蕉、橙子、梨、葡萄等。此外，还应该准备一个可爱的小篮子，以及两个以上的可爱玩偶。

父母先将盛着各种水果的篮子放到宝宝的面前，再拿出一些玩偶，由妈妈抱着；然后对宝宝说："大嘴猴要吃香蕉，宝宝请你帮它拿一个香蕉。"随意说出篮子内的水果，或叫宝宝拿不同的水果。

通过这个游戏，可以让宝宝认识各种水果，并且叫出它们的名字。当宝宝熟悉游戏玩法后，可增加水果的种类以增加游戏难度。

细节 22：宝宝的亲子游戏（10）——"赛车"

每个宝宝对车类玩具都"情有独钟"，因此，父母不妨利用宝宝喜欢玩车的这一特点，和宝宝赛赛车。

这个游戏既简单，又充满挑战性。周末时，父母可以抽出一段时间，把宝宝的各种汽车玩具拿出来，和宝宝一起玩。最好在与宝宝一同玩玩具车时，与宝宝讨论怎样可以推得最远？鼓励孩子就这个难题作假设，然后按自己已有经验作逻辑推理。例如，要车子推得最远，第一应该……然后应该……看假设是否成立，再和孩子讨论和总结。

因此，这个游戏适合1周岁以上的宝宝玩，并且提出让孩子发现和要解决的问题须符合孩子的能力，既能挑战孩子的思考，又不会因太困难不成功而产生挫败感。

后 记

在整个写作过程中，让我一次又一次地体会到为人母的不易和辛苦，也暗暗地体验着每个准妈妈在看见胎宝宝的一个又一个成长变化时的喜悦，那种喜悦是能冲淡付出的所有艰辛和不易的最好的灵丹妙药。一个生命从几乎看不见的受精卵开始，渐渐长成一个有鼻子有眼儿的小可人，这的确是一个奇迹，而创造这个奇迹的人就是每个即将为人母的准妈妈。

当然，为了能让这个奇迹再变得完美些，准妈妈又开始了她们的胎教历程。曾经亲眼看到过一个准妈妈如何为胎教而奔忙，她对我说："自从得知自己不再是'孤身一人'，虽说与他 见面尚有 10 个月之遥，却迫不及待地投身于孕育新生命的事业中去。首当其冲便是奔向书店，恨不能把家建成图书馆，如饥似渴地读着各种版本的孕妇必读，更挖掘出了一个未曾接触过的生词——胎教，然后便按照书中阐述的理论及方法付诸实践。今天读到了胎儿应常听音乐，于是穿梭于各个音像店，凡是带有'胎教音乐'四个字的磁带、CD 就统统买回家；第二天得知给胎儿读诗歌、念散文好处多多，于是每天摇头晃脑地像个私塾的小学生在诵读；第三天……"

就这样，她的整个孕期都在不停地"听说着"中忙碌着，别人说怎样好，她就赶紧怎样做！其实，这样的胎教只能说是盲目的。因此，在书中我们尽量把胎教写得简单更简单，轻松更轻松，因为胎教是美丽的风景、胎教是愉快的心情、胎教是妈妈的手还有那低吟的曲调……而不是为了胎教而胎教的忙碌和辛苦。因为胎教应该是轻松的、愉快的，基于母爱基础上的感情的交流。它的范围应该是很宽泛的，不仅仅局限于给孩子听音乐或是念歌谣。

主要参考书目

[1] 范玲．怀孕每日一页—亲亲乐读系列（每日一页丛书）．北京：中国轻工业出版社，2009.

[2] 王琪．280 天同步胎教专家方案．北京：中国轻工业出版社，2007.

[3] 菅波．胎教，影响孩子未来的神奇手册．北京：中国人口出版社，2009.

[4] 李素娟．胎教优生 1000 问．北京：中国妇女出版社，2007.

[5] 李苏仁．胎教枕边书．吉林：吉林科学技术出版社，2007.

[6] 余茂基．孕前孕产保健全书．辽宁：辽宁科学技术出版社，2008.